陈九霖自述

新加坡陷阱的回望与反思

陈九霖　著

ZHEJIANG UNIVERSITY PRESS
浙江大学出版社

▲ 1983 年 12 月，陈九霖与厉以宁教授在厉以宁教授家中

▲ 2003 年 1 月，陈九霖与李彦宏、李亦非在新加坡同台演出

▲ 2007 年 7 月，陈九霖在新加坡樟宜监狱 SDM 公司工作

▲ 2012 年 10 月，陈九霖与江平教授在北京江平教授家中

▲ 2013 年 1 月，陈九霖与雷军在北京湖北大厦

▲ 2015 年 5 月 2 日，陈九霖与沃伦·巴菲特在美国奥马哈会展中心 209 会议室

▲ 2016 年 7 月，陈九霖与吴晓波在北京同台演讲

▲ 2018 年 6 月 28 日，陈九霖与吉姆·罗杰斯在上海万豪酒店对话

▲ 2019 年 9 月，陈九霖与厉以宁教授在厉以宁教授家中

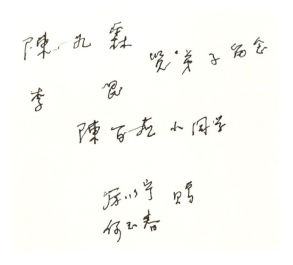

▲ 北京大学厉以宁教授于 2019 年 9 月在家中给陈九霖
赠书时的留言

以法人治理的视角看中国航油事件

厉以宁

北京大学教授、经济学家

　　2004 年发生的轰动一时、震惊全球的中国航油（新加坡）股份有限公司石油衍生品亏损事件（简称中国航油事件），已经过去 16 年了。眼下，事件当事人之一的陈九霖先生，写了这本反思事件的书，请我题写序言。坦率地说，我还没来得及仔细翻阅书稿，但是，我有些话要说。

　　九霖从他的角度反思，我写序言就得从他之外的角度反思。九霖从微观的角度道出他的感受，我要从宏观的角度分析事件的成因。中国航油事件并非单一的偶然事件，就在中国航油"崩盘"之后，中信泰富、中国国航、中国南航、中国东航、深南电等诸多中资企业接二连三地发生了类似的金融或石油衍生品巨额亏损事件。2018 年年底，还发生了更大规模的中国国际石油化工联合有限公司（下称中国联合石化）石油衍生品亏损事件。把这些频发的事件联系起来看，单从当事人个人的角度反思就显得不够全面了。

　　早在中国航油事件发生时，我接受媒体采访时就提到，应该从法人治

1

理结构的层面思考，总结经验并吸取教训，否则，这样的事件会再次出现，防不胜防。我今天依然是这个观点，而且，后来发生的诸多类似事件，更加证明了我的观点的正确性。中国联合石化重蹈覆辙，说明中国航油事件的教训没有总结正确，或者没有总结到位，更别说已经吸取了教训。中国航油事件以抛弃陈九霖为终结，中国联合石化事件爆发后，也是第一时间抛出了两个操盘手。同样，在上述所有衍生品亏损事件中，最终的决策者、授权者、监管者都毫发无损，推卸责任。

以中国航油事件为例。事件发生时，中国航油集团控股中国航油（新加坡）股份有限公司75%的股份，在9人组成的董事会中，集团派出了6名成员，集团一把手担任董事长，列明从事投机性衍生品交易的上市《招股说明书》经过了集团的批准，衍生品交易员和衍生品账户的开设都是董事会批准的，披露了衍生品交易的公司年报经过了集团的审批并由董事会签署后发布……也就是说，对于中国航油事件，中国航油集团公司难辞其咎。事件发生后，中国航油集团决策并出售中国航油（新加坡）股份有限公司15%的"老股"股票，中国航油集团实施了50天的拯救方案又推翻了原方案，中国航油石油衍生品期权盘位的最终处置（斩仓）是中国航油集团的决策，中国航油重组方案的决策与实施都是中国航油集团一手包办的，中国航油集团还接受了新加坡金融管理局的罚款。所有这些都足以证明，中国航油事件的真正教训是法人治理方面的缺失和缺位乃至越位。

回望新加坡当局对中国航油事件的处理及其对陈九霖的判决，值得相关人员做出深刻的反思！

现在，九霖深刻地反省了自己当年的失误和教训，是难能可贵的，可是，那些决策者、授权者、监管者呢？

以宏观经济治理的视角看中国航油事件

高连奎

宏观经济学家、财经评论家

我曾经提出过这样一个观点：无论是国家的命运、企业的命运还是个人的命运，都是政府宏观经济政策制定与执行的结果，没有任何人可以逃脱政府宏观经济政策的影响。我想从这个角度分析当年的陈九霖与中国航油事件。

根据我的经验总结，企业经营一般面临着三种经济周期的风险：第一，产业周期；第二，宏观经济周期；第三，货币与其他宏观经济政策周期。产业周期风险，是由企业所在行业的生命周期决定的，本质上是由科技因素决定；宏观经济周期风险，与经济大环境相关，人类经济基本上每10年左右就会经历一次宏观经济周期，有时平缓，有时暴烈，对企业的影响非常大；货币与其他宏观经济政策周期风险，源于政府为了平息来自第二种周期的风险而采取的措施，它也会对经济产生巨大的影响。

在现实中，很少有企业家败于第一种周期，因为第一种周期很容易觉察。绝大部分企业家都败于第二、第三种周期的风险，而且，来自第二、第三种周期的风险，是企业家根本无法左右的，更是无法避免的，即使借助专业人员的外力也往往收效甚微，因为我们不可能要求每个企业家都懂宏观经济，不可能要求企业家一边思考企业经营，一边思考央行在想什么，也不可能要求每个企业家都配备一位宏观经济学家，而且，即使配备了也没有太大作用，因为真正懂宏观经济的人才少之又少，况且，整个宏观经济学科都处于不成熟的状态。所以，面对第二、第三种经济周期的风险时，往往是规模越大的企业越容易受到影响。

以上是来自经济本身的三大风险，在这三大风险之外，还有一种人为风险，那就是宏观经济套利风险，即有人利用宏观经济的不稳定性，为企业制造风险、制造麻烦。他们擅长利用宏观经济的周期兴风作浪，这些从事宏观经济套利的人，一般都是一些资本大鳄，是经济丛林中的食肉动物，所到之处便是一片血腥。

来自宏观经济周期本身的风险已经让企业家防不胜防，如果企业再被这些资本大鳄盯上了，那就更无法应对了。

在这些资本大鳄中，大家最耳熟能详的名字恐怕就属索罗斯和高盛了，他们都是这方面的老手。其中，索罗斯最擅长通过做空获利，他曾经通过做空英镑和东亚国家的货币获利；而高盛则习惯在股票与国际大宗商品市场上通过做多获利。他们炒作大宗商品价格，炒作新兴市场概念，炒作金砖国家、金钻十一国等概念，无非是自己提前布局，把价格炒高后再退出，让别人接盘，一般情况下都配合复杂的金融衍生工具来操作。

在世界市场上，所向披靡的索罗斯曾经兵败香港被打回原形，而高盛却在中国一路开挂，中国航油事件、中信泰富巨亏事件，国航、东航、联合石化等亏损事件都有高盛做局的影子。

那我们是不是就拿这些金融大鳄没办法呢？并非如此。我曾经和一位在国际投行中多次参与资本围猎的人聊过天。他无意中的一句话，透露了这些资本大鳄的软肋。他说："土匪最怕官。"只要政府出手，他们就玩不下去了，都会缴械投降。

确实如此。索罗斯曾经所向披靡，但在香港却因为中央政府的出手而失败。政府要想对付这些人，手段多的是。这些国际投行也意识到了这一点，它们所到之处都会刻意结交官员，都要与当地政要呼朋唤友，它们招聘雇员时，甚至要求有比较深的政界人脉。它们这样做，在很大程度上就是为了逃脱处罚。

因为中国长期以来没有看透这些资本大鳄的花招，中国的央企在海外任由这些资本大鳄围猎，类似的亏损事件层出不穷。而国家从来都只是处理内部人，从不对这些投行出手。中国航油事件后，陈九霖受到了惩罚，虽然中国航油也起诉了高盛，但最后并没有坚持下去。如果中国政府当时在资本市场斗争到底，或是像对付索罗斯一样，以国家行为对高盛、三井等机构进行清算，后面的许多亏损事件完全可以避免，因为它们不敢得罪中国政府，更不想失去中国市场。

当然，资本市场的围猎目前对中国经济影响不大，因为中国企业赔得起。然而，企业来自宏观经济方面的风险却没有解决办法。而且，越来越多的企业陷入宏观经济的风险敞口之中，比如，这几年一些大型企业突然出现问题，其实都是因为宏观经济遭遇了风险。有的企业，甚至是在政府控制风险时衍生出来的新风险中倒闭的。而企业一旦遇险，政府采取的行动往往是惩罚企业家，而不是去改善宏观经济环境。

当然，这些问题从根本上来说，与人类对宏观经济风险的认识有关，与经济学的发展有关。"宏观经济风险"，目前在经济学中还没有作为一个正式命题被提出。

根据我的研究，由宏观经济导致的企业风险往往有这样几个特点：第一，风险源头是宏观经济周期或国家对宏观经济政策的调整，而并非完全来自企业经营；第二，宏观经济风险一旦爆发就往往是集体性的，而非单一的企业出现问题；第三，在宏观经济风险中，竞争力越强的企业，风险敞口越大，风险抵抗能力也越差，越容易倒下；第四，宏观经济风险一旦爆发，往往会因为连锁反应被成倍放大，而且会迅速深化；第五，当企业面临宏观经济风险时，往往会伴随着资本的围剿与舆论的围猎。中国航油、国航、东航等，都是先面临国际油价波动风险，于是进行套期保值以免损失，结果却遭到了资本围猎，损失更加惨重。

正因为宏观经济导致的企业风险具有以上特点，所以，当企业遭遇宏观经济风险时，很难凭借企业家的个人风险控制能力规避风险，也无法通过企业自救走出危机，需要政府通过科学有效的宏观经济治理才可以将风险降到更低。

政府财经部门的决策者们，也应该建立起宏观经济风险的概念。当企业因宏观经济周期，或因国家调控而出现普遍性宏观风险时，政府应该及时地对企业家进行救助，而不是去惩罚那些率先倒下的企业家。

我坚决反对将宏观经济造成的问题完全归结为企业家的个人经营失误，因为当宏观经济风险来临时，企业大量倒闭或国家货币吃紧等问题，都不是公司治理的问题，而是宏观经济治理的问题。正如前文所述，我们不可能要求企业家具备宏观经济学家的素质，也不可能要求所有企业都配备宏观经济学家，而我们可以做的，是尽可能地让宏观经济保持稳定。

中国政府在这方面有过不错的成绩。1997 年，我们曾经在香港成功击退索罗斯的金融围猎；每次当宏观经济危机来临时，我们的政府都曾出手，效果也非常好；2018 年和 2019 年这两年，在去杠杆的过程中，当中国上市公司集体出现风险时，国家也紧急出手，采取了制止银行对上市公司进行平仓的行动，还通过地方政府建立纾困基金的办法进行拯救；2018年，P2P 行业集体爆雷，整个行业面临舆论围剿时，中央则采取了对恶意炒作、造谣生事、扰乱金融秩序的自媒体进行严厉查处的手段，避免了互联网金融行业的集体崩溃。如果没有中央的及时出手，这些事件的后果都是不堪设想的。

其实，国家是有能力控制宏观经济风险的，特别是在中国，有时不需要动用资金，只需要出台政策或官员发声，就能解决问题。但是，我们国家对宏观经济风险的控制更多是出于政治稳定的诉求，而非对宏观经济风险的深刻认识。

中国要真正建立起宏观经济风险的治理体系，关键还是需要我们的管理者树立宏观经济风险意识，只有这样才可以在风险出现时及时处理，才可以对企业家进行及时救助，才可以避免企业与企业家在宏观经济的波动中做无谓的牺牲，避免对生产力的破坏，避免企业遭受资本围猎与舆论围堵。

如果不具备这样的意识，任由企业在宏观经济风险中自生自灭，是非常危险的。世界上很多国家都是在遇到宏观经济风险时，缺乏自救意识或足够的自救手段，导致国家经济一蹶不振。

现代社会是风险社会，宏观经济风险又是所有风险中波及面最大的风险。在宏观经济风险面前，上到国家政府，下到企业百姓，命运都可能瞬间被改变。因此，及时避免与化解宏观经济风险将是政府宏观经济治理的一个长期课题，也是宏观经济学研究的一个重要命题。

如果我们从这个角度反思中国航油事件，我们就能知道当年是谁出了错，哪里出了错。

天堂地狱

新加坡是个花园城市，有的人将其誉为"人间天堂"。没想到，我却掉进鲜花底下暗藏着的陷阱，以致跌入人间地狱……

在那里，我发现，天堂与地狱之间只有一步之遥。

就在 2006 年 3 月 21 日，命运把我推进了地狱！

新加坡女皇镇候审监狱。我——一个曾风光无限的弄潮儿、一个被人称为"天之骄子"的幸运儿——中国航油（新加坡）股份有限公司 CEO 陈九霖，在那里开始了 1035 天（被判刑期 4 年零 3 个月）的牢狱生活。

我被关在一个五六平方米的狭小牢房里，墙高约 10 米，四周昏暗，只在一面墙的最高处有一个用于透气的、窄小的窗户，能见到一丝亮光。整个囚室寂静得可怕，听不到一点别的声音，因为这里只关押着我一个人。我好像身处阴间一般，还来不及跟亲朋挚友们好好告别，就被投入这冰冷黑暗的监牢里，与他们犹如阴阳两隔。躺在那肮脏阴森的水泥地面上，我感到撕心裂肺般的痛苦。

我是犯了大错，但把所有责任全都推到我一个人身上，这还有一点儿公平吗？我愤懑，我委屈，我冤枉！

我是阴沟翻船，但因一桩生意场上的失败竟把我打入监牢，这还有一丝天理吗？我争辩，我申诉，我抗议！

然而，这一切都无济于事。

从天堂到地狱，从一个驰骋疆场的"航油大王"到一介"龙困浅滩"的囚犯，巨大的落差让我身心俱焚。

刚刚入狱的时候，过往的一切就在我的脑海里炸开了花。在常人的世界里，人们视时间为金钱；然而，在狱中，最不值钱的就是时间。时间慢得像是蜗牛在走，我的心却乱得像是有蚂蚁在爬……

回想起前不久还是"飞龙在天"，怎么一夜之间就"龙困浅滩"呢？我于是感慨，人生就是如此的无常。我有时会想起公元前931年去世的以色列的智慧之王所罗门的一段话："我曾用智慧专心寻求查究天下所发生的一切事；原来，神给予世人的，是劳苦的担子，叫他们为此烦恼。我看过日光之下所发生的一切事，不料，一切都是虚空，都是捕风。"

活下去！活下去！我从未如此珍惜生命。这不是那种"好死不如赖活"的犬儒哲学，而是因为如果我自暴自弃，一旦毁灭了，我这满腹的冤屈和不幸不就石沉大海了吗？我堂堂正正的人生不就要毁于一旦了吗？我的永不言败、永不放弃的信条不就随风飘散了吗？

在那些日子里，有首小诗不时地在我心底里回响。那就是普希金在被流放期间写在朋友纪念册上的诗——

假如生活欺骗了你，

不要悲伤，不要心急！

忧郁的日子里须要镇静：

相信吧！快乐的日子将会来临。

心儿永远向往着未来；

现在却常是忧郁。

一切都是瞬息，一切都将会过去；

而那过去了的，就会成为亲切的怀恋。

不久之后，我被转到新加坡樟宜监狱。记得是 2006 年年底前的一天，我蹲在地上等待狱警开门，隔着铁栅门看见电梯迎面打开，走出一个陌生人，直奔我而来。他对我说："陈总，您好！您信仰上帝吗？"

我被他这句话一下子问懵了，不知道该如何回答他。他是谁？怎么一张口就问这样的问题？

"您认识我？"

对方回答："陈总，天下何人不识君！您比（新加坡）总理还有名啊！在电视、报纸上经常看到您。"

潮热的牢房使人汗流浃背，不要奢想有空调，这里连个电扇也没有。

"陈总，请随我到六楼。您看，天儿这么热，来六楼吹吹冷气吧！"虽然我对他的问题还是一头雾水，但我的脚步似乎不听使唤地随他而去了，因为在此地与此刻，我实在是盼望得到一丝凉风。那是何等的享受啊！什么叫作幸福，此刻方知！

到了他的办公室，我得知他是一个时常到樟宜监狱布道的基督教牧师，名叫颜福清。刚一坐下，颜牧师就问我："陈先生，您知道您为什么会坐牢吗？"

是啊！此前我一直在问自己，我为什么会遭此大难呢？我孝敬父母，尊老爱幼，善待下属，热爱学习，努力上进。为什么偏偏好人不得好报呢？

在我陷入深深的彷徨迷茫之际，颜牧师的问题令我感到有些尴尬。没等我做出回答，我就听颜牧师十分肯定地说："这是上帝的安排，是上帝的美意！"

上帝？我不是基督徒，上帝跟我一点儿也不沾边。再说，上帝不是仁慈的吗？他为什么要让我受苦受难呢？

颜牧师虽然平时主要讲英语，但他也精通中国文化。他引用了孟子的一句话："天将降大任于斯人也，必先苦其心志，劳其筋骨，饿其体肤，空乏其身，行拂乱其所为，所以动心忍性，增益其所不能。"他接着说，"说穿了，来这里坐牢的人都是人生的失败者！上帝就是要您过来感受一下民间疾苦。这个'天'就是上帝！'天'让一个人担当大任之前，会先给他设置各种障碍，让他吃尽各种苦头，以便增强心性，提升能力。"

颜牧师还详细地给我讲述了《约瑟的故事》。《圣经》中共有 3 个约瑟，都是义人。《圣经·新约》中的一个约瑟是耶稣在世时的父亲，另一个是当时替耶稣收尸的以色列首富。《圣经·旧约》中的约瑟，是雅各的第十一个孩子，因为是雅各老来得子，这个约瑟备受雅各的宠爱。这使得约瑟的哥哥们心生嫉妒，而约瑟趾高气昂的表现加剧了哥哥们对他的愤恨。于是，哥哥们瞒着雅各将约瑟卖给了路过的商队，随后他又被商队转手卖给了埃及法老的护卫长波提法为奴。约瑟聪明能干，深得波提法赏识，不久就被提升为管家。约瑟容貌俊美，为护卫长妻子所爱慕，她不停地勾引约瑟，却遭到约瑟的拒绝。恼羞成怒的护卫长之妻诬陷约瑟企图轻薄自己，波提法一怒之下，将约瑟关进监狱，长达 3 年之久。因为善于解梦，约瑟被埃及法老从狱中接出，为其解梦。法老十分赏识约瑟，让他做了埃及的宰相，管理全国事务。当遍地暴发重大饥荒时，约瑟与前来寻粮的、曾经出卖他的哥哥们相认，还让全族人迁至埃及的歌珊地，保全了全族人的血脉，与他一起在埃及享受尊崇。

颜牧师说："捧你的人，不会让你成长，真正让你变得强大的，是那些伤害你的人。无论你正在经历着什么，在上帝手中，终将变得美好。我们的见面就是上帝的安排，你的经历和约瑟的很像，不如你的英文名字就叫 Joseph（约瑟）吧！"

这个名字从此就一直伴随着我。

在那个"需要巨人并且产生了巨人的时代"，被恩格斯称为"中世纪的最后一位诗人，又是新时代的最初一位诗人"的意大利作家但丁，写了伟大的传世之作《神曲》。他在诗人维吉尔（Virgilio）的引导下，穿过地狱、炼狱，直达天堂。英国作家约翰·班杨（John Bunyan）的不朽之作《天路历程》中有句震人心魄的警句："在天堂的门口，也有通往地狱的路。"

天堂，天堂，人们都急切地向往着天堂！

但是，颜牧师的话重重地敲击着我。

我，一个出身农家的寒门子弟，似乎一夜之间平步青云，先后就读于中国最顶尖的学府北京大学和清华大学，毕业后就职于世界500强的中国中央国有企业，在人们削尖脑袋出国时，我被派往海外长期驻扎，这让多少人羡慕不已呀！在狮城，我几乎是凭一己之力白手起家，用7年时间打造了一个响当当的上市公司，成为业界的风云人物。会议演讲、商务谈判、球场交谈、酒桌交流……如果不是这突然的变故，我还将在那达官贵人、商贾巨富的"小圈子"里觥筹交错、把酒言欢呢！

"人有悲欢离合，月有阴晴圆缺"，这是自然与社会不可抗拒的规律。但是，在我以往的人生岁月里，有"悲"和"离"吗？有"阴"和"缺"吗？我了解芸芸众生的期盼吗？我经过历普通百姓的苦难吗？用今天的话讲，我"接地气"吗？如果命运之神把我安排在这里品尝苦难、感受人生，岂不也是一种历练？

"祸兮，福之所倚；福兮，祸之所伏"，没有谁会事事得意，没有谁会处处风光。失去的东西，也许从来未曾真正属于过你。往日飞黄腾达时，是不是早已埋下沉沦的种子？今日的落魄入狱未尝不是未来前行的财富。在这里潜心修炼、自我改造，得到一段完整而充实的人生履历，岂不是一大幸事？

海明威说过，一个人可以被毁灭，但不能被打败。凡要做大事，必定有风波磨难，挺过去了才能看见海阔天空，挺不过去就会一蹶不振。如《后汉书·黄琼传》所言，"峣峣者易折，皎皎者易污"。我认定目标，就勇往直前，但有时不免急于求成，甚至偶尔会刚愎自用。在这条件恶劣、几乎与世隔绝的"炼狱"里，如能心无旁骛地反思与内省，更多些仁爱，更多些宽恕，更多些包容，以达到曾文正公那"大柔非柔，至刚无刚"的境界，那将是一笔巨大的财富。

我未必会成为一个被"降大任"的人，但我可以肯定，我是一个愿"担大任"的人！

多少年了！我匆匆赶路，日夜兼程，克己奉公，两袖清风，一刻都不能喘息，一刻都不敢停留，就像夸父逐日一般，永远都追不上却满怀信心地永远追逐。这一切是为了什么？是为了功成名就？是为了出人头地？是为了自我价值的体现？也许是吧！是为了公司基业长青？是为了国企做大做强？是为了国家繁荣昌盛？也许是吧！但这都不应该是终极目的。

为了内心的安宁，为了一个能抵达天堂的灵魂！

其实，天堂和地狱不过是对人世遭遇的一种比喻罢了！人们喜欢将人间的顺境比作牧歌酒神般的天堂，而将人生的逆境视为烈火烹油般的地狱。对于尘世凡人来说，我们经历的是炼狱，是一个爱与恨、情与仇、灵与肉、忠诚与背叛、真善美与假恶丑交织搏斗的炼狱！这个世界还充满不幸与苦难，这个世界还存在肮脏与黑暗。在你春风得意时，也许有魔鬼的诱惑；在你沉沦无助时，却可能有天使的拯救。一个高尚的灵魂，必须阅尽人间冷暖，必须经受人生悲欢，才能最终圆满。这个灵魂是圣洁的，但也许有些高傲，有些孤独。就像阿·托尔斯泰《苦难的历程》题记所说："在清水里泡三次，在血水里浴三次，在碱水中煮三次，我们就会干净得不能再干净了。"

在今天，我回想16年前的陈年往事，梳理中国航油事件的逻辑链条，还原我个人在此中的作用与担当，列举当时中国与新加坡相关部门的种种举措，坦率地说，我未必能做到像约瑟一样自觉自愿地以德报怨，但我也绝不会像基督山伯爵那样，心心念念地报仇雪恨，当然，也不会像祥林嫂那样不停地诉说悲情。

很多人说，我的人生充满了故事。因此，近年来，很多知名机构邀请我做报告演讲时，中国航油事件是一个绕不过去（我从来也没想绕过）的话题。但是，我在不同场合面对不同受众时的叙述，都是片段式的，不成系统的。经过多年的沉淀，尤其是近来，众多国有企业做石油期货重蹈中国航油事件的覆辙（2018 年年末还发生了联合石化石油期货巨额亏损事件，其做法与当年的中国航油亏损事件如出一辙；2020 年 4 月中国银行"原油宝"期货巨额亏损事件，与当年的中国航油事件一样缺乏风险管理），作为中国航油事件的当事人，我觉得我有责任系统地梳理事件的前因后果，披露大量未曾对外公布的细节，并附上我个人和有关专家的评论，还原真实的中国航油事件。

"横看成岭侧成峰，远近高低各不同"，站在不同角度、处于不同语境、持有不同心态来阅读这本书，感受和评价必然不一样。我并没有预期赢得掌声或点赞，但我可以保证，我所提供的资料和数据，都是我所掌握的客观事实和亲身体验、亲眼所见、亲耳所闻！

人们都说，不经历风雨，怎能见彩虹。其实，风雨过后不一定总是彩虹，但肯定会风轻云淡、明净辽远。在中国企业大规模"走出去"，拥抱经济全球化之际，在"一带一路"倡议的大背景之下，在新冠肺炎改变全球格局的场景下，花点时间阅读此书，如能从中国航油事件中得到警示与借鉴，理性地应对各种挑战、风险，顺利地"走出去"，扎实地"走进去"，坚定地"走下去"，那实在是善莫大焉。

目　录

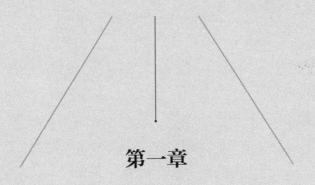

第一章

内心抉择

纵有千千罪，我心坦然对，

一心为大众，失误当自悔。

——写于2004年12月5日

2004年12月1日早晨，明媚的阳光洒满了新加坡樟宜国际机场。海风习习，气候湿热，这个被称为"五星级旅游目的地"、具有世界顶级口碑的航空枢纽，永远是那样的繁忙，日夜不停地吞吐着人流与货物。

此刻的我，五味杂陈，心乱如麻，因为，我将在这里乘坐飞机返回中国。这个机场、这条航线，我每年都要往返数十次，是我再熟悉不过的了。然而，这次却不同，这是我沉重的告别之行，我就要离开工作和生活了7年多、被自己长久以来视为第二故乡的新加坡了！

受命回国

这是一次灰头土脸的告别。

由我担任 CEO 的中国航油（新加坡）股份有限公司［下称中国航油（新加坡）公司］，由于期货交易产生了几亿美元的巨亏，昨日已公开曝光，成为轰动狮城和全球的爆炸性新闻。可能是考虑到各方面因素，中国航油集团总部决定将我调回国内工作。

在候机室，我习惯性地翻阅报纸，看到新加坡各大报纸都刊登着我的巨幅照片，耸人听闻地描述着这次事件的来龙去脉。因为就在前一天，也就是 2004 年 11 月 30 日，中国航油（新加坡）公司申请破产保护。一夜之间，这条消息就成了各家媒体的头版头条。其中，《联合早报》的大标题最为醒目——"中国航油巨额亏损 9 亿新加坡币"。接下来就是一篇长文，介绍这个事件的基本情况。看着报纸，一种异常凄凉的感觉霎时升腾，似乎要将我整个人都吞没了。

飞往北京的 SQ802 航班开始登机，我坐在靠过道的座位上，身旁是来回穿梭的空姐。飞机滑过长长的跑道，飞离地面的那一刻，我突然觉得整个心都提到嗓子眼儿了，躯体似乎随着震颤的气流毫无方向地漂流着，是那般无助，那般惆怅。这是我从来没有过的感受。

飞机终于攀升至云层之上，开始了巡航飞行，辽远的天空还是驱不散我心头的忧郁。

在飞机上，我满脑子想的都是回到北京的集团总部后，我该如何反省自己的失误，又该如何证明自己的清白。昨天，我刚刚辞去中国航油（新加坡）公司 CEO 的职务，继续担任公司董事，我今后该如何开展工作？多年来，虽然历经大风大浪，却也大有收获，业绩卓著。现在，却一下子阴沟里翻船、酿成大祸！木秀于林，风必摧之。我那有些强势又比较高调的工作作风，会不会早已播下了嫉恨的种子？这次的失败是否给了一些人可乘之机？还有……

在整个行程中，我沉浸在自己的世界里，思绪万千，过去的诸多经历就像电影一样逐帧展现在我的眼前，有些杂乱无章，甚至有些光怪陆离。

飞机于 14 点 40 分准时抵达北京首都国际机场。

不知是不是我的心理作用，我总感觉周边有些异样。我没有了往日的轻盈脚步，而是压低帽沿，拖着棕色行李箱，警惕地慢慢走向迎客大厅。果然，我看见前方出口处有黑压压的一排"长枪短炮"，那是记者们张着大口准备吞噬他们的"猎物"。不用说，记者们是冲着我来的，我现在成了新闻人物了。他们的消息怎么如此灵通？他们怎么知道我今天回国？他们怎么知道我坐这个航班？这帮无孔不入的家伙！

在那个敏感时刻，我是不宜开口说什么的。于是，我绕开了这些记者，从一个不引人注目的侧门走出了机场，中国航油集团派来接我的司机张志金绕道将我送回了家。

家，温馨的港湾，永远张开双臂拥抱你。但我只在家里冲了个澡，换了一身衣服，顾不上长距离旅途的劳顿，便马上赶到中国航油集团向组织报到。

那是一次温暖心扉的谈话，让我释然，更让我感动。

　　集团领导安慰了我一番，说："九霖，这次造成这么大的损失，我们上上下下当然都要深刻反省。不过，你不要背上太重的包袱。我们对新加坡公司的事情是很清楚的。你陈九霖从 1997 年到新加坡，用短短 7 年时间就打造了一个航油帝国，4 年之内就造出了一个上市公司，功不可没。纵然出现了这么大的亏损，责任不在你陈九霖一个人身上。"简而言之，集团领导明确表示，陈九霖有过有功，过错很大，功绩也很大，功过相较，功大于过。

　　"更为重要的是，我们也了解到，你没有任何贪污受贿行为，不存在个人私心私利。虽然中国有句古话叫'常在河边走，哪有不湿鞋'，但是，你当了中国航油（新加坡）公司的 CEO 这么多年，确实没有'湿鞋'！即使站在河边上长达 7 年，你仍是穿着一双干鞋上岸。

　　"本来在你回来之前，新加坡公司和国内集团总部派去的领导准备给你安排一个送行晚宴，也悄悄地给你准备好了，公司全员和北京去的领导都参加，大家想要向你表达的心情也写在纸上了。但是，有律师提醒说，如此张扬地去做一个欢送晚宴好像不合时宜。因此，晚宴临时取消了，就没有给你做送别仪式。

　　"组织决定让你回到集团工作，你还担任集团的副总经理，分管国际业务。新加坡的事情让专门小组去负责处理，你调整一下心情。办公室也给你安排好了，还在你原来的办公室……"

意外的邀请函

　　生活，总是不让人有片刻的喘息。

　　第二天一大早，我是第一个到中国航油集团公司上班的，一坐下就开始处理堆积在办公桌上的各类文件。中午，我和集团的几位领导在食堂里吃了顿工作餐。大家自然又七嘴八舌地聊到了中国航油亏损事件，主要谈论海外媒体铺天盖地的报道，有的捕风捉影，有的添油加醋，有的挖掘八卦。交谈中，时任纪委书记党扣对另外一个副总经理李纯坚说："我们了解到九霖在这个事情上是没有个人私心私利的。"他又转头对我说："九霖，你不用担心，业务上的事情该怎么做就怎么做，市场上哪有常胜将军呢？"当时，我的心头很热。

当天晚上，我接到了一通从新加坡打来的电话，是一个名叫边晖的人打来的。他是中国航油集团派到新加坡进行危机处理的小组成员之一，他对我说："陈总，我们接到新加坡交易所的一封信，信里说希望你回到新加坡协助调查。"信函？我昨天还在新加坡呀！边晖安慰我说："这个事情还没有做任何结论，你返回新加坡，对你来讲没有太大的风险，你看看你能不能返回新加坡。"

让我返回新加坡协助调查？我问他有没有函件，他说有。接着，他就把函件传真到了我的办公室。那封函件是用英语写的，内容是："亲爱的陈先生，由于新加坡近期发生的中国航油事件，我们诚恳地邀请您返回新加坡协助调查。"诚恳？用语很亲切呀！

次日，也就是被上级组织从新加坡调回国内任职的第三天，我拿着函件去请示领导，看看应该怎么处理这件事。有关领导对我说："这个事情就由你自己决定。返回新加坡的话，对公司处理危机会有很大的帮助，但如果你不去，处理这个事情恐怕会很费劲，什么时候能把这个事解决就不好说了。不过，对你来说，看来风险不大。"

我赶忙问，在这件事情上组织是什么意见，他坐直了对我说："这件事情组织上目前还不能形成意见。我把利弊告诉你了，究竟是去还是不去，还是由你自己决定吧！"

组织并没有强求我，但我听得出来，领导希望我返回新加坡，早日处理完后续事宜。

由我自己决定！

我一个人默默地走到了落地窗前，俯视窗外的车水马龙，红绿灯在有条不紊地指挥着整个城市，有的车向右转，有的车向左转，驶向了不同的远方。初冬的北京，寒意中蒸腾着活力。我看得出神，心里也在权衡和挣扎。一封"协助调查"的邀请函，表面上用语简单又亲切，但毕竟是一份正式的官方函件，谁也无法断定之后会发生什么事。返回新加坡，有利于公司，可我个人可能存在风险；若是不去，可能对公司不利，但我个人是安全的。

瞬间，我觉得人生就像窗外飞驰而过的汽车，向左转还是向右转，这个选择于我来说至关重要。

2004 年 12 月 4 日中午，我和清华大学法学院的马俊驹教授、江山教授以及另外两名颇有学养和知名度的法学教授，一起吃了一顿午餐。席间，我们自然而然地讨论到了中国航油事件，尤其是我返回新加坡协助调查可能会对我本人产生的影响。

在我把中国航油事件的前因后果陈述一遍之后，几位法学教授对事件进行了整体分析后认为，涉及的核心问题可能有两个：一个是巨额亏损，另一个是中国航油集团售卖股票以筹集资金拯救公司。

对于巨额亏损的问题，大家都以为，在企业经营过程中，这是难以避免的。而这次的巨额亏损，是判断失误和危机处理不当等综合因素导致的，绝非故意。

对于后者，即中国航油集团出售其所控股的中国航油（新加坡）公司股票问题，教授们询问了我几个问题。我对那些问题的答案是，所售股票为国有股票，我本人没有任何股票；售股资金全部进入公司账户；售股协议由我的上司根据集团高层会议决策签署。而且，我还告诉教授们，售股之前，所有涉及人员都了解实情，上级机关亦决定通过出售股票募资等方式拯救中国航油（新加坡）公司。

我们围绕具体事实和相关细节进行深入讨论后，法学教授们认为，整体上应该不会有太多的法律风险，其中的售股事宜充其量不过是一桩民事案件。

也就是在这一天，我看到新闻媒体报道说，新加坡记者就中国航油事件在采访新加坡内政部时提问："陈九霖如果不回来怎么办？"

新加坡内政部的官员回答："陈九霖如果不回来的话，我们仍然有很多种办法让他返回新加坡。"

一向善于刨根问底的记者就追问："新中两国没有引渡条约，你有什么办法能把他弄回新加坡？"

内政部的回答是："还没有上升到那种程度，我们自然有我们的办法。"具体是什么办法，新加坡内政部没有继续说下去。

他们没有明说，但我知道，新加坡内政部让我返回的唯一方式就是——"绑架"。

所谓"绑架"可能有三个途径：第一种做法是"软行动"，或称"经济制裁"，我在新加坡工作7年的全部工资当时都在新加坡和香港的银行里存着，我那么多年辛苦工作的积蓄可能会被他们没收；第二种做法是，他们可能会针对我的家人，虽然当时我的儿子在北京上学，但是我的妻子还留在新加坡，他们可能不让她回国；第三种做法是"硬行动"，比如说，以后我要到外地出差的时候，到了澳大利亚、美国或者是其他的国家和地区，他们可以采取非正常手段绑架我，把我引渡到新加坡，就像2018年加拿大政府根据美国政府的要求扣押华为CFO孟晚舟那样。

无论如何，从新加坡内政部官员的话可以品出，让我返回新加坡，他们似乎志在必得。

其实，新加坡政府"多虑"了，他们显然是小看我了！躲起来不露面，那是我陈九霖的风格吗？那是我陈九霖的为人吗？

我会自愿返回新加坡协助调查的！即使没有集团领导的宽慰话语，即使没国内顶级法学教授关于风险的分析，我也会返回的！

如果说，我根本没有考虑风险，那是假话。我做出这样的决定，有几个重要的考量：

第一，我内心十分坦然，我没有做过什么违法的事情，而且，我克己奉公，两袖清风，从来没有掺杂"私活"，回去是要协助调查而不是被调查的；

第二，中国航油（新加坡）公司是我一手打造的，那简直是我生命的一部分，我在新加坡，将有利于整个事件的调查，更有利于中国航油早日凤凰涅槃；

第三，也是最重要的，我不能辱没中国人和中资企业的形象，必须做个敢于承担责任的企业家。中国加入 WTO 以后，利用两种资源，开辟两个市场，中国企业如潮水一般"走出去"。如何遵守所在国的法律和规则，如何透明公正地经营，获取"阳光下的利润"，是正在"走出去"的中国企业的严峻课题，也是世界关注中国的一个焦点。此时的中国航油事件无疑是一块"试金石"，如果我不管不顾、一躲了之，那不就成了"里森第二"了吗？那不就让初出茅庐的中国企业背负恶名了吗？要知道，巴林银行那个著名的"流氓交易员"尼克·里森（Nicholas Leeson）就是 10 年前在新加坡犯事的！事后，他逃离新加坡，途经马来西亚、泰国，转机到德国后被引渡到新加坡，后被判 6 年半刑期。已有先例，新加坡方面怎么会不高度重视呢？我岂能像里森那样当个胆小如鼠的"逃兵"！

回，必须回！

于是，当新加坡方面再次催促我返回时，我当即回答："我一定会回去，而且，会很快回去。"

如果这是属于我的煎熬，那么，我一定要自己把它熬过去，之后才会"柳暗花明又一村"。如果属于我的劫难，我自己不去承担，我的良心将一辈子不得安宁，而且，之后还可能遇到更大、更可怕、更难以承受的灾难。明知山有虎，偏向虎山行。最终，我还是决定去面对前方可能出现的困难。

我当时已经做好了一切心理准备。1995 年 2 月 27 日，因股指期货投机而亏损 14 亿美元，有着 233 年历史的巴林银行轰然倒下，交易员尼克·里森被判坐牢 6 年半。如果非要找个人顶罪，我大不了也像里森一样，蹲上几年监狱罢了！

我已经没有任何思想包袱了，轻装上阵，向死而生。

那时，我的处境就如唐朝诗人许浑在《咸阳城东楼》中所言：

> 一上高楼万里愁，蒹葭杨柳似汀洲。
>
> 溪云初起日沉阁，山雨欲来风满楼。

媒体围堵

我早已适应了"空中飞人"的生活。7 年来，我数十次往返于中国与新加坡。但是，这次与以往不同，是最沉重的一次。

行前，我首先把自己在北京居住、学习和工作过的地方一一走访了个遍。尽管北京初冬的阳光播洒着温暖，但我还是有一种"风萧萧兮易水寒，壮士一去不复返"的悲凉的感觉。

当时，我的儿子只有 10 岁。在那个懵懂的年龄，他似乎知道我工作上遇到了困难，表现得特别懂事。我 70 岁的岳父两年前在北京安贞医院做过心脏搭桥手术，这次又被查出患了胃癌，医生说过几天就要做胃切除手术，而且，风险很大。我因此特地赶到医院去看望他，同他道别，为他做手术时我不能在其身边陪护而愧疚。

我在病房外对岳母说："您已经这么大年纪了，本来应该好好享受老年生活，不曾想如今出了这件事。新加坡那边需要我，之后会发生什么我也不清楚。如果发生什么意外，不能顺利归国，我的儿子还小，就要靠您老多看管照顾了。"这番谈话在当时的背景下显得格外沉重，虽然我和岳母都没有流泪，但那种强忍泪水的样子彼此都一看便知。

我先让秘书帮我订了一张从北京飞往武汉的机票，我一定要在返回新加坡之前好好看一眼我的母亲。那时，我的母亲已经是第6次中风了，一直卧床，生命垂危。我从家里驱车去北京首都机场，特意路过我的父母曾与我一起生活过数年的机场宿舍区，一幅幅其乐融融的画面历历在目。

谁能想到，到达北京首都机场的时候，我又遇到了许多蹲守在那里的记者，他们也真是敬业啊！当然，他们是想从我这个当事人口中获取一些重要信息，而我没有那种心情，也不应该面对媒体。我又不得不绕道避开这些媒体人，找到机场候机室。

在机场候机室等候登机的那段时间，我又习惯性地翻阅书架上的报纸（那个时候互联网远不如今天这么发达，信息媒介还是以报纸为主）。我还是"霸占"着报纸的重要版面，各家媒体依然争相报道中国航油事件，各家报纸也都谈及我的情况，有劈头盖脸地指责我的，有客观理性地说公道话的，有毫无根据地胡乱猜测的……各式各样的文章都有。其中，还有几篇文章在猜测我会不会返回新加坡。

我漫不经心地读着这些报道。这时，有一个朋友从新加坡发短信问我有没有关注到近期的媒体报道，并提到新加坡方面有不少对我的指责和归罪。我就用手机即兴写了一首打油诗发给他：

纵有千千罪，我心坦然对，

一心为大众，失误当自悔。

　　我的意思是说，在中国航油亏损事件中，我尽管有些失误，造成严重的后果，但是，我的心是坦然的、无私的，因为我所做的一切都是为了公司的全体股东。我承认，这是一次重大失误，因此内心充满愧疚。我只是把那首打油诗发给了我的朋友，没想到这首诗竟然流传出去了。后来，这首诗开始频繁地出现在新加坡和国内各大媒体的报道中。

　　之后，陆续有一些朋友给我打电话表示问候，当他们得知我决定返回新加坡后，都帮我分析利弊。大多数人都劝我留在国内，他们认为我返回新加坡后可能凶多吉少。但是，我这个人从来就是一言九鼎，说出去的话就像泼出去的水，一旦我做出了决定就不会轻易改变。而且，古人言"利弊相权取其利，利利相权取其重，弊弊相权取其轻"。权衡再三，我觉得在个人、股东、企业和国家等各方利益之中，应优先考虑国家、企业和股东利益。于是，我还是按时搭乘飞机前往武汉去看望我的母亲，再取道武汉返回新加坡。

　　在飞机上，我刚刚落座，坐在我旁边的一个中年男子就侧过头来跟我搭讪，说他是某某记者。我还没来得及回话，又走过来一个长发飘飘的美女，大概是二十六七岁的样子，她一开口就用一口流利的英语来跟我沟通，我刚开始还以为她是外国人，但她马上用纯正的普通话告诉我，她曾经在英国留学，是《财经》杂志的记者。当时，我非常好奇地问她："我的行程是没有几个人知道的，你是怎么知道的？你不会说你是碰巧坐在这趟飞机上，碰巧在这个时段，又碰巧看见了我吧！"

　　她在我身边的空座位上坐下，就把整个来龙去脉娓娓道来："陈总，坦率地告诉你，为了找你我真的好辛苦。我先是跑到新加坡去跟踪你，在新加坡我们有一个庞大的采访团队，但是，根本就找不到你。然后，我们回到国内，到你的母公司也找不到你，再然后，我跑到你家门口去蹲守，还是找不到你，你就像是从人间蒸发了一样。"

　　"那么，你是从哪里知道我家的住址的呢？我没有对外公布过呀！"

我问。

她显得有些为难，说这个不方便告诉我。我接着又问："你最后是怎么在这里找到了我呢？而且，还买了和我同一趟航班的机票，这就很奇怪了。"

她说："我可以跟你说实话，但是，你首先要答应我，你回去之后不要惩罚他。"我说好。

她告诉我："我是找到了你的司机，之后，好说歹说才'买通'了他，我跟他说我是你的朋友，没告诉他我其实是记者。然后，我就从他那里了解到你的行踪。我就这样一路跟过来，坐在这个飞机上。无论如何，你都要接受我的采访，就中国航油事件请你跟我说一下背景、过程和原因。"

虽然她是如此辛苦劳顿，但我什么都不想讲，也不能讲："我太累了，我要休息一下。"我就拿着印有关于我的报道的那张报纸，盖住眼睛假装睡觉。其实，这时哪里还睡得着？整个事件本来就让我心力交瘁，还有一批穷追不舍的记者像"跟屁虫"一样难缠，我只能用假寐的方式拒绝这个"找上门"的知名媒体记者了。

经过一个多小时的飞行，当飞机落地停稳的时候，我望向窗外，发现飞机没有像往常一样停在廊桥上，而是停在距离廊桥还有一定距离的机坪上。舱门打开后，舷梯就对接到飞机门口，中国航油集团与英国石油（BP）和富地石油（Fortune Oil）合资的企业——华南蓝天航油有限公司湖北分公司总经理邓超，带着几个人上到飞机口来接我，我不知道飞机停在机坪中间是不是他们有意安排的。邓超满面笑容地快步走上前和我握手，说："陈总，欢迎你回湖北！我们恭候多时了。"原来，中国航油集团把我的行程提前告知了湖北分公司。我就和邓超他们一行人走下飞机。一看到我下了飞机，飞机上有几个乘客就跟了过来，可能他们也是记者。我不清楚这趟飞机上一共有多少记者，当然，有些媒体没有想到我会在这里下飞机，所以，就没堵到我。

不过，《财经》杂志那女记者真是厉害，她从人群中冲过来，被工作人员拦住时，竟说她是我的助理。邓超不知道我有没有这个助理，空乘人员就更不知道了，所以，她的"阴谋"得逞了。一路上她不停地提问，想从我这里获取可以拿去发表的信息，我只能和她"打太极"，半句不谈中国航油事件。

下飞机不久后，我就被带到机场旁边的餐厅，邓超为我准备了盛大的午宴。就在刚刚落座的时候，我接到了新加坡打来的三个电话。我起身离开座位，一边走一边接电话，那个女记者就紧紧地跟在我旁边听，我加快脚步想要摆脱她，但是怎么也摆脱不了，我不知道她是否在偷偷录音。这时，又从旁边杀出了好几个摄像记者，他们在那里拍摄我打电话的样子，我没有办法制止他们，因为我在接听国际长途电话。

在我接到的三个电话中，一个来自我的朋友，一个来自我的律师，还有一个是新加坡著名富商打过来的。那个富商和我通话的时间起码有两三个小时，因为我清楚地记得，我的电话打到一半，手机就没电了。那个时候，我用的手机还是诺基亚，没电了还可以换电池，所以，我就换了一块电池继续和他通话。他除了表明想购买中国航油公司股票，参与公司重组之外，还在电话里跟我讲："九霖啊！你千万千万不要回来，你此行返回新加坡真的是凶多吉少啊！我给你出一个主意，你就留在中国，而且，你现在就借着你母亲病重这个事由，告诉新加坡当局你现在无法返回，要伺候你的母亲。本着人道主义的原则，中新两国政府都对你没有办法，因为新加坡和中国之间还没有引渡条约。你要静观其变，而且，你要找中国政府，让中国政府和新加坡政府沟通好，等到两国政府达成完全一致意见后，形成书面的文字，新加坡方面保证不会对你做出任何处罚后，你再返回新加坡，这样才能确保你的安全啊！"

我为朋友真诚的关心而感动，也认为他的分析确实很有道理。不过，我当时在想，他是不是过于谨慎了，有些草木皆兵呢？新加坡是一个法制国家，只要它依法办事，怎么会需要我如此提防呢？我又没有做过出格的事情，商业的失败有我的过错，但我并没有违法。而且，从大局上看，要尽快解决好中国航油事件，不能没有我的参与。再说，在国内又能找谁来帮我呢？国内有人会帮我去协调新加坡当局让我免于处罚吗？我一介平民，去哪儿找这样的靠山呢？尤其是在当时那种情形之下！

我挂掉电话之后，感觉整个手臂都麻木了。回到饭桌时，那些菜都已经凉了，重新加热后，刚把菜端上桌，我正要动筷子，又有电话打过来找我。我匆匆扒了两口饭，又到外面接听电话。这个午宴就这样来来回回地折腾了好几次，我吃过午饭之后就动身往老家赶。

我弟弟从上海赶回武汉，并开车从武汉送我回家。我的老家在湖北省黄冈市浠水县竹瓦镇宝龙村，是一个偏僻的丘陵村庄。从武汉到县城，有两个多小时的车程，而从县城到宝龙村，还有 30 多里路。在车上，弟弟告诉我，有不少记者早早地蹲守在我们老家，已经采访完我的父亲后离开了，要是知道我回村里，肯定会等我回家。

我们家的门口不是很大，不能够停太多的车，而且，通往家门口的路也不是很宽。我们进村的时候，看见前方有一辆黄色出租车正准备掉头出村。于是，弟弟就把车停下来，让那辆出租车先出去。但是，我们停下来之后，前面那辆出租车也停下来了，从车上竟然下来一个金发碧眼的外国人，事后才知道他是美国人。那个美国人向我们这辆车走过来，我弟弟下车应付他，我坐在车里一动不动。我在车上听到那个美国人竟然用一口流利的普通话和我弟弟对话，他问我弟弟："你是陈九霖先生吧？"

我弟弟摇摇头说："不是！"

美国人又问："那你是司机吗？"

我弟弟随口说："不，我是他弟弟。"

我弟弟那时在上海一家国企担任处级干部，见识过大场面，知道怎样处理突发情况。那个美国人拿出证件给我弟弟看，说："我是美国《华尔街日报》的记者，我专程从纽约飞到北京，又辗转从北京飞到武汉，到了武汉之后花了 500 块钱包了这辆黄色出租车到这里来找陈九霖先生，很遗憾，我到现在都没有见到他。他是不是在车上？麻烦你告诉我一下。"

我弟弟随机应变地回答说："他不在，他现在还在武汉。我刚在武汉看过他。"

那个外国人一听我还在武汉，马上抽身返回出租车，大声跟那个司机说："走，马上走，到武汉找陈九霖。没准他就在武汉机场的航油公司！"就这样，我躲过了许多记者的围追堵截，成功地回到了我的老家。

悲情诀别

弟弟刚刚打发走了那个美国记者后，我就急忙打开车门，跌跌撞撞地跑进房里，奔向床上的母亲，猛然跪在地上。我的妹妹在家里等我，村里也来了很多人。我的母亲盖着被子躺在床上，她的呼吸轻轻的，双手露在被子外面。我一遍遍地抚摸她那瘦到只剩骨头的布满褶皱的手，止不住地热泪长流。

我的父亲和母亲先后生育了 6 个子女，但因为当时农村条件艰苦，缺衣少食，尤其是医疗条件极差，最后只有我、一个妹妹和一个弟弟活了下来。我曾经有一个哥哥，但他 3 岁时在屋前池塘里溺亡了。

农村的许多家庭都望子成龙，希望有朝一日能鲤鱼跃龙门，彻底改变现状。因此，对那些顽劣淘气的孩子，许多农村家长都采取粗鲁的体罚方式，有的孩子甚至被打得死去活来。我记得邻居家的一个孩子，因为成绩不好，他的家长用挑水的扁担打他，扁担被打断了之后还不解气，又用木板凳打他，连木板凳也被打断了，结果，他被打得趴在床上几天都不能起床。我的母亲是一位受过私塾教育的伟大女性。她从未打过我们，倒像一只老母鸡护着小鸡那样，庇护着我们。即使我们有什么过错，她都看成是自己的错误，先是给予理解和谅解，然后进行解释与引导，让我们在平和的气氛中认识到自己的错误，并乐于改正。

我至今还记得，有一次，我爸爸从外地回家，带回一斤猪肉，我妈妈让我把炖肉的瓦罐拿到家门口的池塘去洗。那时，我才不到 10 岁，毛毛躁躁的，一不小心就把瓦罐摔了个粉碎。那时候，对一个农村家庭而言，一个瓦罐是一件了不起的资产。我自知犯了大错，便逃到山后的森林里，爬上树躲藏起来。久未见我回来，我妈妈便四处找我，终于找到后却并未责备我，而是拿来一大包爆米花，哄着我从树上爬下来。她的举动让我自责、让我感动。

20 世纪 80 年代初，为了给家里减轻一些负担，我曾报名参军，并顺利地通过了南海舰队的体检和政治审查。但是，我的母亲因为当时南疆局势动荡而担心我的安危。就在我即将去穿军装的前夜，她紧紧地抱住我，哭成了一个泪人。我是家里的长子，想到母亲曾经的失子之痛，我就放弃了参军。不知是不是冥冥之中有神佑，要是我那次参军入伍了，之后还能有机会考上北京大学吗？

1993 年，我还在国内工作时，把二老接到北京长住。1994 年夏天，母亲第 5 次中风，看到母亲被病痛折磨得非常痛苦，我心如刀割。在她清醒之时，我劝她去医院治疗，可她怕花钱，不肯去医院。劝说无效，我便先给 120 打了急救电话呼叫救护车，接着，就背起我母亲从 5 楼下楼（那个宿舍没有电梯），急送去中国民航医院救治。当时，从机场宿舍区到中国民航医院的道路颠颠簸簸，我只好一手拿着吊瓶，一手抓住车把。经过诊断后，中国民航医院建议转到北京酒仙桥医院就医。在母亲住院期间，我放下了所有事情，日夜陪伴照顾，守候在母亲身边，直到她苏醒。经过半年多的医治和精心疗养，母亲的病情竟奇迹般地好转了，10 年内没有复发过。

那时，我的工资并不高，母亲的病需要换血，治疗费特别昂贵；儿子刚出生不久，也需要花费。我只好到处借钱为母亲治病。此后，我母亲经常向家乡人自豪地称赞我说："我给九霖吃的是粥，他还给我的却是肉！"熬过无数艰难岁月生活的母亲，仍然把能够吃上肉视为最高幸福。

往事历历在目，无法释怀。如今，我跪在病榻前，泪眼朦胧地望着我的母亲。可母亲已经不能开口说话了，眼睛也是闭着的。尽管如此，我却忍不住要一句句、一遍遍地跟她交流："妈妈，九霖回来看您了！儿子不孝，对不起您了！自古忠孝不能两全。请允许不孝之子暂时返回新加坡协助调查。我一定早去早归，以便全身心地伺候您。要不然，我会心挂两头。毕竟，新加坡那边需要我啊！"站在我身边的家人们、乡亲们都为这一番陈情哭泣，我看见我的母亲竟然奇迹般地眨了几下眼睛，流出眼泪来，她的嘴哭歪了，却发不出声来。此情此景，我更加无法克制地嚎啕大哭，身体剧烈地颤抖着，急促地喘着气，几乎要把整个内脏哭出来。

当时，我的父亲身患糖尿病，每天都在注射胰岛素，他走过来把我扶起，说："九霖，你还是去新加坡吧！这边有我在，你去那边把事情处理好，快去快回！要是晚回了，我怕你再也见不到你母亲了。"（真是不幸而言中，这次竟是永别！半年后，2005年6月19日，我母亲逝世，我被新加坡方面拖了半个月才被允许回国奔丧，没能在母亲弥留之际看上一眼，只能在母亲的坟前长跪不起。）

我拉着父亲的手站起来，紧紧地抱住父亲。后来，想起那情景，真是："地震袭来墙不抖，黑云压下风滞游。但闻撕心裂肺声，更觉满屋泪横流！"

我和家人及村里的人哭过一阵后，家里的座机响起来了，我父亲走过去接电话。电话那头说："您好！请问您是陈老先生吗？"我父亲说是的。电话那头接着说："我是《华尔街日报》的记者，刚刚见过您了，您还记得吧！我正坐车前往武汉，司机跟我说，我刚刚经过的那辆车里面坐的好像就是陈九霖，就是您的儿子。我错过了一个机会，我想返回，但司机不同意返回，天色渐晚，他怕路上遇到抢劫。您能不能让您的儿子陈九霖来接电话，我只要和他说两句就够了。"

我父亲用左手捂住听筒，向我使眼色，小声地问我要不要接电话，我摆手示意他，我不能接。我父亲就告诉他说："他不在家，已经走了。"挂断电话之后，我父亲告诉我，那个记者在电话里连连叹气，显得很遗憾的样子。后来，那个记者在《华尔街日报》上连续发了3篇文章，分析中国航油事件，其中的一篇写到我"在一夜之间从高处重重跌落，滑向地狱之门，生死未卜"。《华尔街日报》还有一篇文章则明确无误地提到记者去过我的老家，还说我相信风水，而风水却没有帮到我。但我并不知道说我相信风水从何而来，是看到媒体报道说我喜欢读《易经》？不过，《华尔街日报》的报道的确产生了较大影响，从国内范围看，仅次于《财经》杂志的《成败陈九霖》[1]那篇封面报道。

第二天，也就是2004年12月6日，我专程去舅舅家，因为我从小在舅舅家长大，差一点儿就被过继给了舅舅。

我父亲是一名农村基层干部，我母亲是一名小学教员。由于他们都忙于各自的工作，又要养家糊口，就把出生才8个月的我送到外祖父母家抚养。外祖父母家在浠水县夏凉乡龙井村，那里有一座挺高挺大的山，村民们都叫它凤凰山。当地的老百姓经常讲起"北宋医王"、撰成6卷《伤寒总病论》的庞安时，我的外祖父也常常给我讲起他的故事。凤凰山上有一座庞安时庙，有人说那里是庞安时的故乡，也有人说那是他行医次数较多的地方。我外祖父母家的房屋就建在半山腰上，家里的饮水和用水都是山泉，清澈透亮，沁人心肺。我小时候住在那里时，山上布满了松树林和毛竹林，到处郁郁葱葱，空气带着绿草的芳香。我从出生后8个月直到5岁

---

[1] 中国航油事件后，陈久霖改名为陈九霖，本书中提及作者名时统一使用"陈九霖"。——编者注

半，都被寄养在外祖父母家。我的外祖父和外祖母含辛茹苦地把我养大，对我恩重如山。每天晚上，外祖父都会给我讲故事，我常常在他讲的故事中进入梦乡。那时，舅舅的婚姻受到挫折，外祖父母特别希望我在他们家乡的学校读书，目的是让我成为我舅舅的养子。但我爸爸不同意，他以山村学校的教学条件不好为由，把我接回竹瓦镇宝龙村上学。当时，我非常不愿意离开，想留在那里，外祖母也舍不得我。

　　我记得，在我父亲要接我回到宝龙村的家里时，我极其不情愿，趁大人们不注意时，就偷偷地跑到大山的深处躲藏起来。我钻到红薯地里，那里的红薯叶子长得十分茂密，中间刚好有条沟，我就躲到那条沟里面。全山村的人都出动来找我，我清楚地听到外面有人在急切地呼喊我的名字，但我就是不吭声，谁也找不到我。后来，夕阳西下，大家变得更加着急了。这个时候，我的外祖母终于开口了："你们不要找，我知道我的孩子在哪里。"后来，我猜想，她不说出来，就是想让我随自己的意愿在那块热土上多待一会儿。只是，山里毕竟是野兽出没的地方，让我一个人长时间地躲在山里可能会发生危险。外祖母从小缠足，她的脚是典型的"三寸金莲"，走起路来就像是在跳芭蕾舞。她拄着一根拐杖，直奔我藏身的红薯地，呼唤我的名字。我一听见外祖母的声音，就立刻跑出来见她。外祖母之所以直奔那个地方，是因为我们曾一起去那里扒红薯，我还在那里和她玩过捉迷藏。

　　往日的岁月就是由一个个细节贯连而成的。后来，每当我想起这个情节，都忍不住要伤感一番。外祖母找到我之后跟我说："你这次回去不是要在家里待着，是回去探亲，你到那边住几天，过后再回来。"我有些狐疑地看着她，并不说话。她接着又宽慰我说："你还不放心的话，就让你姥爷跟你一块儿过去，过几天你再跟你姥爷一块儿回来，你看这样成不成？"我一听外祖父会跟我一起去，我想他肯定不会把我一个人留在那边自己回来。5岁半的我这才在第二天骑在外祖父的脖子上，心不甘情不愿地离开了我的外祖母。

当时，我只听见送行鞭炮的响声，并没有听见外祖母的哭声，也没有看见她流一滴眼泪。但是，我听见她很伤心地对旁人说了一句话："树大要开枝，鸟大自然飞！"她没有哭是因为她努力地克制住了自己的情绪，怕她的泪水会影响到我的心情，怕我不能安心读书。后来，外祖母村里的人告诉我，在我离开后，她静静地伫立在送我的路口，目送着我，长长久久地不愿转回身去。在看到我的身影像远去的飞雁消逝在青山白云之中时，外祖母才"哇"地一声痛哭起来，接着便晕倒在地，被人急忙抬回家后，我那可怜的外祖母一连病了好几天。

我回到父母的家之后，一直紧紧地跟着外祖父，就怕我一不留神他就不见了。当时，农村条件很艰苦，晚上睡觉时，在地上铺满一层稻草，在稻草上盖一床被单，这就是我和外祖父的床铺了。旁边是一头牛，再过去是一头猪。晚上，我一直搂住外祖父的脖子睡觉，甚至还将腰带的一端系在我的手上而另一端系在他的手上，生怕他半夜偷偷走了，但是，睡熟之后手自然就松开了。没想到外祖父真的是这样打算的，他大概四五点钟就起来了，那时天还是黑的。他要出门的时候，我隐隐约约地感觉到了，猛然从床上站立起来。农村的小孩子晚上睡觉都脱光所有衣服，只穿一个三角兜。我的外祖父在前面急急地赶路，我就光着身子在后头跟着跑，又哭又喊地跑了两三里路。我的外祖父终于不忍心继续往前走了，他回过头来，眼里噙满泪水，有一种很心酸的感觉。他抱着我又走回我的父母家，安心在那边陪我住了7天，让我对这个家慢慢熟悉起来，他才偷偷地回去了。但是，等到他回去的时候，我还是依依不舍。

我在北京大学上学时，我外祖母逝世了。家里人怕影响我的学习，没有通知我，让我终生遗憾。我外祖父逝世时，正赶上我在家休暑假，他的离去让我悲痛欲绝。两位老人的音容笑貌至今历历在目、铭刻在心。

对我来说，舅舅家保存着外祖父和外祖母的魂灵，那是我童年最温馨的回忆。所以，2004 年 12 月 6 日这天，我在爷爷奶奶的坟前烧香磕头之后，先是开车到夏凉乡，然后，顺着山路步行几里路到舅舅家。虽然外祖父母已经离世，但我舅舅还健在。我先到外祖父母的坟前烧香祭拜，然后，又与舅舅和舅妈一一话别。接着，我又要去我的二姨家看看，因为我从小跟她一块儿长大。从舅舅家到二姨家也有一公里山路的距离，我照样步行过去。二姨的智力不太发达，虽然思路清晰，但是，说话不是太利索。所以，我还是要去看望她，给她留了几千块钱。从二姨家出来的时候，已经日落西山了。

第三天，也就是 2004 年 12 月 7 日，我再次回到竹瓦镇宝龙村。我提前三天为父亲举办了 73 岁的生日家宴，在上海工作的弟弟，在宜昌的妹妹及表兄弟们都回老家来了。我对我父亲说："如果这次新加坡之行能够为公司的新生起到作用，即使赴汤蹈火我也在所不辞。"父亲听完我的话，什么也没说，拿起酒杯来，"敬"了我一杯。这是我有生以来第一次接受父亲的敬酒，我理解父亲敬酒的分量。我安慰父亲说："我本身是一个农村的孩子，大不了过几年再回来陪您老人家种田去。希望您健康长寿，能够等到那一天！"

在老家，我把当时能够想到的事情都一一安排妥当，包括给我爸爸、舅舅、二姨等留下一些现金，给妈妈请了 4 个护工。做了这些工作之后，离开老家之时，尽管有些悲悲切切，但内心还是平静了不少。

勇往直前

2004 年 12 月 7 日下午，我才离开老家赶回武汉。在武汉天河机场候机期间，我又看到一大堆关于中国航油事件的报道，其中，有很多文章都把矛头指到我的头上。有朋友告诉我，新加坡的媒体也猜测说我将会返回新加坡，都称我此行凶多吉少。有的说，陈九霖因为中国航油事件可能要被判 19 年有期徒刑，有的说得更邪乎，认为是 90 年有期徒刑，因为新加坡是个严刑峻法的国度。

不至于吧！太夸张了吧！不知怎么的，这反倒有些激发了我的斗志。在武汉机场我又即兴写了一首打油诗，并引用了荆轲刺秦王之前所写诗歌中的两句作为开头：

> 风萧萧兮易水寒，壮士一去不复还。
>
> 人生终有不归路，何须计较长与短。

我这首诗就是想说，不要在意生命的长短，而要在意生命的意义。生命的长短不能衡量一个人的价值，在关键的时候能够挺身而出，勇于担当，这才真正体现出一个人的品质，真正体现出一个人的价值所在。

告别的旅途是漫长的。我从北京飞到了武汉，又从武汉飞到广州，然后，再乘坐南方航空的航班前往新加坡。

当晚，在广州白云机场贵宾休息室，我遇到了当时南方航空的负责人，他要飞往澳大利亚。闲聊之中，不可避免地聊到了中国航油事件，但他问得比较细，因为当年南方航空也从事石油期货，也造成过巨额亏损，可能他心里也不舒服，想看看中国航油事件会怎么演变。其实，在 2004 年，也不止南方航空一家在做期货，国航、东航、深南电（深圳南山电热股份有限公司）等都做石油期货，事后证实，这些公司都有不同程度的巨额亏损。但唯有中国航油的巨额亏损，因为危机处理不当等原因而变得万众瞩目。2010 年，我就任中国葛洲坝集团国际工程有限公司副总经理时，拜访了老朋友、时任中国五矿集团董事长周中枢。他在他的办公室里对我说，就在 2004 年那一年，中国五矿在澳大利亚做期货赔得比中国航油更惨。

周总说："九霖啊！是你们自己人没有处理好，才让你受了那么大的罪！"这是后话。

　　思绪回到南航候机休息室。我与南航集团领导正在闲聊之时，南航领导被通知准备登机了，而我乘坐的飞往新加坡的航班却延误了。谁能想到，就在南航领导临要登机的时候，工作人员又告诉他说飞机出故障了，要换飞机。这样，我们又坐在同一个休息室继续聊天。

　　我的第六感非常强。我要做事情的时候，如果出门顺顺利利不打回头转，那么，去做的那件事情一般也是顺顺利利的；如果我打了回头转，一定会遇到不好的事情，或者原本要做的事情会进展得不顺利。那个时候，我就联想到无论是新加坡的律师也好，还是我身边的朋友也好，无论是媒体上连篇累牍的那些报道也好，还是新加坡富豪给我打的那通电话也好，全都在说此行凶多吉少。因此，我猜测，前行的道路可能确实如此。

　　坦率地说，在那一刻，我产生了一丝犹豫，想打退堂鼓，这种犹豫在我一生中是极为少有的。正好飞机也没有来，我完全可以拖着行李就离开机场，返回老家去伺候我的母亲。我在休息室里来回踱步，心里在想，还要不要去新加坡呢？

　　片刻犹豫一闪而过，最后我还是咬咬牙，坚定了要返回新加坡的决心。男子汉大丈夫，一言既出，驷马难追，我既然答应了新加坡方面我会返回，那么，我就要去履行我的承诺，就要去承担我应承担的责任。哪怕是前途莫测，哪怕是万丈深渊，我依然决定纵身一跃，义无反顾！

　　情绪平静之后，鉴于当时考虑到可能出现的种种事态，我还是从休息室往新加坡打了一个电话，请朋友帮我安排律师到新加坡机场接我（事后证明，我的考虑不是多余的）。

　　此时此刻，朋友在电话中声音颤抖地建议我取消行程，返回老家。我则引用了地藏王菩萨的一句话，作为我的回答："我不入地狱，谁入地狱？地狱不空，誓不成佛！"

第二章

机场被捕

　　墙倒众人推，既倒不怕推。

　　日后垒铜墙，欢迎大家推。

　　我这个人有个特点，就是能吃能睡。我的工作节奏一向很快，有时，要连续工作好几天，身心俱疲时，见缝插针地"偷安"一会儿，就能得到一定的缓解。汽车上、飞机上，甚至在办公室的椅子上，我想睡就能睡着。有时，哪怕只休息 10 分钟，我也能精神抖擞地再次出发。

　　由于想开了，心静了，准备好了，再加上连日的奔波，我一上飞机便呼呼大睡起来。睡醒后，发现飞机已在新加坡上空盘旋。从窗口望去，脚下的灯光并非华丽璀璨，而是星星点点，有些昏昏暗暗。

　　新加坡，熟悉的新加坡，我又回来了。

　　我不会忘记，这时，已是 2004 年 12 月 8 日凌晨。

机场双手被铐

尽管航班一直延误，凌晨才抵达新加坡，在机场等候迎接我的朋友还是打电话告诉我说，出口处有一批记者严阵以待。在那段时间里，不管走到哪里，我都被媒体"聚焦"着。于是，在排队等候过移民厅检查关口时，我打电话询问我的律师怎样应付记者的提问。律师给我的意见是，尽可能回避记者，以便为即将开展的调查留下余地。

轮到我验证过关时，当值的穿黑色制服的工作人员接过我的护照，微笑着用英语向我问好，但当她将护照插入识别器时，脸色突然大变。她用英语说："陈先生，请你稍等一下。"她当即扣留了我的护照。

我根本没往深处想。即使我早已预想过此次协助调查的最坏结果，可根本想不到他们会在机场就下手呀！

工作人员也没有解释，只是要求我在一旁等候。没过多久，两名身着便衣的人员从办公室里出来，他们仔细看了一会儿我的护照，接着又抬头看我，对着移民厅的工作人员点点头，什么话也没说，就将我带到一个没有旁人的宽阔大厅，客气地要求我坐在角落里的椅子上。

我用英语问他们："为什么把我带到这里来？"

其中一人回答说："一会儿会有人来见你。"

有情况！不像是例行检查，好像是因为中国航油事件而特意地冲着我来的。我马上给朋友打电话，请他让律师和我通话。律师说："我们也不清楚是怎么回事，你先等候一下，肯定有人要来的，注意看是谁要见你，听他说什么，然后，再来电话。"

其实，这是一种心理战术，有人一定在监控室密切地观察我的动静。自此刻起，一种不祥的预感已经在我心中由淡转浓，我强烈地意识到这次凶多吉少，但此时已经没有退路，必须见招拆招。

我一个人百无聊赖地坐在椅子上，大约等了一个多小时，到了凌晨两三点，一名穿着警察制服的马来西亚人来到我的面前，他问："你是陈九霖先生吗？"

我回答："是。"

他手里拿着我的护照，看两眼护照，再看一眼我，像是在核对身份。接着，他说："你被捕了！"

也不知是他的英语发音不清晰，还是太出乎我的意料，我以为自己听错了，就连忙问他："你说什么？"

他就重复一遍："你被捕了！"

简直是晴天霹雳！

我极度震惊："为什么逮捕我？"我是被邀请返回新加坡协助调查的，尽管我的母亲正处在人生的弥留之际，尽管很多人劝我不要返回新加坡，我还是回来了。然而，才下飞机没多久，我还没到新加坡交易所去协助调查，就要被逮捕？

我当时非常恼火，质问他："你的逮捕证呢？"他说没有，他也没有向我出示任何其他身份证明。

我说："那你凭什么逮捕我呢？"

他不正面回答我，只是说："对不起，陈先生，我只是执行命令。"

我马上给我的律师打电话，将这边的突发情况告诉他。律师跟我说："你别急，你请他上司出来见你或与你通话。告诉他，你返回新加坡是来协助调查的。目前，你还未接受调查。"

那名执行任务的警察对我的要求不屑一顾："对不起，我的上司睡觉了，请你配合点儿！"他一边这样说着，一边拿出手铐就要把我铐上。

戴手铐？那性质就完全不同啦！我有些急了，对他摆手说："慢！我要给我的律师打电话，请他联系中国大使馆。"

他倒是客气："好，你可以打。"他就提着手铐，站在旁边看我打电话。

我在大厅里踱来踱去等律师那边的消息。过了好久，律师给我打电话过来说："陈先生，电话响了半天没人接，我打了几次都是这样。现在，要不这样吧，你问他要把你带到什么地方，我们就赶到那个地方去接你。"

警察说他会带我去勿洛（Bedok）警察分局。我就打电话把地点告诉律师和朋友，律师让我暂时配合警察，一切等天明之后再说。就这样，我被反铐着双手，坐进了一辆小型警车的后座。

新加坡，我是诚心诚意地返回来协助调查、处理问题的，你们却给了我这样一个下马威！

那是一辆破旧的警车，后部空间非常狭小，显得很拥挤，腿都放不下，我整个人好像是被挤扁了的三明治的夹层。在我坐定之后，警察又把我当时带着的旅行箱扔到后备箱里。

我失去了自由身，我成了警方的犯罪嫌疑人！

我闭上眼睛，努力想让自己平静下来。可是，刚才发生的情景却反复在我脑海中播放，这一切真是荒诞至极！我是受新加坡交易所邀请回来协助调查的，当局本应该对协助人进行妥善安置与周到保护，没想到竟给了我如此高级的"待遇"——在尚未进行调查、事实真相尚未明了之前就把我逮捕（后来得知，那时，我是唯一被逮捕的有关人员，直接导致公司亏损的涉案交易员和售股协议的签署人都还如鱼儿般自由自在呢），亏得你们新加坡还是实施"无罪推定"原则的国家呢!

　　所谓"无罪推定"（Presumption of Innocence）原则，起源于 1764 年7 月意大利刑法学家贝卡里亚的名著《论犯罪与刑罚》，意指"未经审判证明其有罪之前，推定被控告者无罪"。无罪推定原则是现代法治国家刑事司法通行的重要原则之一，也是联合国在刑事司法领域里制定和推行的最低限度的标准之一，还是国际公约确认和保护的基本人权之一。调查还未开始，就在机场将我逮捕，这根本不符合程序呀!

　　事态的严峻程度，远远地超出了我预先的推测。机场被捕——这是不是向公众释放了强烈的信号——陈九霖有罪?

　　这种做法，会不会使公司的涉案人员为了自保而把我看成替罪羊，把原本应该由他们承担的责任都丢给我? 会不会使不明就里的社会舆论和当时愤愤不平的小股东们把疑点集中到我的头上，而促使有关当局寻找一切可能的罪责来对付我? 我感觉自己像是被人推进了漩涡中，挣脱不得……

警所席地小睡

　　勿洛警察分局到了。

　　警车停稳之后，那个逮捕我的警察先进到警察局里办理交接手续，之后不久，便把我交给从勿洛警察局出来的两名警察，这两名警察一左一右地架着我的手臂，径直往警察局里走，我仍戴着手铐。

　　我要求见我的律师，因为律师之前在电话中告诉我，他会去那里等我，我也要求见中国大使馆的官员。然而，这两项合理要求都被拒绝了。

　　我被带到登记台。坐在玻璃窗里的警察拿出一份长长的表格，向我抛出一个又一个问题，我站在窗外一一作答，他将我的回答填写在表格上，最后让我签个名。

　　紧接着，我又被架着走过了多道电控大门，来到了一间密室，这个密室还有一个里间。警察从我的身上和行李箱里搜出了钱包、手机、电脑等个人物品，他们拆下了我的手机电池和电脑电池，分别登记了号码，他们还记下了手机和电脑的硬件号码。在这个过程中，我猜他们可能给我的手机和电脑装上了窃听器，因为他们曾一度将这两件东西拿到里间去不让我看见，但我也懒得去管那些事。他们又把我的钱包拿出来，数了里面有多少钱，然后，再把我携带的其他物品一一清点并记录在案。最后，还让我在记录纸上按手印。

　　这个过程大约持续了一个多小时。警察又押着我走过几道铁门，这些栏杆状的铁门，是通过了一道门并且等这道门完全关上之后才能开启另外一道铁门的。我被带入一间拘留室。

　　这个拘留室里没有床，地面是粗糙的水泥地。条件怎么如此恶劣呢？新加坡可是联合国成员国，是要保障囚犯基本人权的呀！更何况，我现在还不是囚犯呢！看来我只能躺在水泥地上了！

　　没过多久，我就冷得直哆嗦。这个拘留室有冷气，不，是开足马力释放的寒气。新加坡室外晚上最低温是 28 摄氏度，而那个拘留室里可能只有 15 摄氏度。无论是身体上还是精神上，我都像是掉进了一个巨大的冰窟。这时，我记起来从北京出发的时候，曾顺手把一件黑色皮夹克放在了行李箱里。

　　冥冥之中有很多事情说也说不清楚。新加坡是炎热的地方，我为什么要带一件皮夹克过来呢？此前我来新加坡多次，从来都没有带过这种仅在寒冷气候下才穿的衣服啊！我离开武汉时，已经将其他所有御寒的衣服都交给了我妹妹，为什么唯独要保留这件皮夹克呢？

　　我是不相信宿命的，但有些事情巧合到让我陷入迷思。17 岁那年，我的母亲曾带我见过一个算命先生，从他那里得到一首打油诗："生来就是一条龙，改名换姓成飞龙。福禄寿禧天注定，老年更比中年隆。"为什么我会生在宝龙村？我还要改名换姓？那个算命先生也提到中年的挫折。他的大意是说我43岁左右会遭遇一场灾难，但终究会过去。可能是为了警示我要稳健扎实，我母亲生前就经常提及此事。另外，在2000年前后，朋友给我推荐过一款推测命运的软件，输入姓名和生辰，显示"2004年、2005年要倒霉"，2004年我正好43岁！这一切难道是命中注定？

还记得那是2003年的一个凌晨，我突然醒来，怎么也睡不着了。我索性走到客厅翻书，一翻便翻到《周易》第29卦（即坎卦或习坎卦）。我当时还叫"陈久霖"，这三个字加起来正好29画（"陈"以繁体字算），我就觉得很有意思。值得解释的是，坎卦之前是大过卦，这大概说明了遭遇困难甚至重大挫折（"坎"）的原因；坎卦之后是离卦，"离"字通美丽的"丽"。我用现代汉语自编一首打油诗来解释"离"卦的卦象是："今日太阳升，明朝旭日升。相继不停顿，天天有光明。"这就指出了走出"坎"卦之后的前景，那就是吉利、坚贞与亨通！但要熬过"坎"卦也不容易，因为坎卦之中有好几道坎，不止一个坎，而且，一个比一个更加艰难与危险。然而，看到它的卦相，我并不悲观，而是联想到苏轼的几句诗："人有悲欢离合，月有阴晴圆缺，此事古难全。"人生正如月有阴晴圆缺一样，谁都难免遇上"坎"。但不同的应对方式，结果会有天壤之别。不能遇到了"坎"就往后退，退就退到"大过"去了，就会犯更大的过错。必须勇往直前，然后，才有可能艳阳高照。我于是突发奇想地写了一首打油诗《离坎》："《周易》设习坎，喻指处世艰。重险而慎往，离坎是平川。"我写这首诗的时候，心情非常平静，完全没有想到日后会遇到中国航油事件。

在拘留室里，我真的冻得受不了了，就请警察把我行李箱里的皮夹克拿给我。那天，我如果没有那件皮夹克，一定会感冒生病。在新加坡，我曾是展翅鲲鹏，众人瞩目；而今却成了落水凤凰，身不由己。在中国航油，我曾经飞龙在天，而今却龙困浅滩。思绪纷飞，不如先好好睡一觉，毕竟，这一天经历了那么多变故，已经使我精疲力尽了，我也顾不得睡眠条件之恶劣，把皮夹克穿起来后，在冰冷的水泥地上倒头就睡。

大概睡了一两个小时，我听到栅栏打开的声音。睡眼惺忪的我，恍惚间看见三个小伙子走进来，我以为是我的律师和朋友来接我了，赶忙坐起来。揉揉眼睛，却发现面前站着三个陌生人，他们都穿着便衣，戴着眼镜，一副文质彬彬的样子。其中的一个人开口说道："陈先生，你好！我们是 CAD 的。"

我就问他 CAD 是干什么的，他就用英语回答说是"Commercial Affairs Department"，就是新加坡警察总部下设的一个商业调查局。这三个人对我很客气，不像之前的那些警察那般傲慢无礼。

他们向我出示了工作证，然后对我说："我们现在带你去录口供。"我的神经一下子就紧张起来："录什么口供？我又没犯罪录什么口供？"他们摆手说："没什么其他的意思，这是正常程序，请您协助调查。"

正常程序？协助调查？我就是专程返回新加坡协助调查的！可我一下飞机，就遭受不公待遇！几个小时过去了，我还见不到我的律师，新加坡当局还口口声声地说什么"法治""人权"！

他们把我带到外边的停车场，见我一手拿着皮夹克，一手提着棕色旅行箱，领队的 Eric Chia（是个华人，似乎姓谢）便指示他的下级帮我拿旅行箱。这一举动让我觉得很温暖，这种温暖甚至冲淡了些许我在机场遭到无理逮捕时的怒气。

接着，他们三个人和我一起，乘坐着一辆民用小轿车，行驶约半个小时后，进入一座大厦的地下停车场。然后，又乘坐电梯，来到了 5 楼的侦讯室。全程均未铐手铐。事后我才知道，他们把我带到了新加坡警察总部。

警察总部再睡

Eric Chia 负责我的调查工作，他是新加坡警方调查中国航油案件的工作组组长。他看上去斯斯文文，说话也彬彬有礼。我们到侦讯室的时候，正好是早餐时间，他就给我拿来四片面包，每两片中间夹着一个煎鸡蛋，然后，还给我端来了一大杯红茶，这就算是我的早餐。

侦讯室大概有 10 平方米，门上有一块透明玻璃，室内有两把椅子、一张桌子，桌上放着一部台式电脑。

问讯开始后，我再次要求见我的律师和中国大使馆的官员，但同样遭到了拒绝。我向调查官提出抗议："你们为什么在事实真相尚未清楚之前，就对我实施逮捕呢？这是不合法的行为啊！这是先入为主，有罪推定啊！"他却解释说："那是因为你改了原定航班，又晚到了。"

这是什么逻辑？！世界上哪个国家、哪条法律会把改变航班作为获罪的理由？作为自由人的我，在当时难道没有改变航班的自由吗？况且，航班延误难道是我个人所能控制的吗？

我没有隐瞒我的行程。我改变航班是为了摆脱穷追不舍的媒体，我不想在尚未调查之前对媒体讲太多话，是想给调查机构留有余地。在我改变航班之后，我第一时间就将新的航班号通知了当时在新加坡的边晖。当初，新加坡交易所要求我返回的函件，就是边晖转达给我的。新加坡警方竟以如此荒唐的理由逮捕我，岂不是在拿司法和生命当玩笑吗？他们随意逮捕，就没有考虑到对我个人的不利影响吗？美国彭博新闻社在得知我被逮捕后评论说，事实真相尚未弄清之前就逮捕陈先生，是很不正常的举动。

调查员并不理睬我的追问，只是按照事先准备好的问题，询问我的姓名、年龄、职位等，要求我一一作答。突然，询问陷入僵局，因为我没有给出他所希望的答案，他居然一声招呼都不打就起身走了，把我一个人晾在侦讯室里大约一个多小时。

这是怎么回事？我以前从未经历过。我还自我安慰，以为他是临时有事。后来，我才知道，这是一种心理战术，侦讯室里四个角落都安装有摄像头，整个侦讯室里的一举一动都会呈现在监控室的大屏幕上，他们就想看你怎么表现，会不会惊慌失措，露出马脚来。我当时持有"敌军围困万千重，我自岿然不动"的心态，我想，既然没有其他人进来继续调查我，我又被他们这样折腾来折腾去，弄得疲惫不堪，不如睡觉！于是，我就把皮夹克一穿，把头靠在桌子上开始睡起觉来。我也不知道自己睡了多久，是调查员进来把我叫醒的，他可能看不出我有什么异常，放弃了心理战术。

Eric Chia 回来之后接着对我进行问讯。那个时候我的手机还没被没收，他一边在那里给我做笔录，我就一边在随意地翻看我的手机短信。问讯持续进行到下午四五点，我突然收到一条短信，是新加坡《联合早报》的一个女记者发给我的，她算是我的老朋友了，之前也写过不少关于我的文章。

她在短信里说："九霖啊！今天新加坡所有媒体都在头版头条报道你被捕的消息，并且都把矛头指向了你。刚刚新华社还发表了一篇文章，你的母公司中国航油集团党委书记海连成接受新华社记者采访，他说你所做的事情都是违规操作，中国航油事件都是你造成的，他们对此都不知情。"

不知该狂怒还是狂笑，这简直就是无稽之谈，怎么会不知情？中国航油（新加坡）公司作为一家上市公司，作为中国航油集团在海外的控股子公司，从事期权、期货业务，得到了董事会、国内有关机构的事先审批，上市《招股说明书》、公司年报都作了披露。他们怎么能说不知情？这不是在撇清自己的责任吗？这不是落井下石、"墙倒众人推"吗？我深深地感到自己即将成为替罪羊。（事后翻阅新华社稿件，从公开报道上看，中国航油集团的领导在接受记者采访时倒没有说我什么，而新华社记者的系列评述则用刻薄的语言把矛头直指我，可问题是，记者怎么那么清楚地知道公司经营的具体细节呢？）

《联合早报》的那位记者还跟我说，新加坡时任总理兼财政部长的李显龙在接受采访时指出，当局将会彻查这起事件，让投资这家中国公司的公众了解事情的真相。新加坡国务资政吴作栋当时也表示，中国航油事件如果处理得当，新加坡作为国际金融中心的声誉不会受到影响。他同时也坦承，中国航油出现巨额亏损的事情令人震惊，因为这家公司享有不错的名声。不过，即使是在世界上最顶尖的金融中心，偶尔也难免会发生这类事件。仅从讲话看，这两位领导人关注的重点分别是投资者利益和新加坡作为"国际金融中心"之一的国际声誉。

新加坡领导人的相关表态，使我心情大好，我以为在入境之后所遭受的不正常待遇仅是意外呢（后来我才清醒，对政治家的话就看你怎么解读了）！

于是，我就给新加坡《联合早报》记者回了一首打油诗，以至于后来好多人都说我是"打油诗人"。我在那首诗中说：

　　　　墙倒众人推，既倒不怕推。
　　　　日后垒铜墙，欢迎大家推。

调查员没有注意到我当时的所思所为，而是将整理好的英文笔录拿给我看一遍，并要我在口供上签字。在之后的一年多时间里，类似这样的问询进行了大概 30 多次，每次至少进行半天，有时是一整天。

在整个调查过程中，虽然我一直要求律师参加，但只在整个案件最终结束调查的前几天和我受到指控的那一天（即 2005 年 6 月 8 日凌晨），我的律师才被允许到警察总部来听我的口供。

值得说明的是，在英美法系国家（新加坡属于英美法系），犯罪嫌疑人在接受讯问时，有权要求自己的律师在场，法律对此给予充分的保障，甚至在英美等国，只有在犯罪嫌疑人自己放弃了律师在场权的情况下，警方才可以在没有律师的情况下问讯。

保释

下午 6 点左右，调查员告诉我说，我被人保释了。

走出警察总部，我发现天色昏暗，街灯已开，外面有一群媒体记者在等着，中国航油（新加坡）公司派了一名保镖来接我，保镖就用手护着我往前走。记者们一路跟着跑，想让我开口说些什么，但我当时情绪不稳定，不想接受任何采访。我坐上公司派来的车子后，陆续接到了朋友的电话，他们都说要请我吃饭，给我压压惊。

朋友们的情谊我领受了，但我不想在此时给人添麻烦。我对一位名叫郭景向的朋友说："我刚刚从警察总部出来，你就要请我到你家吃饭，怕是对你不太方便吧！我们过后再聚吧！"

他表示理解，并爽快地说："你今天不来，那明天来也可以。我没有那么多讲究，我见过和经历过的事情多了去了，你的事情算不了什么，明天直接过来吧！"

我忍不住笑起来："那也不方便，即使你不嫌弃，我还怕你太太嫌弃哩！你的好意我已经心领了，饭我就不去吃了。"

朋友的情谊使我感到温暖。这边电话刚放下，那边就又打来一个，就是那个我还在武汉时就给我打电话，劝我不要返回新加坡的富商。他说今天一定要见面，我像刚才一样婉拒了，他却让我无处逃遁："我已经在松林俱乐部给你备好了酒席，不是在我家里。这样，你就没什么顾虑了吧！"事情到了这个份儿上，哪有不去之理？

在俱乐部一见面，他就劈头盖脸地数落我："我早就叫你不要回来，你偏偏不听，看看现在捞到一个什么结果！这么多新加坡媒体大肆地渲染你被捕的事情，那些不懂实情的人现在都以为你是主要责任人了，因为只有你一个人被捕啊！我也是真看不明白新加坡政府为什么要这么做，既然你已经自愿回到新加坡协助调查，而且，人已经回到新加坡境内了，他们为什么要这么匆忙地逮捕你呢？他们只需要把你的护照扣下来，你就出不了新加坡了，即使你真的触犯了法律，等到事情调查清楚了再依照法律程序逮捕也是来得及的啊！现在还没开始调查就莫名其妙地把你逮捕了，这不是明摆着欺负人嘛！还真有点儿那个'莫须有'的意思啊！"

是呀！上哪儿说理呀？我没吭声，默默地把酒杯里的酒喝完。一杯下肚，酒从喉头烧到内脏，心头火烧火燎的。

他见我闷闷不乐，就来安慰我："我做期货也做了30年了，曾经也失手过，你这次5.5亿美元算不得什么，我一次就赔了20亿美元，真是赔到倾家荡产的地步，差不多要沦落成街头要饭的乞丐了。但是，我最终还是慢慢地爬起来了。你看看巴菲特、索罗斯，哪个没有赔过钱呢？他们也都在期货、期权上栽过跟头，最终不是都做得很好吗？你以后也一定还能做成大事业的！"我知道，这都是安慰我的话，但心里还是轻快了许多。

当晚，我被安排住在香格里拉大酒店，这是另一个朋友给我预定的。在酒店门口，我又碰到了记者，在保镖和朋友的掩护下，我悄悄地绕路走楼梯躲过去了。我进到房间后，就随意看了看电视，读了一会儿书，然后，洗一个热水澡就睡觉了。

第二天早上起来，我一打开电视，就发现媒体都在报道我被捕的事情。我打开手机，发现一夜之间有无数条短信涌入手机。其中，有条短信是原来中国航空油料总公司（中国航油集团前身）的一个副总经理发来的，他说他在媒体上看到我写的那首打油诗——"墙倒众人推，既倒不怕推。日后垒铜墙，欢迎大家推。"他说，我那首诗写得不对，墙指的应该是公司，不是我，倒下的是公司，不是我。看到他毫无逻辑的责难，我也懒得去搭理他了。

我在香格里拉大酒店只住了两天，就有记者找上门来了。没办法，我不得不悄悄地转移到一个紧邻新加坡河的不太起眼的酒店。

媒体指向

我刚入住国敦河畔大酒店没多久，即 2004 年 12 月 10 日，就有一个人来敲门。我从猫眼里向外看，原来是一个和我相熟的记者，叫徐伏钢。他是新加坡《联合早报》的记者，之前写过很多与我相关的文章，我们一直保持着较为密切的联系。

徐伏钢希望我可以接受他的独家采访。我当时也考虑到外界已经对我有了诸多误解，我的确需要通过媒体来澄清一些问题，而且，徐伏钢是个负责任的媒体人。所以，中国航油事件曝光以来，我第一次正式接受了记者的采访。

就在这一天，国资委通过一条新华社电讯，正式就中国航油事件做出措辞严厉的表态："中国航油（新加坡）公司开展的石油指数期货业务属违规越权炒作行为，该业务严重违反决策执行程序，经营决策严重失误，形成巨额亏损。目前，中国航油集团正在全力处置。国资委正密切关注事件发展，待事件妥善解决后，将依法追究责任人责任。"

徐伏钢先是问我当时的感受，我没有正面回应国资委和此前新华社的报道，而是真诚地对他说："公司出现目前这个局面，如果用一个词来形容我现在的心情，那就是撕心裂肺般疼痛。中国航油（新加坡）公司毕竟是在中新两国政府、母公司以及股东和社会各界朋友的大力支持下，也是我本人付出大量心血和精力而建立起来的。出现这种情况，完全是违背我个人的意志的，是我完全不愿意看到的结果。"

说着说着，我动了感情："在这个问题上，我应该是所有人员中最痛苦的一个，我所承受的压力是所有人员中最大的。这个公司就像我的孩子一样，是我一手打造出来的。我想，世界上没有任何人会忍心亲手毁掉自己付出心血创造出来的事业吧！现在，我的母亲正在重病之中，天底下有哪个儿子会嫌弃自己的母亲、不愿意在家照料自己的母亲呢？我在这种时候返回新加坡，是希望通过这项调查，通过这次公司重组，能让中国航油'破茧成蝶，涅槃新生'，这是我最大的愿望。"

说到对中国航油事件的反思时，我坦诚地回答："这既有必然的因素，也有偶然的失误。所谓必然因素，是指我在公司用人方面和监控方面值得反省。所谓偶然因素，是谁也没有料到油价会飙升到伦敦国际石油交易所和纽约商品交易所成立以来的最高水平，而公司在保证金上又恰好跟不上。"

我把我返回新加坡前前后后的遭遇和盘托出。最后，他问到我对未来的考虑。我当即告诉他，我当下考虑最多的不是自己，而是公司的未来。至于我个人未来的命运，我回答他："不论今后出现什么样的结果，我都能面对！"

徐伏钢回去后就用中文写了篇报道，发表在《联合早报》上，引起了新加坡社会各界的关注。后来，这篇报道被新加坡《海峡时报》和《商业时报》等媒体翻译成英文发表，新加坡之外的许多国家（包括中国）的媒体也都进行了转载。

这篇文章发表之后的第二天，即2004年12月13日，国内的《财经》杂志发表了一篇封面人物文章《成败陈九霖》。一看标题就知道，这篇所谓的"深度报道"，把中国航油事件全部归咎于我一人头上。什么"无知者无畏""成也萧何败也萧何"，什么"多年来新加坡市场上风头最健的

'龙筹大班'陈九霖突然在石油期货市场上翻船，很容易让人联想起当年同样在新加坡从事期权投机搞垮了巴林银行的英国人里森"，这个长篇报道一下子使我成为国内舆论的焦点。

事后，有内部人士告诉我，《财经》杂志在讨论如何定调中国航油事件时，编辑部曾出现很大争议。一开始，参与报道的大部分记者、编辑都倾向于定调为陈九霖的失误和控股母公司的监管失控。不过，事件的发展以及舆论的倾向，影响了他们的报道方向。2004 年 12 月 8 日，新加坡媒体披露我在机场被捕后的当日下午，中国航油集团领导接受新华社记者采访，称中国航油（新加坡）公司违规操作。正是看到我被捕和新华社报道这两条信息后，《财经》杂志的写作组当日晚上才达成共识，将焦点集中于我，并将题目定为《成败陈九霖》，因为他们已经看到了事件的后续发展趋势。在无力扭转乾坤之时，只好推波助澜。这只是朋友的转述，我不知道是否属实。

中国航油（新加坡）公司巨亏，我当然难逃其责，但需要承担责任的有具体的操盘手，有风险管理委员会的主席和委员们，有财务主管，还有上级公司，等等。但是，舆论在短期内把责任全推到我一个人头上，这不得不说，是因为我刚下飞机就被警方逮捕，给外界释放了一个指向性很强的信号。

《财经》的视野还是比较开阔的。这篇文章也指出了母公司作为拥有中国航油（新加坡）公司 75% 股份的控股大股东，应该负有控制的责任。文章认为，无论陈九霖最初的过错有多大，如果中国航油集团管理层有起码的风险意识和责任心，此次中国航油（新加坡）公司巨亏，本来可以在1.8 亿美元以内止住。

"成也萧何，败也萧何"。所谓"成"，就是承认了陈九霖为公司的建立和崛起做出了巨大的贡献；至于"败"，则是把公司的失败归于包括陈九霖在内的"合力"。《财经》杂志说："至迟在 10 月 9 日以后，这起事件极度恶性的演变，已应由包括陈九霖在内的中国航油集团管理层整体承担责任；而最后将中国航油（新加坡）推向悬崖的是一种合力。这种合力既蕴藏在期货市场的波诡云谲中，更深植于国有垄断企业的制度错位之下。"

《财经》的文章发表后，母公司一个领导打电话找我："九霖，《财经》杂志那篇文章是不是你授意写的？你把矛头指到我们头上了。现在，媒体又来找我们了。你说是不是你的问题？"我当时真是哭笑不得，怎么会有人授意媒体写文章来骂自己呢？再说，在那些日子里，我躲记者还躲不及，怎么又能料到当初在武汉对我紧密跟踪的《财经》女记者及其团队，在没有成功采访到我的情况下，就写出了这样的文章呢？

这篇"重磅文章"，似乎为我在中国航油事件中的角色"盖棺定论"了。此后，身为"罪魁祸首"的我，被舆论骂得狗血淋头，导致后来公司里的交易员、风险管理委员会、德意志银行和高盛在接受调查时，都把责任推到我身上。我真的有如项羽被困垓下，四面皆是楚歌。

当天晚上，我公司的一个雇员发短信告诉我，他偶然从涉案的澳大利亚籍交易员纪瑞德·里格比（Gerard Rigby）的电脑里发现了高盛公司发给他的《财经》杂志的那篇文章，并且，已经全文翻译成英文了。我当时比较震惊，因为，如果没有收到雇员的这条短信，我还不知道《财经》发了这样一篇文章，而纪瑞德却早早地从高盛那里拿到了翻译件，高盛为什么要发给他？我甚至不敢往下想。毕竟，高盛是我们的交易对手，更是中国航油期权业务的始作俑者！

第三章

航油大王

今日太阳升，明朝旭日升。

相继不停顿，天天有光明。

　　　　　　——早年读《周易》有感

都美玫瑰美，谁见枝上刺？

成功靠努力，岂有他人赐？

　　　　　　——2004年成功收购新加坡石油公司时作

　　我于2004年12月8日凌晨被捕，并于当日傍晚被保释，之后，时常被传唤到新加坡商业调查局去接受调查。新加坡当局还指令中国航油（新加坡）公司花费数百万新加坡元聘请了普华永道作为第三方机构介入调查，整个调查缓慢地进行了一年多的时间。

　　听天由命地等待吧，看他们最终调查出什么结果来。我本是一个不愿过多地回眸往事的人，可是，在那段"失业"的时光里，我不禁浮想联翩——我怎么会落到这般境地？俗话说"性格决定命运"，难道这一切都是必然？

　　我清楚地记得，在中国航油事件爆发后，时任中国航油集团总经理、中国航油（新加坡）公司董事长荚长斌，有一次在新加坡东海岸同我一起散步时说："如果不是你当年力推上市，如果公司只是一个非上市公司，即使发生了这样的问题，我们也好处理一些，大不了把公司关掉就行了！"

　　今天的困境竟归因于上市？这是什么逻辑？！

　　不上市？不！绝不！没有3年前——也就是2001年12月6日的上市，就没有以后的故事；没有上市，就没有中国航油集团的今天；当然，没有上市，也就没有我陈九霖波澜壮阔的人生。但是，无论如何，上市以及由此而带来的公司的快速发展，是我历经千难万险之后演奏出的最华彩的乐章！

脱颖而出

随着中国经济连年高速增长和综合国力不断增强，中国民航业迅速崛起。与之相对应的，是对现代飞机的血液——航空油料的需求量不断增长。进入 20 世纪 80 年代以来，中国民航燃油需求量以每年 20% 左右的速度增长。为满足这一需要，除中国国内炼油厂不断扩大航油生产量以外，中国从 1991 年开始，每年不得不从国际市场进口部分航油以满足需求，且进口量逐年增加。

为确保进口航油价格的合理性，并拥有充分的运力运输进口航油，负责经营中国民航油料的中国航空油料总公司（中国航油集团的前身，以下简称总公司），于 1993 年决定寻找一两家拥有海运能力的运输企业，发挥各自优势，在新加坡共同组建一家集航油贸易与运输于一体的合资企业。

为此，1993 年 5 月 26 日，我陪同总公司当时的副总经理胡有清及计划处处长邵永超专程前往新加坡这个"城市花园"国家。

我在飞往新加坡的航班上草拟好了中英文合同，下飞机后马上把它打印出来。因为我英语比较好，所以，在新加坡我既当项目组组长，又当翻译，忙得晕头转向。

好在一切顺利。由总公司、中国对外贸易运输总公司和新加坡海皇轮船有限公司共同出资组建的中国航空油料运输（新加坡）私人有限公司终于应运而生，这就是中国航油（新加坡）公司的前身。该合资公司的授权资本为1000万新加坡元，缴付资本为3万新加坡元，三方股东各持1/3股权。在举行正式的签约仪式之后，新加坡海皇轮船有限公司还颇费心思地在"汪辜会谈"（1992年4月27日，大陆汪道涵和台湾辜振甫进行海峡两岸会谈）时举行新闻发布会的地点，举办了一个新闻发布会。

当时，中国航空油料总公司组建这家合资公司的主要设想是：第一步，负责采购中国民航进口航油，并自行租船运输所采购的航油，以节省进口成本；第二步，在此基础上，组建船队，用自己的船只运输自国际市场采购的航油，以确保进一步压低进口成本，同时稳定航油运输；第三步，购买退役油轮，在舟山群岛设立储油库，以进一步扩大贸易规模。这几步发展设想的核心内容是充分利用总公司的优势，逐步建立一个海外基地，并为中国民航进口航油节省采购与运输成本。

三方商定，把这个合资公司交给新加坡海皇轮船有限公司驻菲律宾马尼拉代表处的总经理管理。然而，两年过去了，经营并没有取得预期的成效，公司一直处于亏损的状态。

1995年2月，总公司决定收购另外两家合资伙伴的全部股权。2月14日，转股成功，该公司正式成为总公司首家全资海外子公司。此后，公司进入休眠期，没有任何经营活动，等待政府的审批。直到1997年，在正式获得政府批准后，这个全资子公司才恢复营业。

其实，总公司管理层早在1996年11月份就决定，从全国范围内物色一个合适的人选去新加坡担任总经理，以便启动运营。

这可是个"肥缺"呀！那时，正值出国大潮风行的高峰期，很多人都挖空心思想出国。出国工作不仅能开阔眼界、拓展视野，而且，领取的是外币工资，比国内的收入高多了。那时，手里有几张外币是多么值得炫耀的事情啊！从国外回来时，还可以带免税商品。而能够出国的人，要么有出众的能力，要么有过硬的关系，要么有资深的经历。对于中国航油总经理这个"挤破头"的岗位，大家都蠢蠢欲动。

方方面面的人选，都汇集到管理层。这个老总推荐一个人选，那个老总又推荐一个人选。可是，萝卜众多，"坑"只有一个啊！为此，总公司不得不召开专门会议，讨论总经理的人选。

总公司党委书记秦玉才主持了那次会议，总公司副总经理、中国航油（新加坡）公司的董事长胡有清一直静静地听取各方意见。在无法达成统一意见之际，总公司总经理郭永年就说："老胡，这个公司是你分管的，你怎么没说话？你有没有你的人选啊？"

胡副总说："你们大家都推荐了很多人选，都很优秀。但是，职位只有一个，不可能把被推荐的人都派去吧！"

胡副总亮了亮嗓子："我谈谈我的想法，你们听听是否可行。我觉得，是不是先不要谈人选，先定个标准，把标准定下来之后，我们对照标准再找人不行吗？我们公司里找不到，外聘也行啊！"

郭总就问："那你说说你的标准是什么？"

胡副总答道："我提三个标准，太多的标准也不好找人。第一个标准，要找一个会说英语的人，因为新加坡的官方语言是英语，英语都不会说还怎么开展工作呢？第二个标准，要学过法律，新加坡是法治社会，不懂法律怎么行呢？第三个标准，在国内要有成绩，同时，对这个公司有了解，如果把一个不了解项目、没有业绩的人派出去，失败了怎么办？那我们都有责任，是不是？"

秦书记说："你刚才讲的标准我们都赞成，但是，去哪里找这样的人呢？"

胡副总说："你先表态同不同意这样的标准吧！然后，我们再说找人，万一没人我们还可以外聘。"与会人员纷纷表示同意。

郭总就问："老胡，根据这三个标准，你有没有合适的人选？"

胡副总就笑一笑，卖了一个关子："这个人你们都熟悉，远在天边，近在眼前。跟你们关系都挺好的，你们还不知道是谁吗？"

大家东瞧西看，也许是真猜不出是谁，也许是揣着明白装糊涂。

胡副总就说："你们看陈九霖怎么样？第一，陈九霖是从北大毕业的，他的英语好，当过三年翻译，还和外国人一起工作过三年，在公司的每次谈判中，他都是直接用英语同外国人沟通的，我们航油系统中就他英语最强；第二，他是中国政法大学法学硕士，国际私法专业毕业的，他懂法。第三，从业绩上说，津京管线项目他是参与者，和壳牌合资的天津国际石油储运有限公司他是项目组组长，和英国石油合资的华南蓝天航油有限公司那么大的项目他也是项目组组长，香港机场 AFSC 项目他是首席谈判代表，这些都是他的业绩呀！而且，新加坡这个公司是他陪我和老邵去弄的，对这个公司他也熟悉。"

硬杠杠、软条件，都摆在那里，还有什么好争议的呢？就这样，我被派到新加坡去担任中国航油（新加坡）公司总经理。

不过，对我的前景，还是有人不看好。一次，在餐厅吃午饭时，我听到两个同事在聊天："这件事情对九霖来说，不是个好差事。这等于是把陈九霖放到火炉上面去烤。你想想，那个公司这么多年来一直处于亏损或休眠状态，我估计九霖能坚持半年就不错了，肯定是半年不到就要卷起铺盖回国了。"我知道这番话是说给我听的，但我不信，也不去管它。

虽然 1996 年总公司就确定我去新加坡当总经理，但是，我当时还在负责华南蓝天航油有限公司合资企业的组建，因此，一直到 1997 年 6 月 28 日才前往新加坡赴任。

那一年，我 36 岁，人生最黄金的年龄。

一鸣惊人

1997 年夏，我飞抵新加坡上任了。

但是，等待我的不是开业剪彩的盛大酒会，也不是政商名流的捧场与鲜花，只有满目的冷清与肃杀。公司是恢复营业了，可那是怎样的境地啊！所谓公司，一共只有我和小夏两个人，没有办公室，没有宿舍，更谈不上什么办公用品、交通工具了。用当时国内的话讲，整个是一个"皮包公司"。

当时，我的全部家当是总公司拨给我的 21.9 万美元的启动资金。可是，要维持运营，每年仅办公费用、差旅费与生活开销就要 50 多万美元。21.9 万美元，对一个海外公司来说可谓是杯水车薪。而且，在替总公司偿还购股费用后，我手里只剩下 17.6 万美元了。当时，一船航油的运费就要 30 万美元，更别提购买一船航油（当时至少需 1000 万美元）了。也就是说，供公司做业务的资金，仅剩半船运费的费用。再后来，除去不得不租办公室、添置必备的电脑和办公用品的费用后，我手上的资金就所剩无几了，如果不做成几笔买卖，也许真如同事所言，不出半年就得打道回府。

但要做成生意，谈何容易！

那时，恰逢亚洲金融危机爆发，公司股东注资严重不足，市场融资毫无办法。在市场经济社会里，一个毫不起眼、负债累累、没有资信的小公司，是得不到任何银行贷款的，更不会有供应商愿意放账。在那种情况下，想让公司正常运转都很困难，更别说发展了。

总而言之，当时的中国航油（新加坡）公司面临着流动资金严重短缺、贸易力量不足、企业信誉不够等问题，可谓困难重重，举步维艰。而且，市场上众多大小油品供应商竞争激烈，在油品供应与船务运输的安排等方面，中国航油（新加坡）公司并没有独特的竞争力。到 1997 年年底，公司的业务量仅为 3.6 万吨航油运输与贸易，营业额只有 685 万美元，累计亏损（包括结转亏损额）约为30.4万新加坡元。这就是我半年的经营业绩！

"问君能有几多愁？恰似一江春水向东流。"我当时愁肠百结，茶饭不思，苦不堪言。我面临的困难还不只是资金问题，更主要的是公司的定位问题。

当时，总公司的领导层对如何组建中国航油（新加坡）公司存在严重分歧。有人主张把它改成总公司设在海外的办事处，根本没有创业发展的打算；而当中也不乏有识之士，坚持要把它建成总公司实施其跨国经营的桥头堡，把它做大、做实、做强。企业定位决定企业的发展方向和经营策略，特别是国有企业要走出国门到国际市场上求生存，正确的企业定位关系到企业的生死存亡。

中国航油（新加坡）公司在我接手之前是做船运经纪业务的，所谓船运经纪业务，就是撮合石油运输，比如说，某家公司有石油要运输，公司就帮其租船；反之，油轮需要承运石油，公司就帮其寻找租船方。这种撮合业务其实很难做，即使撮合成功，拿到的佣金也很少。因为公司既没有自己的运输力量，也没有充足的流动资金，企业完全依赖别人生存，经营困难重重，事事举步维艰，更谈不上盈利和发展。我刚到新加坡时，也是在延续这种业务，但我很快就发现，这样很难让公司壮大，于是考虑转型。从1998年起，公司就干脆做起石油贸易来。

将本无作为的石油运输经纪公司转型为石油贸易公司，虽然现在说来轻松容易，但当时的确是使尽了九牛二虎之力。我从公司的发展方向和主业的定位着眼，对市场做了周密的调研，之后，向总公司提出了转型的方案，即把公司重新定位为石油贸易企业，在国际市场上为总公司采购进口航油，并肩负平抑油价、降低采购成本的重任。一是建议中国航油（新加坡）公司在没有运输能力的情况下，摆脱单一的经营航油运输经纪业务的困境；二是建议总公司放手，让地处国际油料市场中心的中国航油（新加坡）公司，直接参与航油进口业务的竞标。为了能够得到总公司的支持，我返回北京，当面做总公司领导的说服工作。到现在，我还记得我在那个冬夜里，冒着风雪连夜去拜访某位领导，一直到晚上 11 点才见到他。或许我的真诚和不达目的誓不罢休的工作态度感动了领导们，总公司最终同意了中国航油（新加坡）公司的转型方案，改变了船运经纪业务，确立了国际石油贸易（包括航油采购、进口和运输在内）的主营业务。

政策虽然通过了，真要实现企业的转型则是一个更为艰苦的历程。

首要的问题是，做贸易没有资本怎么办？我急中生智想出一个办法来，做"过账贸易"！

简单来说就是，我把石油供需方，俗称上家和下家都谈妥，再找有钱的中间商，把与油品贸易供应商（上家）谈好的合同卖给中间商，中间商给上家开信用证，或者是上家凭借中间商的信用给予放账，然后，中间商再把油品卖给我们。按照原先的约定，我们不用向中间商提供信用证，只需要让出部分利差或缴付一定的服务费用就行。最后，我们再把油品卖给采购商（下家）。

纸上得来终觉浅，绝知此事要躬行。事情并不是设想的那么简单。1997 年年底，中国航油（新加坡）公司以每桶加价 0.1 美元的微利过账一船油，本可得利 3.2 万美元。但是，不知何故，过账的协作方将过账支票压了数月，不去银行兑账。结果，仅扣压支票期间的银行利息就高达 4.6 万美元，这笔账竟然也算在了中国航油（新加坡）公司头上，中国航油（新加坡）公司不仅没有赚到钱，反而亏损 1.4 万美元。

这笔生意做砸了。

我已经到新加坡上任半年多了，有许多人都劝我"金盆洗手"，赶紧返回国内过安生日子。这不是临阵脱逃吗？总公司领导集体决定由我担任中国航油（新加坡）公司第三任总经理，我怎么能辜负总公司全体领导的信任与重托？国有企业改革的曙光已在眼前，中国正处于向市场经济转型的阵痛中，我已经触摸到国际航油市场的脉搏，我必须坚持到最后一刻，直至胜利!

在对 1997 年中国航油（新加坡）公司贸易失利的原因进行总结后，我向总公司建议按国际规范招标进口航油，并允许中国航油（新加坡）公司参与竞标。经过一而再、再而三的努力，1998 年 1 月 6 日，中国航油（新加坡）公司终于拿到了总公司郭永年总经理的批示文件，规定对进口航油全部采取公开招标，在同等条件下，中国航油（新加坡）公司享有优先供应权，航油定价必须集体决策。

后来，有媒体在报道中国航油事件时认为，中国航油（新加坡）公司之所以在短时间内快速崛起，是因为"垄断"。"中国航油总公司正式下发文件，要求包括参股企业在内的所有下属公司在今后几年内必须通过中国航油（新加坡）在海外进行采购。""借母子公司之便，中国航油（新加坡）的采购量占到了中国航油总公司系统全部进口航油量的 98% 强，垄断之躯接上了伸向海外的独家手臂。"

这要么是不了解事实的误解，要么是别有用心的有意曲解。

昔日的中国航油（新加坡）公司的经销量不过占中国航油总公司进口总量的 2%，后来的确逐渐发展成了最主要的进口商。

但是，我们为之付出了多么艰辛的努力! 中国航油（新加坡）公司是凭借"进口航油全部采取公开招标"这一"尚方宝剑"，在激烈的竞争中取得优势地位的。我们绞尽脑汁，通过积极开辟近距离新油源，通过一船几卸、锁价保值、期租船只、灵活运用定价等措施，把航油的采购成本压到了最低。中国航油（新加坡）公司是在总公司的公开竞标中屡屡得手的：1998 年，在总公司当年招标的 26 船航油业务中，中国航油（新加坡）公司以低于所有外国油商的报价赢得 21 船，另外 5 船航油仅因比韩国商人的报价每桶高出几美分而失标。

这是垄断的结果，还是竞争的结果? 正因为我们的优质低价，使中国航油总公司进口油的成本不断降低，相应地，由此获得的利润大幅增加。

中国航油（新加坡）公司也获得了越来越多的采购权，并肩负起为总公司平抑油价、降低采购成本的重任。

　　凭借这种方法，公司慢慢地积攒了一定的资金。赚了这些钱之后，我就想把营业额做起来，再凭借做大的营业额和良好的经营记录找到银行，给我们公司提供贷款，或者找到贸易上家给我们信用额度，俗称放账。这样，公司才能把贸易做起来，不能老是过账，因为那种方式利薄。

　　市场经济时代可不是"酒香不怕巷子深"，而是要适时自我曝光，让社会了解你，这也是一个企业积累社会资本的过程。所以，等到公司做了一定的营业额后，我就去找了新加坡《联合早报》的记者徐伏钢，他对我们的做法和业绩很感兴趣，就写了篇《中国航油（新加坡）公司陈九霖用八个月时间做了 9000 万美元生意》的报道。

　　壳牌的交易员看到《联合早报》的文章后，打电话给我的交易员约翰说："你和你老板说一下，9000 万美元的交易额就不要在外面说了，9000 万美元对做石油的企业来说是太小儿科的事了。"他怎么会理解我的心情呢？我小舢板跟你大航母是一个层次吗？我主动提出被采访，是为了提高社会知名度，为了吸引金融机构和石油客户的关注。

　　《联合早报》的报道，的确产生了很好的社会效应。因为中资企业没几个做得这么大的，我这么一宣传就被银行和金融机构看中了。法国巴黎银行（BNP Paribas）的人找到我的交易员约翰说："约翰，你安排一个时间让我和你老板见个面吧！我们可以讨论一下贷款的事情。"

　　安排见面那天，我恰好在前几日剃光了头，头发尚未长长，我只好戴着一顶帽子，样子很土气。法国巴黎银行的一个黄种人工作人员来到公司，我们用英语进行会谈。他说："陈总，没想到你的英语这么好。"我就告诉他，我是翻译出身的。聊着聊着，他乐了："别聊英语了，我们用中文说吧！"我还以为他不会说中文呢！他说："你们公司的发展趋势不错，我们可以考虑合作。"我就赶紧趁热打铁："你们银行给我们贷款或者一定额度的授信吧！"他爽快地回答说："没问题！回头我请示总部，安排人员从法国过来与你再交流一次，你准备一下，看看哪一天合适。"

还没等我准备妥当，突然有一天就接到他的通知，说他们银行的两个大老板要从法国来新加坡出差，顺便亲自考察一下中国航油（新加坡）公司。大老板？当时我们公司连一个像样的办公室都没有，怎么接待呀？

天无绝人之路。我们这家小公司的隔壁就是大公司中化新加坡国际石油公司，当时该公司的老板是傅勇，都是中资企业的哥们儿。我就去找他，想借用他们的会议室，并把缘由从头到尾跟他讲了一遍，傅总毫不犹豫地一口答应了。借完会议室之后，我又想到，员工人数是不是太少了？我们公司一共就4个人——我，助理小夏，交易员，一个秘书。这么大的办公室怎么能没人呢？我就脸皮厚到底吧！于是又向傅勇借了他们公司的员工，假装成我们公司的员工。

法国巴黎银行大老板来的那天，中化的人坐满了一屋子，很有排场，会议室的桌上放了一堆水果。我用英语做了一份PPT，在准备PPT的时候，我就在思考我应该说些什么。几千万美元的生意在石油业界的确算不得什么，还被壳牌的交易员教训了一通，我心里着实发虚，索性换一个思路。我大打中资企业和中国市场的牌，畅谈中国经济和中国民航业未来的发展前景。我重点把中国和美国进行了比较，当时，美国有2.7亿人口，一年消耗航油8000万吨；而中国有12亿人口，一年消耗航油才1000多万吨。这8倍的差距足见巨大的市场潜力。我说，我们就是要用好中资企业的身份，挖掘出中国市场的潜力，做大业务，将来做成大公司。

可能是他们对现场考察和我的报告很满意吧，一个星期后，法国巴黎银行明确回复，可以给我们1000万美元的授信额度，相当于一船货的授信额度，不过，这是试探性的，随时可以收回。

哈哈，天上掉馅饼了！从十几万美元（还有负债呢）一下子跃升到1000万美元，我就像中了头彩一样兴奋。不知这能不能算是"第一桶金"，

我做第一船货，就赚了 39 万美元！而那时候，美元和人民币的汇率比是
1：8.3，这相当于 300 多万元人民币，足够我们半年的开支！于是，我就想，
这一辈子，做油就够了，做什么事情都没这个赚得快，能赚到如此大的
收益！

良好的开端是成功的一半。就这样，公司逐步发展起来了。

1998 年是中国航油（新加坡）公司从无到有的关键一年，在几乎没
有资金、没有客户、没有运力，同时还要与世界各地老牌石油公司征战的
情况下，杀出了一条生路。当年，中国航油（新加坡）公司营业额达 1.98
亿美元，不仅扭亏为盈，还清了债务，还实现利润 400 多万美元。

在此之前，我就瞄准了新加坡"特许石油贸易商"资格，以便不失时
机地取得新加坡的税收优惠（获此资格后所得税率从 26% 降至 10%）。
经过多次努力，我的建议最终得到了总公司的支持。1997 年 12 月 26 日，
总公司专门发文同意中国航油（新加坡）公司创造条件申请此项资格。
1998 年 9 月 8 日，由于中国航油（新加坡）公司业绩突出，营业额大幅
度增加，新加坡政府特地颁发"特许石油贸易商"资格证书。这一资格是
新加坡石油界少数石油企业才可以获得的最高荣誉。

"特许石油贸易商"资格的认定，不仅使公司大大减少了交税数额，
而且，还扩大了公司的知名度、提高了公司信誉。2001 年，中国航油（新
加坡）公司节省税金高达 540 万新加坡元（约合人民币 2485 万元）。

中国航油（新加坡）公司乘胜追击，迅速搭建了国际航油采购的网络，
以低价策略开辟了国内航油进口的通道。就这样，中国航油（新加坡）公
司以迅雷不及掩耳之势起死回生、扭亏为盈、摆脱债务，创造了奇迹！

当然，不同的人看事情的角度不一样，得出的结论自然也不一样。中
国航油（新加坡）公司在新加坡的一鸣惊人也引来了一些嫉妒。有位外国
记者就直言不讳地对我说："谁不知道你陈九霖有中国大型国有企业做后
盾！你们总公司是中国最大的物资流通企业之一，负责全国 100 多个机场

加油设备、设施的购建，并为中外 100 多家航空公司的飞机提供加油服务。就凭这一点，随便拿一个零头给你，还不富得流油！"言外之意是，中国航油（新加坡）公司的发展壮大，完全是总公司"大锅饭"里的几杯羹而已，这也是外边不知情人士素来对我们的误解。对此，我笑着回答他："中国航油（新加坡）公司当然是依托总公司起家的。但是，总公司的优势，也绝不是从我陈九霖上任后才开始的，国内大型企业不胜枚举，派往海外的企业比比皆是，可是，经营不善甚至亏损的也多的是啊！关键在于你怎样扬长避短、兴利抑弊。能不能下好这盘棋，那就各显神通了。"

　　短短 3 年，从 1997 年 6 月我接手公司到 2000 年，中国航油（新加坡）公司从一个账面资金不过 3 万新加坡元的空壳公司，变成了净资产数千万美元的跨国公司。经营业务从单一的进口航油运输经纪业务，逐步转型为石油实业投资、国际石油贸易、进口航油采购"三足鼎立"的商业模式，成为"海外首家拥有完整产业链条的跨国中资石油公司"。

　　1999 年，公司营业额达 5.44 亿美元，实现利润 600 多万美元；2000 年营业额近 10 亿美元，实现利润 919 万美元，此时，中国航油（新加坡）公司的非航油贸易已经占到了全部业务的 2/3；2001 年的营业额达到 12.1 亿美元，贸易量达到 681 万吨，其中，航油采购进口量为 147 万吨，占中国民航系统全年航油消耗总量的 1/3。中国航油（新加坡）公司的生意做到马来西亚、菲律宾、印度尼西亚和美国等地，采购地区也更多了，与中国内地以外地区的贸易量达到了 60%。在资金周转方面，过去是求贷无门，自从法国巴黎银行给予 1000 万美元融资额度后，多家银行争相提供融资服务。中国航油（新加坡）公司无须向银行提供任何抵押和担保，就可以一次性得到所需的 2.5 亿美元的融资额度，还可以享受炼油厂和跨国公司提供的金额 2 亿美元的赊销和油品预支业务。换句话说，中国航油（新加坡）公司即使不花一分钱，也可以一次就做出 4 亿～5 亿美元的生意来。在这 3 年的时间里，中国航油（新加坡）公司利用自有资本，取得了将授权资本从 60 万新加坡元增加到 6000 万新加坡元、将缴付资本从 49.2 万新加坡元增加到 2160 万新加坡元的傲人业绩。

在那难忘的 1000 多个日日夜夜里，我和公司员工过的是多么清贫的日子——大部分雇员上下班或外出公干，都是乘地铁和公共汽车；外出办事错过了饭点，就吃方便面；一张白纸，正面用完了用反面；我们公司的每一个人都是提早上班，却没有人提早下班——艰难的路就这样走过来了，艰苦的日子就这样熬出头了。

"断头今日意如何？创业艰难百战多。此去泉台招旧部，旌旗十万斩阎罗。"每当重温陈毅元帅的豪迈诗句，我内心就涌动着难以言状的激情。创业，是九死一生的事情呀！我们活下来了，我们成功了，既是因为总公司的大力支持，也是因为我们努力，我们拼搏，我们审时度势，还有我们的好运气！

逆势上市

上市，是众多现代企业做大做强的共同目标，也是一个创业者追逐的梦想。

随着业务的不断扩展，2000 下半年，中国航油（新加坡）公司已悄然将"上市"提上日程。

2000 年 8 月 23 日，我正式向总公司汇报，申请中国航油（新加坡）公司利用自有资产在新加坡挂牌上市。

2001 年 3 月 27 日，中国民航总局决定，鉴于中国航油（新加坡）公司已具备了在新加坡挂牌上市的条件，中国民航总局批准了中国航油（新加坡）公司的上市申请。中国证券会也认可中国航油（新加坡）公司上市。

　　说起来轻松，一家贸易公司上市，比起拥有制造技术的实业公司上市，要复杂得多，甚至一些券商都不愿意做承销商。而且，要取得航油集团乃至上级领导机关的批准也并非易事。我为此向当时的航油总公司打了十几个报告，回国汇报了十几次。别的不说，单单为了一个公司名称，就颇费周折——鉴于在海外上市，我最开始申请使用"中国航油（CAO）"作为上市名称，总公司坚决反对，我只好改称"中华航油"，总公司同意，但报到民航总局后，领导说这个名字有点像台湾省企业的名字。最终，民航总局下文时，使用了"中国航油"这个名称，正好顺了我的初衷。

　　2001年5月25日，中国驻新加坡大使张九桓先生在中国航油（新加坡）公司成立8周年的晚宴上发表讲话，他指出："人们已经注意到，中国航油（新加坡）原本是一个弱小的亏损企业，自1997年7月15日从原本休眠的空壳公司恢复营业以来，经过短短3年多的时间，其业务迅猛增长，影响骤然上升，在本区域石油行业中取得了举足轻重的地位，赢得了'航油大王'的美誉。中国航油（新加坡）也是新加坡中资企业中的佼佼者。"

　　不过，有很多人并不看好中国航油的上市。上市的时间安排在当年的12月，按照投资者的日历，这并非黄道吉日，因为快到西方的圣诞节了，投资者大多减持股票，而非增加投资。新加坡股市，自1997年的亚洲金融危机以来，一直回升乏力，尤其是在2001年（上市当年）震惊全球的"9·11"事件后，新加坡海峡时报指数更是节节下滑，到中国航油（新加坡）公司上市进入最后筹备阶段的11月7日，已跌至1444点。而且，随着美国纳斯达克股市泡沫的破灭，国际资本市场的行情也并不理想。

　　明知山有虎，偏向虎山行。我们有充分的信心和坚定的勇气，我们有良好的经营业绩和发展前景。顶着巨大的压力，我们于11月16日在新加坡举行了第一次路演活动。民航总局、总公司代表和中国航油（新加坡）公司全体董事、新加坡政府投资有限公司、立峰资产管理（亚洲）有限公司、安联投资管理（新加坡）公司等新加坡的大型投资机构，以及驻新加坡的外国投资机构的中外代表等 150 人，参加了这一重要活动，首场路演活动取得了预期的效果。

11 月 19 日，我们又在香港举行了第二场公开路演活动。到了 21 日，公司董事会成员在香港举行了法律鉴证会，并最后通过了中国航油（新加坡）股份有限公司《招股说明书》和与发行股票有关的董事会决议。

这里值得特别重申的是，《招股说明书》中明确规定了中国航油不仅从事石油现货贸易，也从事石油期货贸易；不仅从事套期保值业务，也从事期货、期权的投机性业务。尽管国家有关部门规定国有企业不能从事期货、期权的投机性业务，但中国航油作为在新加坡上市的海外公司，当地法律赋予了其从事期货、期权的投机性业务的资质，因此，各方（包括中国民用航空局和中国证监会）在审批《招股说明书》时，保留了这些业务。

可是，当中国航油事件发生后，参加过这次法律鉴证会、具有财务背景、时任航油总公司总经理兼党委书记的海连城，在接受新华社记者采访时却公开表示，中国航油（新加坡）公司进行的石油期权业务是违规操作；同样，参加过该次法律鉴证会、时任中国航油总公司副总经理兼中国航油董事长的荚长斌，在接受普华永道询问时，竟说他从未听说过期权业务。他们都参加了当时的法律鉴证会，真不该说这些有悖事实、不负责任的话。

回到上市活动上来，由于出色的业绩和路演的成功，承销商决定如期上市。中国航油发售总数为 1.44 亿股的股票，其中，1.34 亿配售股在正式挂牌交易之前就被摩根士丹利、保诚和安联等跨国公司及大型跨国基金机构抢购一空，其余的 1000 万公众股的认购率高达 8.18 倍。

2001 年 12 月 6 日，中国航油股票在新加坡交易所主板挂牌销售。每股售价为 0.56 新加坡元，首日交易开盘时便上扬 12.5%，涨到每股 0.64 新加坡元，成为新加坡交易所当天成交量最大、表现最为活跃的股票，就连此前一直在新加坡交易所名列前茅的特许电子、海皇轮船的股票也屈居其后。

中国航油（新加坡）公司上市的成功，自然引起了新加坡金融界、投资界和跨国基金机构的高度重视与关注，各大媒体也争相报道："中国航油是中国航空油料领域的首家上市公司，也是首家利用自有资产在新加坡上市的海外中资企业""中国航油是今年在新加坡上市的公司中本益比最高的公司""中国航油是今年整个新加坡股市筹资量最大的企业""公众股认购率最高、股票最稳定的公司"……道琼斯公司评论说："中国航油股票不出一年将会升高到 1 新元 1 股，即上涨 45%……中国航油的股票成为今年最佳的上涨股，值得长期持有。"

这里补充一个有趣的细节，当股票承销商星展银行（Development Bank of Singapore，DBS，原名新加坡发展银行）测算出中国航油股票发售总数为 1.44 亿股，机构投资人的配股数为 1.34 亿股时，其负责人对我说："陈总，这两个数字都带 4，是不是不太吉利啊？"当时，"9·11"事件又刚刚发生，星展银行曾建议我取消或延后 IPO（Initial Public Offering，首次公开募股）。但我不信那个邪。我信心满满、斩钉截铁地回答说："吉人自有天相！"我坚持公司必须上市，因为我知道，机不可失，时不再来。这个上市的机会是我经过了百般努力争取到的，若延迟或暂时取消，很可能以后就没有上市的可能性了，公司的发展就会受到阻碍。

但没有想到的是，居然有人认为，是公司的上市与发展导致了我人生的重大挫折。难道两年之后的中国航油事件早已注定？难道这是公司的宿命，也是我的宿命吗？

硕果累累

企业做大做强有两个途径：一是自我发展，像滚雪球一样越滚越大；

另一种就是兼并收购。通过资本运作组成企业集团，是现代企业壮大的主要方式。

上市之后，融资变得更加方便，收购企业便纳入了中国航油（新加坡）公司的日程。在上市后的短短两年多的时间里，我们进行了上海浦东国际机场航空油料有限责任公司（以下简称上海浦东航油公司）、西班牙CLH公司、茂名水东油库、英国富地石油公司和新加坡石油公司（SPC）共五起大型收购，并签署了并购阿联酋战略石油储备中心等项目的协议。今天看来，完成并购的每个项目都赚得盆满钵满。更重要的是，这些项目无一失手，都是资本运作的成功案例。

2002年7月23日，中国航油（新加坡）公司以3.7亿元人民币（按当时的汇率1：8.3计算，约4458万美元）收购上海浦东航油公司33%股权。当时，浦东机场刚刚启用不久，其未来效益还处于未知状态，我们以3.7亿元人民币，相当于原始投资约6.2倍的溢价，收购其33%的股份。这项并购，因为溢价过高，不被市场看好，公司独立董事也为此与我争辩了一场。但是，自收购第二年（2003年）起，这个项目每年为中国航油公司带来并表利润约2亿元人民币。2017年当年，还为中国航油贡献净利6400万美元（按当年1：6.5的汇率计算，约4.16亿元人民币）。而这个33%的股权到2018年3月21日，估值依然高达10亿美元（新加坡《商业时报》报道）。

2002年7月31日，中国航油收购西班牙最大的能源设施企业CLH公司5%的股权。我原本建议收购10%的股权，但遭到航油总公司及海连城书记的强烈反对，最后只收购了5%的股权。

这个并购案受到多方关注，非常成功。其背景是这样的——

"作为一个刚刚上市不久的公司，我们必须加强同国际大公司的合作，站在巨人的肩上发展自己。"中国航油上市之后，我在接受记者采访时曾经这样说过。

经过调查比较，我把第一个"巨人"锁定在 CLH 公司——西班牙最大的集输油管线、油品仓储、运输和分销于一体的油品设施公司。早在2001 年，西班牙政府为了打破 CLH 公司的垄断地位，要求大股东出售少量股权给国际战略投资人。当时，我立即意识到这是一个可遇而不可求的机会，因为收购 CLH 公司的部分股权不仅可以提升中国航油的国际战略地位；同时，还可以为中国航油提供持续稳定的分红和长期的投资回报。

然而，收购 CLH 股权操作起来并不容易：一方面，在此之前，阿曼国家石油公司已经以每股 21.6 欧元的价格收购了 CLH 公司 20% 的股权，而当时的国内航油总公司给我制定的目标，却是以不高于每股 19 欧元的价格收购 CLH 公司 5% 的股权；另一方面，同时参与竞标的还有 38 家跨国公司和国际财团，竞争非常激烈。

即使如此，经过谈判，中国航油最终在 2002 年还是以每股 17.1 欧元的价格成功完成了对 CLH 公司 5% 的股权收购。这种"天方夜谭"式的收购是如何实现的呢？

关键靠的是双方达成的"对赌协议"。该协议的主要条款是：以CLH 过往 3 年的平均净利润为基数，如果其 2002 年的年度净利润超过前3 年平均利润 5%，则以超过部分的股东分红返还给出让股权的原股东，用来弥补每股 17.1 欧元与 21.6 欧元之间的差价，否则，将维持原定的每股 17.1 欧元的收购价格。"对赌协议"的运用，不仅降低了收购价格，也激励了 CLH 公司的大股东支持 CLH 创造更好的经营业绩。

除了"对赌协议"，收购 CLH 案例还有一个值得借鉴之处——运用财务杠杆。按照协议，收购总价 6000 万欧元，然而，中国航油在实际收购操作中，通过运用财务杠杆，仅使用了 1500 万欧元的自有资金，另外的 4500 万欧元，从时任国际奥委会主席萨马兰奇先生所拥有的西班牙拉凯沙银行进行融资。这次融资，不仅大大提高了资金的利用率，更重要的是，萨马兰奇先生的影响力及其所拥有的银行对项目的熟悉程度，加上由其指导的当地市场操作的便利性，也使收购过程非常顺利，并在很大程度上降低了中国航油收购的风险。

进一步来说，收购资金上的杠杆操作，还为中国航油带来了更大的资金运作空间。中国航油将原来计划用于收购 CLH 的 4500 万欧元用于收购上海浦东航油公司 33% 的股权，从而大大提升了公司的盈利能力。而且，上海浦东航油公司至今仍是中国航油的主要利润来源之一。

此外，发挥好外汇汇率的作用，也是并购 CLH 的又一成功之处。2002 年，欧元与美元的汇率为 1 ：0.9。基于对欧元看涨的判断，在规避汇率风险上，中国航油使用账上现有的美元及时买入欧元，并使用欧元作为交易的支付货币，而未来收益也以欧元体现。最终，欧元与美元的汇率涨到 1 ：1.6，中国航油也因此获得了可观的现汇收入。

2007 年，中国航油以 1.71 亿欧元的较高价格，出售 CLH 公司的 350 多万股有表决权股，脱售股权占 CLH 全部股权的 5%。至此，在扣除相关税收和交易成本后，按照投资时和退出时的汇率计算。中国航油收购 CLH 公司 5% 股权的交易，以 1500 万欧元的自有资金，通过资本运作，在 4 年 6 个月的时间里共计赚取约 20 亿元人民币的净利润（包括红利和股权退出收益），投资回报率高达 835%。中国航油事件发生后的亏损的绝大部分是用这个项目赚取的利润支付的。

2004 年 8 月 18 日，我完成了我人生中最艰难的一次收购——以 2.27 亿新加坡元现金以及发售 2.08 亿股中国航油股票凭单（凭单执行价格为每股 1.52 新加坡元）的总值，从三个印度尼西亚木材商人手中，辗转收购了 8800 万股 SPC 的股权，平均价格为每股 4.12 新加坡元，按照当时的汇率总对价约 21.8 亿元人民币。

对 SPC 的收购起于一个很偶然的机会。时间回到 2001 年年底，我在同 SPC 一位董事吃饭闲聊的时候，第一次听到 SPC 股东准备出售 SPC 股权的消息。作为同行，我非常清楚 SPC 的价值。SPC 由新加坡政联企业（相当于中国国有企业）吉宝集团持有77%的股份，公众持有其余23%的股份，是新加坡唯一的国家控股石油上市公司。SPC经营石油天然气的开采、提炼和原油、成品油的销售，拥有大型油罐区和两个深水码头，从印度尼西亚铺设的两条石油天然气管线连接所有东盟国家，长达365公里。SPC业务遍及新加坡、越南、印度尼西亚、韩国及中国，产业链极其完整。这些都深深地吸引着我，因为渗透石油行业上中下游的完整产业链，正是当时我和中国航油一直梦寐以求的目标。

所以，当听到SPC即将出售股权的消息时，我非常兴奋，当即表示要做积极论证，同时，也把情况报给了国内母公司——中国航油总公司。

从内心讲，我希望能够把SPC出售的股份全部"吃下来"，并把它与中国航油的业务进行全球范围内的整合。

2002年年初，在先后获得董事会、集团公司和我国政府有关方面的正式批准之后，我向吉宝集团正式表达了收购意向，在市价为每股0.8新加坡元时，我们以每股0.9新加坡元的价格报价，之后进入谈判阶段。但这才是一切艰难坎坷的开始。

在谈判的最初阶段，我确实有一些不自信。因为当时中国航油的市值只有2亿多新元，要全部"吃下"SPC，无异于"蛇吞象"。而且，我还有另外一个考虑——SPC是一个有很强实业基础的公司，而中国航油从贸易起家，还没有积累那么多的实业管理经验。所以，一开始，我主动把情况通报给了国内一些有实力的专业公司，希望和它们一起合作收购，中国航油参股或者控股，然后交由合作的国内专业公司管理。然而，一开始得到的反应并不积极。但是，当中国航油花了50万美元请美林银行把项目的可行性报告呈报到国家发改委之后，事情发生了截然不同的变化，大家开始觉得这个项目很不错。于是，一场在国内几家中国公司之间的"明争暗斗"开始了。

当三家中国公司同时向外方表达了收购意愿时，局面马上变得对SPC

有利了。由于我一开始抱定了压价的主意，而且动用了一些关系给卖方施压，包括李显龙总理夫人、淡马锡 CEO 何晶女士，导致中国航油很快就出局了。事后总结，当时太失策了！虽然是为了省钱，但随后为挽回败局却付出了很大的代价。另外两家中国企业也没有得到渔翁之利，反而被吉宝集团好好地利用了一把。当我们三家公司正在内讧中纷纷扰扰之时，不知如何让三个印度尼西亚木材商人钻了空子，以略高于国内某公司的报价（每股 1.57 新加坡元，当时国内某公司的报价是每股 1.5 新加坡元），买走了 SPC 的 28% 的股权。

这个消息给了我当头一击。那是 2003 年 10 月初的一天。当时，我并不知道是谁买走了这些股权，只是觉得付给美林的 50 万美元和忙前忙后所做的大量工作都突然付诸东流。第一次收购 SPC 失败。

不过，当时，我并没有放弃收购 SPC 剩余股权的梦想。我利用在新加坡开拓数年积累下来的政商两界资源，利用各种途径曲线接近吉宝集团决策层，试图通过努力找到一个突破口，把吉宝持有 SPC 的全部股权（包括已经签署意向书卖给印度尼西亚商人的那部分股份）都买过来，但是，事情还是没有丝毫进展。主要困难还是在价格上，我想以自己定的价格买，而吉宝集团则坚决不让步。

2003 年 11 月，时任新加坡总理吴作栋访华，包括我在内有 16 位企业家随行。我惊喜地发现，吉宝集团的执行主席林子安也在其中，我马上意识到这是一个绝佳的机会，于是大费周折安排了和林子安共进早餐的单独相处时间，对他进行了一场"艰难的游说"。所幸谈话的效果非常好，林子安答应回新加坡之后就立即帮助中国航油进行协调，还告诉我行动的具体步骤。按照当时洽谈的情况，我以为这回是十拿九稳了。结果，在那之后不久，在经过了种种接洽之后，在一切看似向好的方向转变的时候，有一天，我正在国外出差，突然接到秘书电话，说林子安来信拒绝了收购，这就像晴天霹雳一样令我难以置信。

此后不久，新加坡资政李光耀访问中国，我得知消息后，就事先打听好他回新加坡的航班，先飞回北京，买了和他一起返回新加坡的头等舱机票等着。然后，在那一天，"恰好"在机舱里"巧遇"了他，一番畅谈之后，他最后答应我回去看看"What I can do"（我能做些什么）。

不过，虽然经过李资政的热心推荐，让我进一步接触了吉宝的某位重要负责人，但结局同样是白忙了一场，我再度乌云压顶。

而逼迫我在"高层路线"上及时迷途知返的，是随着全球石油价格迅速上涨，快速进入良性循环的SPC，很可能随时关上售卖股权这扇大门的危险。我终于死心塌地回过头来，把突破的希望全部押在买走了那28%股权的印度尼西亚木材商人身上。

其间我历经种种曲折，费尽九牛二虎之力，终于找到了那三个商人。为了说服他们把股权再转售给中国航油，我亲自带着他们南下北上，到北京、上海去看中国航油母公司的油库，使他们渐渐对我和中国航油增加了不少信任度，给随后的实质性接触和深入的谈判奠定了良好的基础。

经过近半年的游说、磋商、谈判，2004年6月26日，中国航油和印度尼西亚商人的私人公司Satya Capital Limited终于签署了一个框架性协议，对方答应出售手中的绝大部分SPC股权，同时保留一小部分继续获利。随后又经过多次谈判——谈判过程中曾几度出现变故——终于在8月18日凌晨，一切尘埃落定，我们收购了SPC 20.6%的股份，"摘到了我们想要的苹果"。

后来，在处理中国航油亏损危机时，航油集团违约放弃了收购SPC。再之后，2009年9月4日，中国石油以每股6.25新加坡元的价格全部并购了SPC。

我们于2002年开始并购SPC时，其股价为每股0.8新加坡元，净利2000多万新加坡元；2006年前后，其股价为每股9.25新加坡元，净利7.5亿新加坡元。

真是可惜呀！煮熟的鸭子被放走了。

中国航油（新加坡）公司的发展之路充满荆棘，布满陷阱，但我们筚路蓝缕，以启山林。直到中国航油事件发生之前，公司始终一路高歌、硕果累累。中国航油（新加坡）公司以优异的业绩，入选 2001 年度新加坡 1000 家最佳企业，并且，在总排名中名列第 127 位，在石油类企业中名列第 26 名，在入选的中资企业中名列第一。2002 年 5 月，中国航油（新加坡）公司先进的管理机制和突出的经营业绩，被新加坡国立大学收为 MBA 教学案例。中国航油（新加坡）公司因此成为首家列入国外知名学府教学案例的海外中资企业；也是继海尔集团之后列入海外高等学府教学案例的第二家中资公司。

新加坡国立大学 MBA 主讲人陈仁宝博士，从行业的角度，采用杜邦分析法等分析手段，对中国航油（新加坡）公司的总体指标、资产管理、负债管理、市场指标、资金流动性和利润率等与竞争对手——WFSC 公司（美国的上市公司）进行比较与分析，得出了这样的结论：中国航油（新加坡）公司的各项指标都优于 WFSC。其中，中国航油（新加坡）公司的基本获利率为 14.7%，而 WFSC 公司为 7.95%；中国航油（新加坡）公司的销货边际利润率为 1.4%，WFSC 公司为 1.15%；总资产报酬率中国航油（新加坡）公司为 11.70%，WFSC 公司为 4.74%；权益报酬率中国航油（新加坡）公司为 46.52%，WFSC 公司为 10.45%。由此可以看出，中国航油（新加坡）公司在世界同类企业中出类拔萃。

"航油大王"是新加坡业界和媒体给我们贴上的标签。我们自己深知，与国际石油巨头相比，与我们国家的"三桶油"相比，我们还是个"小兄弟"，但在新加坡，我们可以说是"鹤立鸡群"。而且，中国航油（新加坡）公司始终在超越自我、快速壮大。公司的净资产由 1997 年的 17.6 万美元猛增至 2004 年第三季度的 1.5 亿美元，增幅高达 852 倍。2004 年 9 月，中国航油（新加坡）公司市值超过 11 亿美元（按当时的汇率计算，近百亿元人民币），是国内原始投资的 5022 倍（高峰时，市值超过 19 亿美元，按当时的汇率约 160 亿元人民币）。那时，我们着手收购富地石油、建立新加坡油库、洽谈在阿联酋的合作、与埃克森美孚合作、收购南京机场航油股份、（中国）香港机场加油服务公司、并购韩国现代集团的石油项目和天津储罐区以及天津至北京两条石油管道线，并与淡马锡洽谈并购海上加油公司等重大投资项目。如果没有发生后来的亏损事件，中国航油（新加坡）公司肯定会走得更远，考虑到已经并购了 SPC 以及 2004 年正在洽谈并购的共计 13 个特大型项目，假以时日，中国航油（新加坡）公司可能会成为中资企业在海外最大且国内第 4 大的石油公司。

大概正因为如此，在中国航油事件发生后，国资委曾于 2006 年 3 月 9 日致函新加坡初等法院，指出："陈九霖先生是国资委监管的中国航空油料集团副总经理，曾任中国航油（新加坡）股份有限公司（CAO）执行董事兼总裁。陈九霖先生在 1997 年到新加坡出任 CAO 总经理时，CAO 是一家只有 17.6 万美元的休眠公司，通过陈九霖先生的经营管理，转变为一家重要的国际石油贸易公司。陈九霖先生在出任 CAO 总经理期间对 CAO 的发展起到了积极作用，为新加坡社会做出了重要贡献。"

第四章

二次被捕

凤凰落地不如鸡，

虎落平阳被犬欺。

雄鸡一声天下白，

虎归山林会有期。

　　我又被捕了！

　　第二次被捕虽然只有四天，但这短短的四天，却是那么耻辱，那么不堪回首，那么铭心刻骨。

资政的高度评价

中国航油事件爆发后，我一下子成了明星级的人物。连李光耀资政都在全球 170 家媒体出席的外国通讯员协会晚会上，长时间地说起我。根据公开资料，被李光耀先生评价过的中国企业家，我是唯一的一个，也可以说是"前无古人，后无来者"了。

2004 年 12 月 22 日，李资政在晚会上讲到那次我和他一起坐飞机，并请他帮忙收购新加坡石油公司的事情，还给予了我高度评价："陈九霖先生出身寒微，显然是一个聪明的、很有自制力的人，而且，他从零做起，一步一步走向成功，是一个非常成功的年轻企业家。"

李资政谈起中国航油事件时说："陈九霖先生现在已经返回新加坡协助调查了。中国当局决定让中国航油公司前总裁陈九霖回到新加坡接受调查（其实是我自愿返回新加坡协助调查的），说明中国已经意识到必须以负责任的态度去处理这家国有企业的子公司因进行衍生品期货交易而蒙受巨额亏损的事件，以免损害中资企业的声誉以及影响它们今后在海外上市集资的计划；这显示他们都明白，如果让这名总裁逃避责任，将不只在新加坡，而且，在国际上自毁中资企业的声誉，那会把他们的企业监管水平降到第三世界。因此，他们决心要向第一世界水平看齐。这是中国所发出的令人感到乐观的信号。"

李光耀资政讲话的第二天，新加坡各大媒体以及一些国际媒体，都对此进行了大篇幅的报道。新加坡《海峡时报》在报道这则消息时，特意加上了一段注脚："陈九霖，出生于一个农民家庭，经历过'文化大革命'，毕业于北京大学。1997年，他被总公司派往新加坡。他成功地使公司扭亏为盈，担任进口中国三分之一航油的重任。他也成为享誉海内外的企业家。"

报道出来之后就有很多新加坡人给我打电话，都乐观地断言："陈总啊！你这个事没有问题的，也就大事化小、小事化了了。你看我们的国家领导人、我们的建国总理都公开高度赞扬你。恭喜啊！"听到这么多的道贺，我的心绪也稍稍放松了一些，或许真的如他们所言呢？我心里也在想，事情可能将有转机。

就在那个时候，唯独有一个姓杨的律师与众不同，他约我中午一起吃午餐。我赶到的时候，他已经在座位上等了好长时间了。我还没坐定，他就语重心长地跟我说："九霖啊！你恐怕要做好心理准备。"

"为什么？"还沉浸在乐观情绪之中的我有些不解。

"我们的开国总理是相当于中国毛主席这样的人物。在那个场合，全球170家媒体齐聚到那里，即使有外国记者问到你，一言带过就够了，为什么要主动讲那么长的话？这不是把你往风口浪尖上推吗？"

竟然如此？不会吧！

虚构信件

中国航油事件已经发生半年多了，新加坡方面的调查不紧不慢地进行着。我处于被保释状态，不能离开新加坡，又没有太多事情好做，犹如一匹困兽被囚禁在那个潮湿闷热的城市国家里。

为了躲避新闻记者，我住进了政府组屋（HDB）。组屋是新加坡政府承建的公共房屋，为大部分新加坡老百姓所居住。混迹于普通百姓中间，那些"长枪短跑"就找不到我啦！

2005 年 6 月 7 日晚，我的朋友约我去裕廊乡村高尔夫球场打夜光高尔夫球。

新加坡地处热带，常年受赤道低压带高温湿热所控制，一年只有旱雨两季。每年的 3 月到 10 月，是新加坡最闷热的时候。由于新加坡白天的高温着实吓人，所以，当地的夜光高尔夫球运动很受欢迎。

可以想象，在高尔夫球场运动没一会儿就汗如雨下。晚上 7 点钟左右，正在兴头上，我突然接到一个陌生电话。我的第一反应是，我都到这步田地了还有谁会找我啊！我迟疑了一会儿，还是按下了接听键。

电话那头是一口雄浑的男中音，那个人用英语跟我说："你好！请问你是陈九霖先生吗？"在得到我肯定的回答之后，他接着说："你能不能回来一下？"这么说，他是在我现在的住处？我眉头一皱。而且，此前我没有听过他的声音，对我来说他完全是一个陌生人。

"你是谁呀？是干什么的呀？要我回去做什么呀？"

电话那头沉默了一下，客气地说："我是送信的，我有一封信要交给你。"

我有些不解："那封信有那么重要吗？有必要让我亲自回去签收吗？我正在打高尔夫球哩！"说完我就把电话挂断了。那时，我已经是保释在外，无官一身轻，不太在意有谁来信。

没过几分钟，电话又打过来了，还是那个人在说话："陈先生，你回来一下，我有信要给你。"

我跟他说："你从门缝里塞进去就行了，我回去会打开看的。"

他于是说好，就把电话挂了。我把手机放进口袋里，一边打球一边在想，事到如今我还会有什么重要的信件呢？

打完了 9 个球，朋友请我到休息亭喝点水、吃点东西。朋友说："陈总，先少吃点。打完全场后，我请您去俱乐部吃一顿大餐，特地为您准备好了智利红酒和红烧牛尾，都是您的最爱！"和朋友坐在椅子上闲聊了几分钟，刚要起身继续打球时，手机又响起来了，还是刚才的号码，我按了接听键，是一种非常严肃的命令式口气："陈先生，你必须回来一下。"

"不就是一封信吗？你不是把信放在我家里了吗？"

"这封信很重要，我想亲手交给你。"对方很执着。听我在沉默，对方终于透露身份："我是 CAD 的人。"

CAD？取保候审、协助调查的我就没话可说了。"那好吧！我就回去，你在我住处门口等一会儿。"

打球的兴致一下子烟消云散，我们收拾好东西，由我的朋友开车送我回家。车里开着冷气，放着舒缓的音乐，完全隔绝了窗外的闷热。我的朋友一边开车一边安慰我说："陈总，你放宽心，我估计没什么事情。下次，我再约你出来打高尔夫球。"

和朋友告别之后，我刚走到住处门口，就看到三个穿着一身黑色便衣的彪形大汉向我走来。原来，他们一直在我住处门口等着。

此刻，已经是晚上 9 点，我明白，这么晚了，CAD 的三个人候着我，一定是凶多吉少，因为以前从未这么晚请我去过警察总部。

我拿出钥匙把门打开，刚一进门，马上就有其中一人在门口把守着，可能是防止我逃跑吧！另外两个跟着我进去，监视我的一举一动。他们并没有给我出示什么信，只是其中一个人开口跟我说："你要跟我们到CAD 去。"

我点头表示同意，随口问他："需要我带什么？比如说，衣服什么的？"其中一个人回答我说："不用。"但是，我感觉这一次可能有决定性的意见了，因为已经调查半年多了，我觉得他们想采取行动了。

当时，还有一个朋友陪我上楼。我走到他身边跟他说："兄弟，我有预感，这一次事情可能不妙，请你把我家人照顾好。这个钱包、钥匙和手表都给你了，你到我的书房帮我把我的黑色皮夹克拿过来。"然后，我重重地拥抱了他，冥冥之中感觉这是一次久别。

这位朋友眼睛睁得大大的，显得很惊奇："陈总，可能没你想得那么严重吧！再说，新加坡这么热的天不需要皮夹克吧！"

我镇定且神情严肃地对他说："你给我就好了。兄弟，你也要多多保重，请你马上打电话告诉我的父母、岳父母和妻儿，叫他们不要悲伤，不要为我担心。我问心无愧！"

他哪里会知道呢？我可是体验过新加坡拘留所里的冰冷的。我拿过皮夹克，就跟着CAD 的三个便衣调查人员坐上了一辆银灰色的民用车前往CAD。

那时候，已经快到晚上10 点了，暑热开始褪去，我的心里泛起无限凄凉，窗外是来来往往的汽车和一闪即逝的霓虹灯，我不知道前方有什么在等着我。我在途中曾打电话给当时的航油集团新闻发言人边晖，告知他所发生的事情。同时，我对他说："依我判断，他们这么晚来接我，一定是凶多吉少，请你马上帮我通知中国驻新加坡大使馆，寻求领事保护！"对方回答："明白！"与此同时，我也通知我的律师前往CAD。

遭15项指控

我被带到新加坡警察总部五楼商业调查局的时候，完全傻眼了——竟有如此阵势！我发现，几个调查室包括走廊都挤满了人。除了调查官员和一些便衣警察外，还有时任中国航油集团总经理、中国航油（新加坡）公司董事长荚长斌，中国航油（新加坡）公司董事顾炎飞、李永吉，财务部主任林中山，航油集团新闻发言人边晖，还有三名中国大使馆的官员——我就知道事情不妙。

我们也没怎么说话，彼此简单打个招呼之后，我就被警方单独带到一个审讯室里去了。审讯室里有一个长方形的小桌子，我面前坐着一个穿制服的调查官。穿着便服的调查官 Eric Chia（就是 2004 年 12 月 8 日凌晨把我带到警察总部的调查中国航油案件的工作组组长）叫我坐下之后，递给我一堆写着密密麻麻文字的 A4 打印纸，上面用英文写明了对我提出的 15 项指控。他将这些打印好的文件摊在我面前的桌子上后，对我说："陈先生，你被指控了，一共 15 项指控。现在，我奉命向你逐条宣读。"

天呀，竟然有 15 项！我不成了一个十恶不赦的罪犯了吗？你们搞没搞错？

我听着 Eric Chia 逐一念完了 15 项指控后，顿时怒火中烧。我指了指面前的文件，用英文说："这些控诉根本就是无稽之谈，卖股票的事情跟我有什么关系？协议是怎么签署的？股票是属于谁的？卖股票的目的是什么？卖股票所得的钱到哪里去了？怎么这些都是我一个人的事情了呢？你们指控我怂恿集团卖股票，这不是欲加之罪，何患无辞吗？集团的领导者都是傻子吗？这么大的事情是我想怂恿就怂恿得了的吗？这些都是集体决策的事情！对于超过 1 亿美元的股票配售，德意志银行难道仅凭我本人回答的两个问题就可以办理吗？如果是这样，那为什么还要签署协议，而且，又不是与我本人签署协议……"

我对所指控的全部事项，在协助调查时，已经做了详尽的解释，并提供了充分的证据，证明我是无辜的。然而，监察机构还是一意孤行，完全罔顾事实地指控我，这叫我如何不火冒三丈？而且，无论是亏损这个技术性问题，还是中国航油集团出售其子公司股权这个法律问题，当局都一股脑儿地把责任推到我一个人身上。一切的调查似乎都是在首先锁定我这个目标的前提下，然后，围绕我这个目标去寻找证据。至于高盛为什么要把《财经》的文章第一时间翻译给涉案交易员纪瑞德等，就完全不在调查范围之中。

穿警服的调查官用手指指着其中一页下方的一段文字，说："你安静安静，请你详细阅读这段话，每条指控的下边都有这段话。"我沉住气把那段话读完，那段话的大意是，被指控人如有任何申诉，最好当场写下，离开现场后，其效力将减弱。我用英语对他说："这上面的每一条指控我都不接受。这些都是欲加之罪，何患无辞，我没有罪，我绝对不签！"调查官要求我，不同意也要把不同意的意见写上去。于是，我拿起笔当作我维权的武器，在每一项指控文件上，首先写出我的内心感受，表达我对这些指控的气愤。接着，我又以确凿的事实证明，这些指控都是毫无事实和法律依据的莫须有的罪名。

写完申诉之后，我告诉 Eric Chia 我要走了，就像以前每次接受调查一样。他急忙拦住，说："你先别走，还有事。"我问他有什么事，他又不说什么，我就问他："那我出去走走行不行？到走廊看看行不行？"官员点了点头，我就出去了。其实，我就想去看看，我的老板在干什么，航油集团两个部门总经理在干什么，中国航油（新加坡）公司的财务部主任林中山在干什么，我想跟他们说几句话。

这时，正好我的律师也赶到了 CAD，我将我的不满情绪和 15 条指控的大概内容以及我的反驳意见向律师做了简短的通报。做完这些工作后，我看到财务部主任林中山还在隔壁房间很认真地写着什么，我隔着门上的窗户玻璃看到他在纸上写了密密麻麻的字。我接着发现我的老板、航油集团两个部门总经理和大使馆的官员等全部不见了，我便问调查官："我的同事和大使馆的官员去哪里了？"

他说，他们都回到饭店和大使馆休息去了。我以为完成那些手续后，我也同样可以回去了，便说："那我也要回宿舍休息啊！现在都凌晨两三点了，我也困，我完成了这些手续也可以去休息了吧？"

调查官立刻挡在我面前，说："对不起，还要委屈你一下。陈先生，你被逮捕了！"说完就抓住我的手把我往某个地方拉，我挣脱他的手大声质问他："逮捕？我早就被你们毫无理由地逮捕过了，现在还在保释之中，怎么又二次逮捕？"

调查官转动着眼珠子对我说："我们必须拘押你，你不得回家。"这分明是答非所问！

我百思不得其解，说："那为什么我的其他同事回去了呢？是不是就我一个人被控、被捕呢？"

调查官说："你的另外四个同事也遭到指控并被逮捕，但除你和中国航油（新加坡）财务部主任林中山之外，其他人都已经交保候审。"

我继续问他："你们是什么时候通知他们交保候审的，为什么没有同时通知我交保候审呢？我不是已经缴付保释金了吗？"

调查官耸耸肩，对我说："陈先生，这是我上级的决定，对不起，你从今晚起，必须被扣留在拘留所里。"

我有些生气地说："我要求见你的上级！"

他再次抓住我的手，说："对不起，我的上级已经睡觉了，我只是在执行公务，请您配合！"然后，二话不说就把我强行带到警察总部地下室的看守所去了。

后来，我才逐渐明白到，申诉是无用的。新加坡的司法系统是强势的，而且，新加坡的《内部安全法》（又称"内安法令"）规定，任何人都可不经审讯就被长期扣留，而当局完全不需要在公开法庭证明被扣押者犯了什么罪。据我事后所知，在"内安法令"下，被扣留坐牢的大有人在，扣留时间甚至长达 13 年。

遭受凌辱

2005 年 6 月 8 日凌晨，我又一次遭受新加坡当局的突然逮捕。

在警察总部地下室里面的拘留室内，我被要求剥去衣物、测量体重、血压，有关人员把这些数据一一记录在案后，我就被关进由一道铁栅门锁住的囚室里。新加坡的地面温度夜间也在 30 摄氏度左右，而地下室里的温度却因空调加足马力，维持在十几摄氏度。那个冷啊，可以用刺骨来形容。但警方命令我只能穿一件衣服，还不能穿袜子。

在这个大概有 20 平方米的房间里，挤了一堆人，大多都因为寒冷而用手抱着头取暖，我看不清他们的脸。这里没有床，有一个由一面 1 米高的水泥墙隔着的洗手间，里面是一个蹲式的马桶。晚上 9 点到第二天早上 7 点停水，这个时间段所有人的排泄物就都留在马桶里，臭气熏天。地面是特别粗糙的水泥地，看样子是很多年前建的。

我听到另外一个拘留室里有一个人在高声呻吟，那声音有如鬼哭狼嚎一般，真是惨不忍闻。我小声地问旁边的人那个人为什么要这样嚎叫，他告诉我说，这个人被判了死刑，可能要被拉去上吊了，他已经哭了好久，现在都哭不出声音来了，只能干嚎。那种留恋人生的凄惨——像饿狼嚎叫一样非常非常凄惨的声音，从凌晨两三点钟我进拘留室开始一直到早上，都萦绕在我耳畔。那个声音一次次捶打我的心，我躺在又脏又臭的地面上，实在无法入睡。

我，陈九霖，一个堂堂正正的知名企业的总裁，一个周旋于高官富商之间的企业家，转瞬之间竟遭受这般低贱的摧残，真是奇耻大辱！然而，没有想到，更大的屈辱还在后面。

早上 9 点左右，有看守人员来把铁栅门打开，我们一帮人就被拉了出去。一个大囚车在前面等着我们，看上去能容纳二三十人的样子。

我走进去后发现，这囚车里面漆黑一片，什么也看不见，就像眼睛被厚厚的黑布蒙住了一样，极其阴森恐怖。一行人一被推进去、坐下来之后，一个极长、极厚的大门杠就栓住了门，这种做法让人胆战心惊。我们的手都被反绑在背后，双脚也没有活动的余地，只能乖乖地坐在自己的"囚笼"里，一人一格，这一格和那一格没有联系。说句难听的话，整个人都像待宰的牲口一样，哪还有一点儿人格和尊严？！

看守人员没告诉我们要去哪里，车往哪里拉、往哪里走我们都不知道。等车最终停下来，我们被放出来的时候，才知道我们到了地方法院。

这地方法院竟人流如潮，摩肩接踵，简直有如中国国内的集市或春运时的火车站，真不知道为什么会有那么多的"罪犯"或"犯罪嫌疑人"。除了我，还有中国航油被指控的另外 4 个人。我和林中山穿戴极为邋遢，神态也是疲惫不堪，而其他同时被指控的 3 个人都身着笔挺的正装，穿着鲜亮的皮鞋，像是精神抖擞地盛装出席庆典一样。是啊！我和林中山在寒冷肮脏的看守所拘留室熬了一个通宵！

尽管有那么多的人遭到指控并在地方法院排队等待法官对检察官指控的确认，但是，那其实不过是在走流程而已，就如猪牛进入屠宰场过磅一样简单。因此，到上午 11 时左右，我就被送到法院地下室的拘留室里，法官要求我交足 200 万新加坡元后才可保释。

我于是紧急联系亲朋好友筹措保释金，但短时间内无法凑足。6 月 8 日下午，我又被同样的囚车送往女皇镇候审监狱。

而此刻，按照新加坡法律"无罪推定"的原则，我还仅仅是一个"应被假设是无辜的"嫌疑犯，却遭受了诸多难以想象的虐待！

无论是警察总部拘留所，还是女皇镇候审监狱，其条件都远远劣于正式监狱。女皇镇监狱是候审监牢，或称押候监牢。所谓候审，就是说还没有审判、没有被定罪，我们就是在尚未定罪之前就被拉到一个比正常监狱的条件还要恶劣的牢里。

女皇镇候审监牢，是二战时期日本帝国主义侵略者关押抗日人士的监牢，后来新加坡政府用来关押共产党员。现在，这个监狱发挥了它原本的作用，关押了我这个中共党员——我在被关押后了解到这一历史时心里如此想着。到了监狱门口，我们一帮人都被从囚车里放了出来，手铐也被解开了。

厚实沉重的监牢铁门开启之后，我看到高高的墙上装上了一圈一圈的铁丝，四周的岗亭上站着持枪的狱警，真可谓严阵以待、阴森恐怖。我们走进监狱大院后，立刻就过来了三个狱警，他们用英语命令我们排成两个长队，一会儿立正，一会儿向后转，一会儿稍息，接着，命令我们把身上的衣服脱光，要赤身裸体地站队。在要求我们脱光衣服时，大家似乎听不懂似的一起沉默着，没有一个人行动。一个身形魁梧的狱警便站出来，双手叉腰，大声地把刚才的话吼了一遍，用眼睛瞪着我们每一个人。我听见窸窸窣窣脱衣服的声音，还看见旁边的人用颤抖着的手去解自己的衣服扣子。狱警把目光集中到我身上，我微微叹气，学着身边人的样子开始脱衣服。我们把衣服都脱光之后，狱警开始喊指令，我们随着指令再次机械地向左转、向右转。之后，他又叫我们弯下腰去，要我们自己用双手把自己的屁股掰开，要掰得够大，让工作人员慢慢地看仔细。我眼睛睁得大大的，一股屈辱感涌上心头，哪里还有什么做人的尊严呢？简直活得像条流浪狗，甚至还不如一条流浪狗！

排队的时候，我旁边站着一个西班牙人，他说他被抓是因为他的签证过期了，这简直是他人生中莫大的耻辱！我说："你现在讲这些话都没有用了，人在屋檐下，不得不弯腰，你现在要赶紧调整心态。往后不知道还有什么更厉害的在等着呢！"唉！到那种时候了，我居然还有心情去做他的思想工作。其实，我心里比他还难受。可是，我能怎么办呢？我要跳起来破口大骂吗？我可以吗？从昨天到现在发生的一连串的事情还不容我喘息，我实在想不通在新加坡这个风光优美的国家里，为什么会发生这样匪夷所思的事情。

之后，狱警又命令我们从站队的地方，走到一米多高、十几米长的不锈钢栏杆旁，我们被命令在那栏杆隔成的一条走廊里一个接一个地从一头走到另一头，走的时候两边都是警犬，一个吹风机在旁边吹，两只警犬就顺着风向闻每个人的气味。旁边还有一群又高又大的警犬张大嘴巴，喘着粗气，瞪大眼睛，显露出一副气势汹汹的样子，实在是恐怖到了极点，有的犯罪嫌疑人被吓得两腿直打哆嗦。

我们走完长廊之后，又再回去排队，我们每个人手上都被要求戴上一个手环。不过，每个人分到的手环的颜色并不相同，有的人戴的是红环，有的人戴的是蓝环。实际上，在那个时候，监狱就通过这些不同的手环给不同的人定了不同的罪了。

蓝环代表有期徒刑，红环代表无期徒刑，还有一种黄环，是介于两者之间，这些都是事先定好了的。我被戴上一个蓝色手环。此外，还发给我们一条棕色的短裤和一件汗衫。汗衫也是有区分的，我的是无领的汗衫，无领汗衫意味着是第一次犯罪，没有前科；有领的汗衫又分为红领、蓝领，蓝领意味着是多次犯罪，穿上红领则意味着可能要被判终身监禁。所有这些，都意味着你已经被先入为主地暗中定罪了。

之后，狱警给我写上了 5 个数字的囚号。法院还没判决就给我囚号了，而且，这个囚号与后来法院判决后给出的囚号完全一致！真是想不通他们怎么会如此地神通广大，还能预测我被判刑。我记得我的囚号是 80102，我不知道他们是怎么给我编号的。我的囚号是黑体字，意思是初犯、短期徒刑，也就是说他们已经暗地里给我定了短期徒刑。如果是红字的话，就意味着会被判得更重。

警方的这些做法是不是"有罪推定"？候审期间的我，就被认定有罪了！可是，新加坡是自称严格遵循无罪推定原则的国家之一，即"未经审判证明有罪之前，优先推定被控告者无罪"。（我再次重申，无罪推定原则是现代法治国家刑事司法通行的一项重要原则，是国际公约确认和保护的基本人权，也是联合国在刑事司法领域制定和推行的最低限度标准之一。）然而，在新加坡，犯罪嫌疑人尚未被法院宣判定罪前，就被关进比关押犯人的监狱的条件还恶劣很多的女皇镇候审监狱。在那里，我体会到了尊严尽失的耻辱——一入监狱大门，便被勒令脱光衣服，要求扒开自己的屁股给狱警检查；之后被置于栏杆之后，让警犬闻遍全身……这些羞辱人格的做法，难道是无罪推定原则之下对一个未被判刑之人合理而恰当的对待？

我曾有机会到中国某地监狱参观，我发现新加坡的监狱条件比中国的要差。中国的监狱很像学生宿舍，是上下铺的双层床，至少每个人都有床铺睡觉，而且，还配备被子、枕头、水盆、水桶。而这些必需的且是最低标准的生活条件，在新加坡都没有。无论是新加坡女皇镇候审监狱还是正式的樟宜监狱，里面都没有床，绝大部分人都是直接睡在水泥地上，那里气候潮湿，很容易得风湿病和其他疾病，每天吃药的囚人排成了长龙。

再说回女皇镇候审监狱，分发手环和衣物之后，我们被带去领生活用品，每个人都会分到一个白色塑料盒子、一条毛巾以及牙膏、牙刷。牙刷的手柄非常短，大概只有小拇指那么长，牙膏是透明的，牙膏和牙刷都是软的。据说，这是为了防止囚犯使用生活器具自杀。毛巾也十分短小，据说，之前是有长毛巾的，但自从有人拿长毛巾接起来自杀后，毛巾就全部变成现在这个样子了。

带上自己的生活用品，我们就被狱警带着往里面走，七拐八拐走了很多流程，先是到这边登记，后又到那边去体检。这么一大堆的事情，都需要拐弯抹角地从这栋楼走到那栋楼。由于监狱是抗日战争时期建的，所以都没有电梯，只能一层层地爬。人在里面越走越懵，像是陷在迷宫里，想逃出去都不知道应该从哪里走。

走完所有这些程序之后，我们这些尚未被判刑的所谓"囚犯"，4个人分为一组，被关进一间间牢房。

我看着前面的人一组组地走掉，轮到我的时候却被单独关进了一间牢房。

特殊待遇

我看见牢房里有一块破草席，大概被别的囚犯睡过好多次，已经破得不成样子了。

我就问狱警："怎么别人都是4个人一间，到我这里就变成我一个人了啊？"

这个狱警和气地对我说："一个人有一个人的好处，4个人有4个人的好处，4个人可以互相说话。但是，我们让你一个人住其实是优待你，我们认为你是好人，那些都是坏人，把你和那些人分开，不让你被那些人给带坏了。"这句话顿时让我心中升起一丝温暖，并非是因为他给了我一人住一间牢房这个特殊待遇，而是因为他把我与其他犯人区别开来。他还告诉我："人生都会遇到各种艰难和考验。监狱的生活的确很难过，但人的适应力很强，你很快就会适应的。出狱后你一定还会创出一番大事业来！"看来，他事先就知道了我是什么人。

说完，他又给了我一个水桶。可别小看了这个水桶，新加坡天气炎热，每天都要洗两三次澡，当地人叫冲凉。监狱里没有空调和电扇，离地面几人高的地方才有一个小小的窗户透气，而且，屋子里人挤人，几乎快要把人闷死。别人冲澡都是一排排站着的，由狱警看着，防止有人在冲澡的时候自杀或者打架，许多人围着一个池子，抢到一盆水，往头上一浇，就走了。狱警额外给我水桶是让我可以一个人洗澡，的确算是给我的优待。我就不用到澡堂去洗，而是可以到一个洗拖把的地方单独洗澡。

有了这个水桶，我还可以去接一桶水带到囚室慢慢喝。在监狱里，能喝到自来水已经很不错了。那些4人住一间的就没有那么好过了，即使可以带一桶水进入囚室，但每个人大小便后都需要冲水吧！普通人家里的便池是水一冲下去就可以把排泄物带走的，而且，水很快就会注满储水箱。不知为什么，女皇镇候审监狱便池的水是一滴一滴落下的，便池的储水箱要滴一两个小时才能注满。试想一下，四个人都要在那里大小便，又常常做不到便后冲水，其臭味也就可想而知了！

由于监狱里是限制供水的，他们口渴难忍时就只能喝马桶储水箱里的水。我在女皇镇候审监狱算是幸运的，其他囚犯都喝过马桶水，唯独我没喝过。一个囚室有五六平方米，4个人刚好够挤在那里睡觉，而且必须睡得十分安分，要是有人翻身的话，就会出现你翻身压到他、他翻身压到你的情况。如果有一个人打呼噜，其他人就别想睡觉了。囚人们也经常为此打架斗殴。

我不知是不是应该感谢那个狱警。

尽管我"享受"着单间的待遇，但平静下来后，发现也并非都是好事。现在，我手机没了，电脑没了，也没有人向我汇报工作了，我和外界的联系完全断了，这感觉就像是身处阴间一样。一个人单独生活的那种寂寞、孤独、无聊，是一种莫大的折磨。这哪里是"优待"呢？难道这也是警方对我的一种心理战？其目的大概是逼我认罪、逼我接受现实吧！

　　我一个人待在囚室里没过多久，狱警便从牢门底下的门洞塞进一个绿色饭盒来，他说晚饭时间到了。那时，既不见天日，也没有手表，若非他的提醒，我还真不知道是何时。

　　是呀！昨天晚上，我还在打高尔夫球，今天（2005 年 6 月 8 日）从早上离开 CAD 拘留所，来到地方法院，再从下午离开地方法院看守所到女皇镇候审监狱，走了一套流程竟然已经折腾了一整天，却还没有进食。

　　我把那盒饭打开一看，饭都是一团一团的糙米饭，塞了一口进嘴巴，冷的，我条件反射似的就吐了出来，我从来没吃过冷饭；我又瞟了一眼菜，完全就是汤水！狱警说："这个菜是罐头沙丁鱼，那鱼可能被做饭的或者送饭的囚犯捞去吃了，你不喝这个汤就什么都没得吃了。"我肚子里憋着一股火，便不去动那些饭菜，躺在水泥地上闭着眼睛。

　　这并不是我在端架子，也不是我的高消费习惯让我放不下身段。我于 2001 年获得过折合 2350 万元人民币的税后年薪，因此，被人叫作"打工皇帝"。但是，我平时生活是简朴的，从不铺张浪费。在中国航油（新加坡）公司上班时，作为总裁的我，和员工们一样吃的是工作餐。公司普通员工的伙食标准是每餐 6 新加坡元（折合人民币 30 元），而监狱里每天三顿饭的伙食标准是 2.5 新加坡元（折合人民币 12 元左右），这个标准的饭菜是承包给商家去做的，商家是要获取利润的，囚人在做饭、送饭的过程中可能会偷吃一些。因此，囚犯真正吃到嘴里的就远远低于这个标准了，这是我后来得知的。所以，每年只有圣诞节那天，才可以吃得好一点，比如吃一顿海南鸡饭或者分到一块鸡排。

　　我左思右想，辗转反侧，一天里的境遇让我气得睡不着。大约是第二天凌晨，我实在疲劳至极，不知不觉就睡着了。可是，没多久我就被饿醒了，因为我一整天都没有吃东西，感觉肚子在咕噜咕噜直叫，肠子都要饿得断开了。我睁开眼爬起来看饭还在不在，只见门口空空荡荡，送饭的门洞早就被狱警从外边关上了，饭菜早就被拿走了。我叹了一口气，喝了一口水又躺下去，迷迷糊糊地进入了梦乡。

人们常说"日有所思，夜有所梦"。我梦到自己正穿着西装坐在办公室里批改文件。门口有人按门铃，进来的是我的秘书。他一进来，就给我递上一整天的日程安排，因为有各种重要应酬，说那天要给我安排五顿饭。这五顿饭中，每顿饭都有鲍鱼、鱼翅、燕窝。我把日程表合起来说："这种吃法是让我撑死过去吗？安排五顿饭要我怎么吃啊？而且，每一顿都是大鱼大肉，你不能这样安排呀！"

就在我煞费苦心地减少鲍鱼、鱼翅、燕窝的时候，我突然就醒了。哪里有什么山珍海味，连一块饼干、一片面包也没有！在这铁窗高墙里，我的心被堵得满满的。真是"落地凤凰不如鸡"呀！

第二天早上，当我看到从外面塞进囚室的早餐时，立刻冲过去接了过来，因为实在是太饿了。但看到这早餐时，我不免又是一阵伤心，因为只有两片面包，配了一点花生酱。我长长地叹了一口气，心想没办法了，如果什么都不吃，我可能还没开庭就已经饿死在牢里了！于是，我就吃了两片面包，配了一点花生酱。至于午餐和晚餐，饭依旧是凉的，菜多半是咖喱白菜，没有一丁点肉，我在三天三夜里，成功地"减肥"了3公斤。

吃过早餐之后，我们被要求走出牢房，由警官押着，到楼上统一刷牙，统一刮胡子。当时，我还怒气难消："法院还没有给我定罪，你们就如此对待我，我从此就不刮胡子了。伍子胥就是这样的，我就在新加坡当个伍子胥，不出这候审监狱就不刮胡子。"见我两天未刮胡子扎眼，就有好事的囚犯不干了，跑去向狱警反映说："我们都天天刮胡子，凭什么他可以不刮胡子？"

不知是不是有人举报的原因，有一个叫胡文龙的长官就来和我谈话，一次是上午谈半天，另一次是下午谈半天。因为是华人，他的中国文化历史知识还比较丰富。他专门和我谈了两个主题——周易和经商。

胡长官说："生意上的事情总是有起有落，我爸爸是个货运商人，也经历过大的挫折，但现在经营得不错。我爸爸很佩服您，因为您在一段不太长的时间内，将一个负资产的企业发展到上市，打造出19亿美元市值和年销售额过百亿美元的大企业，是了不起的成就！我爸爸让我代他向您问好，他说您一定会东山再起的！"

都是读书人嘛！胡长官还专门把我带到监狱里的图书馆，让我挑选些爱看的书打发时间。在那个孤独愤懑的时候，有这么一个人来和我谈天说地，我心情自然好了一些，而且，还有书看，心情就亮堂了一些。

不用说，我同意刮胡子了。我用不惯监牢里提供的刮胡刀，天天把自己的脸刮破。刮胡子时，狱警会在身边看着你刮，刮完之后要把刮胡刀交给他，防止你用刀片割腕自杀。以前就有人这样做过，流了一地的血。曾经有一个囚犯八次自杀未遂，最后一次是把刮胡刀片都打碎了，吞到肚子里去。抢救的时候，要把胸腔、喉道全部打开，将碎片一个个夹出来，但他最终还是没能如愿死掉。如此这般一心赴死，是怎样的痛苦才导致他这样的决绝呀！

说回6月8日上午，我从警察总部的看守所被带到新加坡地方法院第26号法庭，新加坡检方对包括我在内的5名中国航油（新加坡）公司的高管人员首次提出指控。对我的指控，就是6月7日晚上把我叫去商业调查局时给我看的那15项指控；财务部主任林中山面对5项指控；公司董事长荚长斌、董事李永吉分别以25万和12万新加坡元获得保释，董事顾炎飞则以50万新加坡元保释金获准出境。不知为什么，我的保释金被上调到200万新加坡元（当时1新加坡元约合人民币5元），我名下的180万新加坡元资产已被司法冻结。如此高昂的保释金额，无异于在还没宣判我有罪之前就对我进行了定罪与惩罚，并不像新加坡法律规定的那样做无罪推定。在听完检方指控后，案件审理并没有进入辩护阶段。由于我一时无法筹集到如此高额的保释金，就被投入女皇镇候审监狱。

不过，6 月 11 日傍晚，在上级组织的帮助下，凑足了那 200 万新加坡元的保释金，我才被保释出来，走出噩梦一般的新加坡女皇镇候审监狱。

我立即约见我的律师，准备无罪辩护的材料。我也终于有精力好好地坐下来，梳理一下于 2004 年 10 月发生的所谓中国航油事件……

第五章

祸起期货

一失足成千古恨，再回头已甲子身。

千里堤溃于蚁穴，万丈楼毁自不慎。

——写于2019年冬

为什么？为什么？为什么？

为什么5.5亿美元——在一般人眼中有如天文数字一般——的巨亏，竟发生在我陈九霖领导的公司身上？

在那些日子里，这个问题日夜在我的脑海里萦绕，想得我头皮发麻。

这祸起于期货。

来新加坡主持中国航油（新加坡）公司的工作后，我可谓鲲鹏展翅，风生水起，但却在期货这个阴沟里翻了船。不，我后来才知道，这期货不是"沟"，是"海"，是时刻卷起惊涛骇浪的大海！

谨慎地试水期货

期货与现货完全不同。在传统的交易中，人们一手交钱，一手交货，交易的是实实在在的、看得见摸得着的货物，这叫作现货交易。期货则不同，主要是以某种大宗产品（如棉花、大豆、石油）及金融资产（如股票、债券等）为标的的标准化可交易合约。根据这一合约，交易方可以按规定的价格，在未来某一时刻买进或卖出一定数量的某种商品或金融资产，但同时，它也可以是一种纯粹的金融工具，只需根据具体合约所规定的条件交易，而无须进行现货的交割。

买卖期货合约的场所，被称为期货市场。期货市场的经济功能是发现价格和规避风险。期货市场的交易者包括：套期保值者、期货投机者及交易中介，但绝大部分人都是期货投机者。正是投机者在那种赌博式的交易中所产生的不竭流动性，才使得价格发现和套期保值的功能得到最彻底的展现。

为什么参与期货交易的大多是投机者呢？因为期货与现货交易的最大区别是采用保证金交易（这保证金是即日结算的），并且，一般来说，到期后不用进行实物交割。这种保证金交易，也叫杠杆交易，说白了就是以小博大。

人们会说，这不是赌博吗？在一定意义上说是的，但又不完全相同。赌博的风险是人为的，是因为有人愿意承担风险而创造出来的；而期货市场的价格风险是客观存在的，只是把风险从不愿承担的人们那里转移到愿意承担的人们那里。

经过 20 世纪 80 年代以金融工程为特征的场外金融衍生品创新之后，无论是以商品资产为标的物的原油、成品油、大豆、玉米、铜等衍生品，还是以金融资产为标的物的股票、股指、国债、利率、外汇等衍生品，都席卷了全球。而且，还有在期货交易所之外的"场外交易"。现代经济、现代企业已经离不开期货，尤其是金融衍生品市场了。期货、期权、互换、掉期、场内交易、场外交易等，名目繁多、品种繁杂，波诡云谲、翻云覆雨。总而言之，期货市场具有一种无法抵御的魔力，吸引着一批又一批企业家前赴后继。

可以说，几乎所有石油类企业都参与过期货交易。为什么？这是因为从规避风险的角度出发，它具有对冲风险的功能。而从投机者的立场看，它存在以小博大、博取利益的机会。何况，从原始意义上讲，entrepreneur（企业家）一词是从法语中引入的，其原意就是指"冒险事业的经营者或组织者"。创新就是一种冒险；从一定意义上说，企业家就是冒险家。

期货交易是我们中国企业应该参与的。我国是世界第二大石油消费国，而我国的石油进口量已经超越美国成为第一。世界石油市场上的期货、期权对石油价格影响很大，只有参与进去才有话语权。但是，中国在世界石油市场上没有发言权，只是跟随者。按道理说，影响世界石油市场的应该是消费和生产大国，像美国、中国或石油输出国组织（OPEC）这样的组织，但现实是这个市场由美国、欧洲等资本型国家主导。

我们早参与比晚参与好，越早参与才能够越早地了解和影响世界市场，才可能参与规则的制定。否则，就只能由别人制定规则，我们只能遵从别人制定的游戏规则。学费迟早要交，早交比晚交好，交得越早，就交得越少。近年，我国的上海期货交易所上市了石油期货品种，就是最好的尝试。

我们中国航油（新加坡）公司一直对期货交易跃跃欲试。

刚开始时，我们公司规模小、底子薄，只是做一些套期保值项目来"试水"，做得还算顺风顺水。到了 2001 年年底，公司上市前后，我们就准备参与投机性期货贸易。因为公司增长的压力较大，基于市场与生存环境，除了套期保值的需要外，公司必须创造利润才能维持生存与发展。记得 2003 年公司在阿根廷召开董事会，公司管理层根据市场情况，提出 2004 年公司利润增长 3% 的计划，但董事会坚持要求增长 8% 以上。其实，董事会的这个要求并不过分，因为公司面临着严峻的市场竞争，不进则退，必须发展。

除了做好传统的业务之外，如果把投机性期货贸易做得稳健，不失为快速发展的一个渠道。

对于从事期货贸易，中国航油（新加坡）公司的权力机关和决策机构早就予以批准了。2001 年发布的公司《招股说明书》中已经明确提到，包括纸货互换交易、期货和期权交易在内的投机性衍生品贸易，是公司的主要业务之一。这个《招股说明书》是经过 3 次正式鉴证会议后通过的。这些鉴证工作的意义在于，确保公司当时的全体董事已经了解《招股说明书》中提出的事项。中国航油事件发生后，作为第三方独立专业调查机构，普华永道在其调查报告中也指出："作为董事会的成员，董事们已经看过并同意《招股说明书》，同时，他们单独与共同地对《招股说明书》中的信息准确性承担全部责任。"

除了《招股说明书》之外，公司董事会还专门做出书面决议，授权公司开展套期保值衍生期权交易及投机性衍生品期权交易，并批准纪瑞德和其他两位交易员开展期权交易，允许公司开设与不同交易对家进行场外期权交易的账户。经公司董事会以书面决议的形式批准的公司年报，也专门提到了石油衍生品交易，列出了期权等衍生品交易的记账方法。

期货市场对整个社会来说，被称为"风险转移"市场，但对参与的个体来说，则是一把高收益、高风险的双刃剑。要进入这样一个市场，建立严格、规范的风险管控制度是十分重要的。

我意识到了这一点。早在 2001 年，我就委托公司的外部审计师安永公司编制了一套《风险管理手册》，在 2002 年 3 月 14 日的董事会上获得批准，并以公司第 15 号管理指令（MD15）的形式实施，确立了风险管理规程的总体框架。其后，又组建了公司的风险管理委员会，负责具体监督公司对风险管理指导方针的日常遵守情况，还负责制定相关的交易限制，以及确定、评估、验证公司所有业务领域的风险情况。风险管理委员会一直由庄玉莲（Cindy Chong）、林中山（Peter Lim）、黄丽湘（Elena Ng）、Eddie Heng 等 4 名成员组成，庄玉莲任风险管理委员会专职主席（HMC）。

公司第 15 号管理指令规定："所有交易员和风险管理委员会成员都会人手一册地得到《风险管理手册》和该项管理指令。贸易人员必须熟悉并掌握这些程序和指导方针，且严格遵守其中的贸易顶限的规定，否则，必须对所造成的损失承担全部责任。"

在我看来，这个风险管控机制是完备的，是从交易员—风险管理委员会—内部审计部—总裁—董事会，层层上报、层层把关。公司指令规定："每名交易员亏损 20 万美元时，必须向风险管理委员会汇报；亏损 37.5 万美元时，必须向总裁汇报；亏损 50 万美元时，必须斩仓（指投资者在行情走势与预期相反时，为防亏损过多而采取的结束全部盘位而止损的措施）。"

期货交易是高度专业性的。要从事期货交易，必须有一支守规则又有经验的专业队伍。于是，公司在全球范围内网罗人才。纪瑞德就是这方面的重量级专业人员之一。他是澳大利亚人，在任职中国航油（新加坡）公司之前，在国际石油公司开展交易的工作经历超过 10 年；而且，他还在澳大利亚 CATEX 公司风险管理部门担任过 4 年主管。为了加强公司的石油贸易力量和风险管理能力，公司于 2001 年 4 月 2 日聘用了这位外籍资深交易员。后来，公司又聘用了英国籍的黎巴嫩人阿布杜拉·卡尔玛（Abdullah Kharma），他曾在 BB Energy 公司任职，有 18 年的市场交易经历。纪瑞德和卡尔玛于 2002 年 10 月 24 日分别被任命为贸易一部和贸易二部的副主任（纪瑞德负责航油期货，卡尔玛负责国际贸易）。

2002 年 3 月 20 日，公司进行第一次"背靠背"石油期权交易。在此之前，公司只为投机和套期保值开展期货和互换交易，没有做过期权业务。所谓期权，是在未来预定的时间内，按照某一特定价格，买进或卖出一定数量的特定标的物的权利。

公司通过投机期权交易获利，是纪瑞德的建议。2003 年 3 月 27 日，他发给我的标题为"航油保值"的邮件中写道："尊敬的陈先生，请阅览我随附的 SOCGEN 的套期保值方案，我们可以将该方案推荐给中国国际航空公司。我还认为我们自己也可以使用该方案，赚取期权保证金。也就是说，我们必须控制的风险只是每月 5 万桶的量，这很容易做到……总的来说，如果煤油价格跌破 25 美元 / 桶，我们就买入期货；如果煤油价格超过 40 美元 / 桶，我们就卖出期货。根据以下建议，利润大概是 20 万美元，即：0.40 美元 / 桶。开展这种交易需要您的批准。"

尽管后来发生了种种事端，但这个建议是没错的。不过，纪瑞德并未向管理层说明这是一项具有较强风险的新业务，是《风险管理手册》中没有列入的"新业务"。事后分析，我们中国航油（新加坡）公司实际上并没有从事这项新业务、新产品的能力。

当时，我在法国出差，回复他的邮件比较简单："如果有利润就批准。"我之所以这样回答，是鉴于纪瑞德多次成功地为中国国际航空公司等中国客户做过投机性期权交易；而且，公司 9 人组成的董事会（包括航油集团派出的 6 名董事，集团一把手任董事长）已经于 2002 年 2 月 20 日，以书面决议批准公司无限制地开展投机性衍生品交易。中国航油事件发生后，我们才意识到，尽管中国航油（新加坡）公司没有能力从事这项新业务、新产品，但纪瑞德却误导管理层说："我还认为我们自己也可以使用该方案。"

我也是后来才知道，相比期货，期权的权利金比例更低，因此，杠杆更高，这种交易具有更大的不确定性。对于期权买入者而言，风险有限是公认的事实。但对于期权卖出者而言，潜在风险却是无限的。

2002年6月27日，卡尔玛和纪瑞德在公司建立了一个共同账户，也参与了期权投机业务。至此，公司投机性期权交易由纪瑞德和卡尔玛两位资深交易员发起操作。公司购买了"看涨期权"，出售了"看跌期权"。还好，几笔生意做下来，都顺风顺水，公司也赚了些钱，两名交易员也因此获得了利润分成。

就这样，我原本以为，有了灵敏而有效的"刹车装置"，请来了技术精良的"车手"，公司就可以在期货的高速路上安心行驶了。

但是，后来发生的事实说明，我错了，大错特错！

第一次挪盘——危机预警

2004年1月20日，为了筹集一笔并购资金，我正在美国路演。在路演的过程中，我接到了高盛（新加坡）公司名叫奥拉尔·道（Oral Dawe）的联席CEO打过来的电话："陈先生，你们公司做的期权交易出现了一点账面亏损，我们建议你们采取挪盘措施，现在不用斩仓，现在斩仓就会形成实际亏损。"我心头一颤，纪瑞德！我马上就想到他。一定是他闯的祸！

那是 2004 年年初的 1 月 12 日，纪瑞德事前未经批准擅自进行的敞口交易量竟高达 136.4 万桶，已经远远超过了《风险管理手册》规定的 50 万桶的交易量限额，超限 173%。他在当日发给我的电子邮件中说："为了保护第一季度的部分期权，我们在尝试对 50 万桶产品进行挪盘，买进第一季度，并卖出第二到第四季度，目的是给自己留出时间来控制仓位。因此，我请求您批准我超额交易，以便控制上述仓位。当然，第一季度结束之后，多数风险就会消失。但是，我的交易策略是等待市价再次下跌，到那个时候，再买回第二和第三季度的卖盘，因为那时候的保证金会低一些。"

中国航油事件发生后，有不少石油界的朋友告诉我说，像期权交易这样的高风险业务，交易员不仅必须履行严格的申请、审批程序，而且，有义务、有责任将该项业务的风险和可能发生的最坏后果，以书面形式向管理层和董事会做出详细的分析报告。即使经批准进行交易，对具体的交易量、交易方、交易期限、交易品种和保证金的确定等，交易员都必须报请管理层和董事会批准后才能与交易对方成交。期权交易成交后，期权交易员必须每天以书面形式向公司专题报告交易的盈亏情况。当达到亏损限额时，交易员必须立即主动斩仓，并于斩仓后立即报告原批准方。

这几乎是石油界约定俗成的规矩，纪瑞德作为一名长期在石油界工作的资深交易员，对此应该是心知肚明的。然而，他不仅在进行期权投机之前，没有按公司的有关规定履行相关手续，而且，在交易实现后也从未向管理层做过书面的专题报告（2004 年 11 月，中国航油（新加坡）公司出现巨额账面亏损之后，管理层要求其呈报的除外）。

先斩后奏！这使我十分恼火。不过，尽管纪瑞德已经违反了《风险管理手册》规定的交易限制，但我经过一番思考后，仍然批准了他的申请，也没有对其采取处罚措施。首先，中国航油是新加坡最大的上市中资公司，对在市场上有一定知名度的交易员加以处分，不利于公司形象；其次，纪瑞德过去的表现基本上能为公司所接受，也给公司赚了些钱；第三，我希望继续观察一下他的表现。我当时认为，在瞬息万变的石油市场，对资深交易员，不能以一笔成败而论英雄。我真心地希望他能够处理好。

2003年年底，风险控制员黄丽湘和纪瑞德以及公司财务部向我汇报，做期权账面亏损仅为13.8万美元。13.8万美元,恰好在公司《风险管理手册》所规定的警戒线（公司第15号管理指令第5条明确规定，每名交易员任何时候的敞口交易限额不得突破50万桶或其等值的亏损限额）以内，因而，尚未达到立即斩仓的要求。这我就没有什么好说的。后来我才知道，纪瑞德认为石油价格已达到最高点，从2003年年底到2004年将开始修正，于是将其期权组合从买入调整为卖出。我当时也没有意识到，由于他的错误操作，公司的期权组合的账面亏损实际上约为140万美元，后来又持续扩大成亏损580万美元。

在美国的路演正在进行，我也没精力分心。在得到奥拉尔·道"市场走向最终是对你们有利的"的答复后，我告诉他说："我现在在国外出差不太方便，你与我们的交易员和风险管理委员会来探讨一下现在应该怎么做吧！"

路演完后，我给公司相关人员发出邮件："全部持仓造成账面亏损达到50万美元的交易员，必须减损或平仓。"纪瑞德在回复我的电子邮件中说："对于期权交易风险而言，通过买回期权降低亏损可能并不总是最佳解决办法，这取决于保证金价值的流动。"他还说，他将与杰·阿伦（J.Aron）公司开会讨论该如何处理。与此同时，贸易二部副主任卡尔玛的期权仓位也显示亏损。我希望能够平仓或采取措施减少亏损，但纪瑞德却告诉我，卡尔玛的期权仓位并不能很容易地被关闭，并同样建议将卡尔玛的期权仓位挪盘。中国航油事件发生后，专业调查机构查核到，就整个期权事项，我一共发过12封电子邮件要求斩仓，但最终又总是被专业交易员和风险管理委员会说服而屈从了他们的建议。这个教训极为深刻！

把话题拉回到 2004 年 1 月 21 日，纪瑞德在 J.Aron 公司开会，讨论由 J.Aron 公司提出的"对公司的期权仓位实施挪盘"的提议。

纪瑞德告诉 J.Aron 公司，他在 1 月挪盘的主要目的是推迟公司卖出仓位的到期时间，有效赢取时间来控制仓位，最终避免实现"全部仓位因延期付款而导致的期权交易亏损"。在看过公司全部期权交易组合列单之后，J.Aron 公司建议公司实施挪盘策略。

J.Aron 公司是高盛集团的子公司，高盛集团是一家国际领先的投资银行，向全球提供广泛的投资、咨询和金融服务，是能源风险管理领域公认的行业领导者，协助大量的客户全面管理与能源相关联的风险。而 J.Aron 公司实际上又是高盛的商品部门，在商品业务领域里，从业经验超过 100 年，其作为全球规模最大的商品交易机构之一，有能力在实物和金融领域进行交易。在全球范围内，高盛的 J.Aron 公司在提供商品风险管理解决方案方面曾获得顶级排名。

J.Aron 公司建议的所谓挪盘，用专业术语讲，指的是买回原有期权并关闭原先盘位，同时，出售期限更长、交易量更大的新期权。这种做法的出发点在于，判断未来市场对己更加有利，其结果存在三种可能性：一是市场如预期对己有利，风险得以控制；二是市场继续走坏，风险成倍增加；三是市场变化不大，可能维持原有风险。因此，最关键的是对未来市场走势的判断！

如果决定斩仓，风险就消失了，580 万美元的账面亏损就变成实际亏损，这在公司可承受的范围之内。但是，几年来公司业绩始终直线上升，现在却要亏损了，而且，数额还不小，我在心理上一时实在难以接受。企业的声誉，公司的股票，公司正在进行的 13 个大型并购项目，还有如何完成董事会和股东要求的年度预算，更重要的是如何保障全体股东的利益，所有这些我都曾长期纠结于心。

恰在此时，世界顶级投行与风险管理机构告知，实施期权仓位挪盘是一种主动的风险管理手段。而且，他们还说，这种方法既是将公司账面亏损降至最低的最佳途径，也是唯一途径。那些马上就要产生亏损的仓位可以完全被解决掉，这也符合公司广大股东的最高利益。纪瑞德则通过书面报告表示，通过挪盘，将能立即避免30万～200万美元的到期仓位的亏损。除此之外，纪瑞德还告诉我，通过收取权利金，原先的580万美元账面亏损将扭转为990万美元的利润，一旦石油的市场价格在夏季回落，全面盈利就一定会实现。

如此信誓旦旦且前景光明，我哪有不批准之理？

于是，纪瑞德与J.Aron公司于1月26日执行了其持仓盘位的第一次挪盘。中国航油（新加坡）公司经董事会批准后，与交易对家高盛的子公司J.Aron公司签署了第一份重组协议，双方同意结束前面的期权交易而重签一份更大的合约。根据协议，中国航油（新加坡）公司在平仓之后，买进了更大的卖出期权。这次挪盘的假设条件是，油价在2004年第二季度来临的时候会下跌，因为历史数据显示石油市场会因为供热耗油减少而得到缓解。

挪盘之后，市场就平静了，公司的盘位确实好了一段时间，似乎我们避免了580万美元的实际损失。不过，我心里还是不踏实。1月29日，我给风险管理委员会主席庄玉莲发了封邮件，要求其与公司的交易员讨论此次挪盘后事态发展的可能性，因为我并非交易方面的专家，作为管理层成员，我唯一关心的是风险管理规程是否得到有效遵守。所以，我反复强调，一旦达到50万桶敞口仓位或等值的美元的止损限额，就必须关闭全部仓位。

到了2004年5月5日，公司接到了期权仓位的第一次追加保证金的要求。这一要求来自J.Aron公司，要求金额为450万美元。当时，我在国外出差，由中国航油集团公司委派到中国航油（新加坡）公司的党委书记与公司风险管理委员会专职主席庄玉莲一同签发信用证予以支付。

中国航油事件爆发后，期权专家告诉我，作为专业的国际投行，高盛提出挪盘建议时，一定要告诉我们风险在哪里，公司是否能够承受这样的风险。这既是道义责任，也是法律责任。而事实上，作为国际顶级投行的高盛并没有那样做。我当时也不懂。

殊不知，我们被吸到"黑洞"里了！但是，我们自己放弃了一次爬出黑洞的机会。如果在触及450万美元保证金时立即斩仓，还可以亡羊补牢。但是，我们当时似乎都鬼迷心窍了！

第二次挪盘——一错再错

势比人强。事物的发展往往不以人的意志为转移。

公司的盘位好像是稳固了，但原油市场并没有长期平静。油价没有像我们预计的那样下跌，反而在平静了一段时间后一涨再涨。

5月14日，纪瑞德发了一封电子邮件给我。他在信中说，由于油价达到了历史的最高水平，公司将因第三季度期权的账面亏损而接到一些银行的追加保证金要求，我当即强烈建议立即止损。但是，纪瑞德在同一天给我本人的电子邮件中又说："我们在这些期权上亏损很大，我们不能简单地'中断'这些期权，因为那样的话我们的亏损会达到2000万美元左右。因此，我们最好能和我们的所有交易对家讨论取得最可接受的挪盘方案……我们还有时间，期权盘位7月1日才开始计价，我们从那个时候才开始承受风险。"

这一误导性的建议使我犹疑了！

我在给他的回信中明确告诉他："这是一个可怕的盘位，我不想冒大的风险。"随后，我又分别和财务部主任林中山及风险管理委员会成员讨论过这个问题。但是，没有人赞同我立即止损的想法。风险管理委员会主席庄玉莲对我说，公司存在的账面亏损只是个暂时性的问题，在交易对家那里的追加保证金只是带利息的押金而已。一旦市场回落，公司的期权仓位就会有转机。

第二天，也就是 5 月 15 日，我写邮件给庄玉莲，要求风险管理委员会认真研究如何才能最好地解决这个问题。我明确地告诉她，我不想承担巨大的风险，即使只有"一丝可能"。我在 5 月 17 日写给纪瑞德和风险管理委员会的电邮中再次强调："保持公司的总盘位平衡，或稍有一点点短盘（卖出盘位），以便确保公司的安全。我不想冒大的风险。"

我不想将公司置于风险之下，但从客观上说，我没有当即决定不惜一切代价立即斩仓，因为我心里实在没有把握，只好听从专业人员的建议，而这为再次挪盘留下了一个"活口"。

6 月份的时候，我在英国和埃克森美孚探讨合作的问题。在探讨合作的过程中，我接到了一封电子邮件，是风险管理委员会发来的，邮件说公司出现了大概 3000 万美元的账面亏损。我立即回复邮件，下令斩仓。3000 多万美元，是公司当时一年的利润。但是，为了避免更大的损失，这也还勉强承受得了。结果，纪瑞德给我回复邮件说，不能斩仓。他说期权和别的东西不一样。

怎么不一样？既然不能斩仓，那有什么其他解决办法呢？他说，他们要和高盛一起商量一下。

6 月 24 日，纪瑞德以及风险管理委员会全体成员与 J.Aron 公司召开了一系列会议，讨论公司对 J.Aron 公司的巨额账面亏损和公司支付追加保证金的能力，双方就市场主要趋势和中国航油（新加坡）公司的财务状况进行了分析。讨论之后，J.Aron 为中国航油（新加坡）公司 6 月份的期权仓位设计了一套策略，该策略与公司第一次挪盘策略相似。为应付期权组合的负值，公司必须通过增加期权组合的风险来创造足够的权利金，这就必须增加交易桶数和采用更长期的新合约。

同一天，庄玉莲给我发了一封邮件，总结了他们与高盛会谈的结果。她在邮件中提出两个可供参考的方案：第一个方案，如果现在斩仓，不对期权组合进行挪盘，公司将会由于 2004 年 12 月 31 日到期的期权而损失大约 1100 万美元。而且，还要为 2005 年和 2006 年仍未付清的期权而损失 1700 万美元。第二个方案，如果我们挪盘，公司亏损会减少甚至为零。她认为"行权价格改善之后，公司更容易控制期权仓位"。

庄玉莲建议我批准挪盘。公司所有专业人士都赞同她的建议，包括纪瑞德、卡尔玛、林中山、黄丽湘，专业机构 J.Aron 公司更是如此建议，大家坚定地认为国际市场的油价很快就会下跌。

我批准了他们强烈要求的期权组合挪盘方案。或许是我当时也心存侥幸吧，但更主要的还是外行的我被"集体智慧"感召了，因为他们白纸黑字写得清清楚楚，挪盘是当时最佳且是唯一的选择，往后挪移盘位是当时最符合公司利益的判断。

挪盘于 2004 年 6 月 28 日实施，我们和 J.Aron 公司签订了第二份重组协议。到了 6 月 30 日，公司已经支付了约 2820 万美元的追加保证金。

事后我才得知，J.Aron 公司是中国航油（新加坡）公司在石油期权交易中仅次于三井能源风险管理公司（MERM）的第二大交易对家。

当时，J.Aron 公司还给我出具了一份文件，要我们董事会来签署意见，就是要表明我们公司具备挪盘的财务能力。我们公司到底有没有这个财务能力？公司财务部在和交易员及风险管理委员会讨论后告知我，公司具有承受挪盘的财务能力。公司由 9 人组成的董事会经过审阅后签署了有关决议，董事会没有一人提出过异议，包括具有深厚财务背景的两位独立董事和中国航油集团财务部主任（兼任中国航油公司董事）。坦率地说，如果此时财务部或董事会里任何一人提出异议，都可能促使我下定斩仓的决心，之后的灾难即可避免！

随后，公司收到了越来越多要求增补保证金的邮件，这无疑让我产生了巨大的压力。面对这种情况，7 月 19 日，我在回复风险控制员黄丽湘的邮件时，建议"减少期权盘位、降低风险并实施一定程度的斩仓"，但没有被风险管理委员会和期权交易员采纳；到了 7 月 21 日，我在办公室召集交易员纪瑞德和风险管理委员会全体成员开会时，要求交易员买进同等数额的纸货或期货来抵消期权仓位，以便将所有期权仓位斩仓。但是，两天后，纪瑞德、卡尔玛及风险管理委员会成员都到我的办公室来找我，他们表示以单一途径买回来止损不是明智的选择。他们的理由是，一旦市场恶化，这种做法会让公司的亏损变得更加严重。

我没有说话，默默地盯着窗外出神，最终还是顺从了纪瑞德和风险管理委员会的集体建议，没有斩仓。但是，唯有卡尔玛部分地听进了我的意见，购进了 2005 年和 2006 年的航油期货和纸货，价格是 36 美元 / 桶。后来，油价涨到了 148 美元 / 桶，这部分仓位本应产生较大盈利，以部分抵消期权仓位的亏损。但是，快到收获之时，因为中国航油集团决定对公司实施破产重组，这部分仓位也随同产生账面亏损的期权仓位一并斩仓了。这是后话。

总之，为了回避 2000 多万美元的投机期权的亏损，我和公司再一次错过了一个斩仓止损的机会，事后证实，其中的风险成倍地扩大。

可那时，我们自己却不知道，我们在黑洞里越坠越深了。

第三次挪盘——骑虎难下

2004 年 8 月，本应是我事业上扬眉吐气的时刻——成为中资企业（新加坡）协会第四任会长；签署收购新加坡石油公司（SPC）20.6% 普通股

股权的协议，成为 SPC 的第二大股东，使中国航油海外拓展之路迈出了
决定性一步。

但是，国际原油市场一路上扬的行情走向使我日夜提心吊胆。那巨额
盘位的原油期权，就像一把悬在头上的达摩克利斯之剑。坦率地说，那段
时间，我就像热锅上的蚂蚁一样坐立不安，期盼着国际市场油价早日下跌。

8 月 19 日，我再次召集交易员和风险管理委员会在我的办公室开会，
再次建议购买纸货对冲期权。新加坡纸货市场，即期货交易所之外的衍生
品市场，主要有石脑油、汽油、柴油、航空煤油和燃料油等交易品种，当
时的航空煤油市价为 48 美元 / 桶。

交易员和风险管理委员会都不同意我的主张。他们认为航空煤油市价
太贵，而再次挪盘才是最佳选择。没过几天，油价冲到了 55.65 美元 / 桶（后
来触及 148 美元 / 桶的高点），如果当时他们采纳了我的建议，损失至少
可以减少一半（甚至产生巨额利润）。当日下午，风险控制员黄丽湘给我
发来邮件，她表示公司面临的账面亏损不会因挪盘而立刻消除，公司必须
支付更多保证金。她在这封邮件的最后表明："保护这些期权的最佳方法
是卖出更多的期权。"她在分析中指出，如果不挪盘，公司会亏损 1.1 亿
美元，挪盘则处于安全地位。她反对用纸货对冲期权，而是建议公司"卖
出价格更高的航煤期权，以便在我们结束第四季度挪盘后取得权利金"。

对此，我在 8 月 20 日的邮件中质问风险管理委员会主席庄玉莲，为
什么没有按照公司规定及时斩仓？随后又在 8 月 21 日回复风险控制员黄
丽湘的邮件中说："我所担心的是，卖出更多的期权会增加更大的风险。
获利机会小，风险成本大。我也明白，购买纸货不是对冲风险的最佳办法，
可是，眼下我们别无选择，做事总比不做好。"

不过，由于专业人员的坚决反对，公司最终还是没有购买更多纸货用
以对冲期权仓位。

尽管斩仓止损曾是我的第一反应，但是，我的心里在嘀咕：市场油价

跌宕起伏，瞬息万变，如果我采取强制措施迫使他们斩仓，之后当油价大幅回跌时，公司因此所形成的实际亏损将会是另一种错误决策。

其实，风险控制员黄丽湘在邮件中的建议，代表了公司各位专家的意见——市场价格已经到达峰顶，随时都有可能下跌。但是，这一次，我没有听从她的建议——单向卖出更多的期权。

就在这位风险控制员提出单向卖出更多期权之时，公司首席交易员纪瑞德则建议继续挪盘。9 月 1 日，纪瑞德在发给我的一封电子邮件中，再次建议对公司的期权仓位进行挪盘，声称："由于流动性很大，中国航油（新加坡）公司还有机会管理或对冲 WTI（美国西得克萨斯中质原油）期权……因此，我和庄玉莲、黄丽湘的建议都是继续对 WTI 期权挪盘。"

那个时候，作为管理者而非期权专家的我，已经骑虎难下。一方面，强令斩仓，巨额的账面亏损会立即成为现实；另一方面，市场存在巨大的不确定性，历史上从未出现过类似情况以供参考。就如专业人员分析的那样，当时的石油市场供求关系基本正常，没有重大的足以影响油价意外波动的特殊因素。在市场存在巨大不确定性的情况下，我实际上已经受到了专业人员的"绑架"。那时的我，犹如医院院长，面对一位中风的病人，心脑血管医生们会诊后，给我提出了专业的诊治方案，我作为一个管理者，尽管内心存在不同的直觉，却不知所措，无所适从。

与此同时，我们的专业人员对伦敦国际石油交易所和纽约商品交易所过去 21 年的油价进行了综合分析，发现平均价格没有超过 30 美元 / 桶，即使发生战争，也没有超过 34 美元 / 桶。而且，他们还汇集了 20 多家专业机构对市场的综合预测：伦敦全球能源研究中心（CGES）、美国能源信息署（EIA）、美国能源安全分析公司（ESAI）等分析机构认为，WTI到 2005 年将降至每桶 30 美元至 40 美元，2006 年则降至每桶 28 美元至33 美元。荷兰银行、英国巴克莱银行、德意志银行、法国兴业银行和美国摩根大通等 21 家金融机构所预测的市场油价的中间价为：2005 年 WTI

是 39.9 美元 / 桶，2006 年 WTI 是 34.27 美元 / 桶。这些预测价远远低于中国航油（新加坡）公司投机期权的卖出价。

此时，摆在我面前还是那三种选择：一是斩仓，把亏损额限制在当前水平，账面亏损由此转为实际亏损；二是让期权合同自动到期，账面亏损逐步转为实际亏损，但亏损额可能大于也可能小于当前水平；三是展期，如果油价下滑到中国航油期权卖出价格，则不至于亏损并会因此赚取权利金，反之，则可能产生更大的亏损。

如果斩仓，亏损大白天下，我将只身面对来自市场、集团、国内监管方的麻烦，正在进行的一些优质项目只能下马；如果让期权合同自动到期，结局大体相同；如果展期，油价再持续上涨，那亏损的窟窿会更大，但如油价下跌，就可能全身而退。

左右为难，毫无方向，心怀侥幸心理的我下不了立即强制斩仓的决心。

这时，第三季度投机期权即将开始计价。当时，交易员和风险管理委员会向我报告说，预计第三、第四季度油价难以大幅度下调，判断 2005 年和 2006 年市场可能走软。因此，必须在 10 月 1 日开始计价之前挪移 2004 年剩余的卖出期权盘位。一旦开始计价，即使以后想挪盘降低损失，也来不及了。而且，如果不挪盘，第三季度和第四季度的投机期权盘位很可能在高价位计价。

就这样，基于内部专业人士的专业分析与建议，以及外部专业机构的建议和市场预测，尤其是在日本三井能源风险管理公司逼仓的情况之下，在没有更好的选择的背景下，本着两害相权取其轻的理性判断，经董事会批准，公司决定进行第三次挪盘。

在 2004 年 8 月 31 日至 9 月 27 日期间，公司实施了第三次挪盘。本次挪盘是与 5 个交易对家进行的，即英国石油公司、标准银行、三井能源风险管理公司、麦格理银行和法国兴业银行。最终，筹集到了足够的权利金，关闭了 2004 年第三季度和第四季度到期的仓位。

此时，公司持有的期权总仓位已达到 5200 万桶之巨，远远超过了公司每年销售到中国的航油的实际进口量。这些合约分散在 2005 年和 2006 年，期限为 12 个月，其中，2006 年 3412 万桶，占总盘位的 79%。做出这种安排的原因是，筹集足够的权利金用于关闭 2004 年第三季度和第四季度到期的仓位。

与此同时，公司也以 36 美元 / 桶的价格，买入 2005 年和 2006 年的一定数量的航空煤油纸货，目的在于实施部分对冲（事后证明，如果我当时足够自信地坚持购买更多的纸货来锁住风险的话，公司的损失能减少一半以上）。

油价呀，你赶紧降吧！那是我每天的期盼。坦率地说，第三次挪盘，我并非是心存侥幸，而是骑虎难下，没有更好的退路了。

9 月下旬，我到韩国跟 SK 能源公司洽谈生意，同时，又快到休假的时间了。我想到之前由于公司业务十分繁忙，经常工作到凌晨还不能休息，自己辛苦不说，总觉得对不起家人。于是，我在谈完生意之后狠下心来，向公司董事会请了年休假，选择和家人度假。在某种意义上，那次休假，也是想排解自己焦躁不安、七上八下的心情。

9 月 30 日那天，我带着我的夫人和儿子一起到韩国乐天游乐园游玩。那个游乐园里有一个模拟监狱，里面有模拟手铐和其他刑具，外部由一些栏杆组成，其中，有几个栏杆是用塑料做成的，扒开它们就可以成功地进到“监牢”里面了，但这些栏杆都长得一模一样，并不能通过观看来辨别哪几个是塑料栏杆。我儿子当时只有 10 岁，非常调皮也聪明伶俐，他一看到这个模拟监狱就觉得很有趣，把我拉到这个模拟监狱面前，好像他知道哪几个栏杆是由塑料做成的似的。趁我不注意的时候，他一使劲儿就把我推到“监牢”里去了，还没等我反应过来，他迅速解下门边的假手铐。然后，他就用这个假手铐把我的右手铐在了水泥栏杆上。我的心里咯噔了一下，觉得很不是滋味，我好端端的，怎么突然到“监牢”里面来了？儿子却在一旁哈哈大笑，我太太则在一旁责备儿子不该这么做。

很多中国人都相信，很多事情冥冥之中自有天意。本来一个正常人突然被关到"监狱"里，心情肯定会有些不舒服。从乐天游乐园回到酒店后，我当晚磨磨蹭蹭很久才上床，躺在床上辗转反侧，直到晚上 12 点，才勉强入睡。

突然，一阵急促的电话铃声响起，我挣扎着起来去酒店走廊接电话，以免打扰太太和儿子睡觉。那个电话是风险管理委员会主席庄玉莲打来的，我顿时感觉有些不对劲。若非紧急情况，她不会在这样的时间给我打电话，我赶紧按下接听键。

她在电话的那头十分慌张地说："陈总，事情不好了！油价突然大涨，公司亏损巨大，账面亏损已经达到了 5.5 亿美元！"

我一听，打了一个冷颤，整个人差点就要倒下去了……

第六章

无力回天

出师未捷身先死，

英雄未哭泪满面。

尽心尽力且尽智，

无力回天不怨天。

——写于2004年12月航油集团决定放弃原定拯救方案的会议之后

　　亏损 5.5 亿美元？我的天！在那一瞬间，好像高山、河流、大地，宇宙中所有的一切，都向我压来，让我喘不过气。

向母公司求救

10 月 1 日，紧急返回新加坡处理危机的我，马上召集交易员和风险管理委员会成员进行紧急会议。

公司的期权盘位账面亏损，从 580 万美元，到 3000 多万美元，再飙升至 5.5 亿美元。真可谓"一着不慎，满盘皆输"。在公司一切业务都欣欣向荣之际，却因为对期货市场的判断一错再错而导致公司几乎陷入破产的境地！

面对极其险恶的市场局面，面对公司前途未卜的状况，面对浓厚的失望与悲观的情绪，我一筹莫展，感到浑身乏力，一股极其强烈的无助感随着血液的流动传遍了我的全身。我从位于 31 层的办公室玻璃窗看下去，眼前由滨海湾、横跨海湾的高架桥和在它们之上的长空所构成的海陆空全景图，以及平静的海面温柔地反射着的明媚阳光，让我突发奇想：置身其中，一定会温暖，一定会忘我，一定会毫无杂念，如果砸破窗户，纵身一跃，一切都会了断……

就在我胡思乱想之际，不知是谁跟我说："陈总，你给总部打个电话吧！请母公司出手相救，等市场波峰过去之后再伺机处理这些盘位。中国航油集团是持有中国航油（新加坡）公司 75% 股权的控股股东，有责任和义务在关键时刻帮助我们的，中国航油（新加坡）公司是集团最大的子公司，也是海外唯一赚钱的公司。母子公司休戚与共！"

这真是一语惊醒梦中人。我赶紧拿出手机，找出电话号码，用办公桌上的座机给时任中国航油集团总经理荚长斌打电话。那时，正值国庆黄金周，他正在福建度假。我花了半个小时左右的时间汇报了亏损情况、形成原因和拯救思路，把整个事情的来龙去脉基本上都告知了集团总经理，希望母公司能够伸出援手。在电话里，荚总沉默了片刻之后，斩钉截铁地说："九霖，你要挺住，这个事情我听明白了，市场上的事情风风雨雨，有波动是很正常的，这绝不是你个人的事情，集团一定会全力以赴，拯救新加坡公司，我们与你共度时艰，请你一定放心！"

听到这些话的时候，尤其是听到顶头上司说出有如兄弟般的"共度时艰"这个词，我感动万分，如释重负。放下电话之后，我无法自控，当着中国航油（新加坡）公司所有中高层经理的面，嚎啕大哭。

母公司的坚定态度，让我感到自己并非孤军无援，还能看到一线希望。在得知巨额亏损之后所形成的巨大压力和煎熬，都在哭声中一下子释放了出来。从此，我就打消了"乌江自刎"的念头，甚至后来我在监狱那样的恶劣环境里，亲眼看见有人自杀，我也没有再起过自我了断的想法，因为我想通了，我一定要把这个公司拯救起来，让其凤凰涅槃。

经过激烈的讨论，大家认为市场走向还是与我们的判断基本一致。根据 30 多家石油公司和金融机构的分析，大家认为，最终的整体盘位对我们还是有利的，建议留住盘位。这是因为 2004 年我们整体盘位的平均卖价是 46 美元 / 桶，大家一致认为当年的平均油价可能将低于这个价格。若果真如此，我们可能存在不菲的权利金收益；至于 2005 年和 2006 年的期权盘位，有着足够长的时间进行调整与管理，同时，我们买了 2005 年、2006 年航空煤油纸货等，整体盘位的平均买入价格是 36 美元 / 桶，这个是赚差价，应该有着不菲的利润。

有人提议说，可以让集团公司接管中国航油（新加坡）公司期权仓位。

首先，当下公司缺乏资金支付追加保证金，而集团公司是一家在全球声誉极好的中国国企，公司的交易对家会给予集团公司一定的信用额度，不会要求集团公司支付全部追加保证金。

其次，公司专家及外部专业机构都预测 2004 年油市价格会下跌、2005 年和 2006 年油价会上升，只要公司能够安全度过油价波峰期，亏损就不会全部实现。公司等待油市价格降到有利于公司盘位的时候再部分止损，这样就可以将亏损降到最低。

最后，公司的实际资产和市场价值以及潜在价值仍然远高于 5.5 亿美元的期权亏损值。不能只看中国航油（新加坡）公司账上反映出来的 1.5 亿美元的净资产！中国航油（新加坡）公司每年都有几千万美元盈利，还有不少并未充分反映到账上的核心资产，只要经营正常，中国航油（新加坡）公司完全具有偿债能力。例如：公司当时收购了新加坡石油公司（SPC）20.6% 的股权（已经得到了董事会批准），SPC 对印尼的 JERUK 油田享有直接管理权，而该油田的储油量为 1.7 亿桶，价值约 100 亿美元；由于 SPC 持有该油田 40% 的股份，中国航油（新加坡）公司在该油田的股份价值 8 亿多美元。公司还有西班牙 CLH 公司 5% 的股权（该部分股权后来于 2007 年 1 月 25 日售出），对价 2.26 亿美元；公司至今仍持有上海浦东航油公司 33% 的股权，每年获利 3600 多万美元（2018 年这部分股权评估作价 10 亿美元）；还有茂名油库、富地石油（持有华南蓝天航油有限公司 24.5% 的股权）等资产。这些因素都表明，集团公司全面接管是有利益保证的。

此时，有人提出建议航油集团接走期权盘位后，适时出售其持有的中国航油（新加坡）公司的部分股票以筹集资金，也有人提议实施部分斩仓，还有人提出购买更多的 2005 年和 2006 年纸货。会后，公司将这些意见一并报告给了中国航油集团。

母公司全盘接手处理

中国航油（新加坡）公司向母公司报告的那个时段，刚好是中国国庆长假期间，集团公司的党委书记到法国出差了，总经理和副总经理要么在度假，要么在外地出差，集团总部也没人上班。事后有人评论说，如果是民营企业遇到这样紧急的问题，老板们早就火急火燎地跳起来，想方设法地去营救了，或者当机立断地指示斩仓。但一直等到 10 月 9 日，在集团公司恢复了节后正常运作后，我才有机会和集团其他管理人员充分讨论，才得以正式向集团公司寻求帮助，希望集团公司能够帮助中国航油（新加坡）公司支付追加保证金或决策是否斩仓。

10 月 9 日当天，我代表中国航油（新加坡）公司签署了一份报告，正式向集团公司汇报了期权持仓的账面亏损情况。我提出了三种选择：一，力求拯救期权盘位；二，筹资付清保证金；三，破产。力求拯救有几种方式：第一，由中国航油集团自身或者寻求第三方接走期权盘位；第二，接走期权盘位后，中国航油集团适时出售其持有的中国航油（新加坡）公司部分股份，或者寻求第三方注资，以缴交期权交易盘位所需的保证金。

我代表中国航油（新加坡）公司建议集团公司签订一份"背靠背"协议，由集团公司接手中国航油（新加坡）公司的期权组合。在接手期权组合及至期权问题得到解决后，如果市场好转，期权盘位实现盈利，则全部利润归于中国航油集团；如果还有损失，则集团公司就可以向潜在战略投资者出售公司的股份，所得资金用于弥补集团的亏损。当时，公司专家告诉我，根据市场情况，若拯救得当，账面亏损未必会实现，就没必要出售股票。

因此，中国航油集团委派的总经理助理专门授权了 5500 万新加坡元的现金用于支付追加保证金。当时，国资委经过酝酿，批准紧急调拨 3 亿美元。但我国实行外汇管制，外汇出境需要办理外汇管理局的审批手续，这 3 亿美元不能立即打入中国航油（新加坡）公司的账户。

鉴于事态严重，不容耽搁，集团公司开始了紧锣密鼓的一系列运作。

第二天，也就是 2004 年 10 月 10 日，集团公司成立了一个危机处理小组，负责处理中国航油（新加坡）公司的期权交易账面亏损。危机处理小组是得知危机发生 10 天后才成立的。事后回想，这真是一种讽刺！尽管我被任命为危机处理小组组长，但那是出于我当时职位方面的考虑，而事实上，从这一天开始，所有的重大管理决议必须由集团公司做出，其中，中国航油（新加坡）公司所有超出 500 美万元的付款，必须得到集团公司党政联席会的授权；公司所有低于 500 万美元的付款，必须经我和集团派出人员的集体授权。

500 万美元不足当时的一船航油货款。即使低于这个数目，也都有航油集团的派出人员控制，这已经说明，自那个时间开始，航油集团已经不再信任我了。因此，事后有人说："即使要定罪的话，2004 年 10 月 10 日之后的责任不应该由陈九霖个人承担！"可新加坡当局强加给我的刑责，都是发生在这个时间以后的事情。

10 月 14 日，危机处理小组向集团公司所有高层管理人员以及相关部门，传达了由顾炎飞签署的拯救计划。该计划承诺支持中国航油（新加坡）公司，建议集团公司接管其期权仓位，实施部分斩仓。当时，专业机构和人员判断市场价格会在 2004 年年底前后朝着有利于中国航油（新加坡）公司期权盘位的方向发展。所以，经过航油集团内部分析，并参考了有关智囊机构的研究后，中国航油集团决定暂时保有盘位，以便寻找有利时机斩仓或采取其他应对措施。但是，持盘需要有雄厚的保证金作支撑。为此，该计划建议，在接管亏损盘位之前，中国航油集团公司向战略投资人出售集团公司在中国航油（新加坡）公司的 24% 股份，并确保中国航油集团公司始终拥有 51% 以上的控制权股份。那时，航油集团拥有中国航油（新加坡）公司 75% 的股份。这一计划，在激烈的讨论中战胜了其他方案，得到了集团公司的肯定并火速开始实施。

10 月 14 日，集团公司向上级管理部门请求给集团公司拨款以便增补保证金，并请求允许集团公司出售其在中国航油（新加坡）公司的股份，以及帮助集团公司与外汇管理局协调汇款出境。

10 月 15 日，集团公司向上级管理部门递交了一份报告，表明集团公司愿意接管中国航油（新加坡）公司的期权仓位，并且，确认了集团公司接手中国航油（新加坡）公司全部期权组合的提议。

10 月 16 日，集团公司专门召开了一次党政联席会议，我参加了那次会议。会议郑重决定由集团公司接管中国航油（新加坡）公司的期权仓位，以解救中国航油集团控股的中国航油（新加坡）公司。

10 月 18 日，集团公司致函法国兴业银行。集团公司在该信函中表示，中国航油集团公司已经在帮助中国航油（新加坡）公司；而且，一旦中国航油集团相关管理部门的批文到位，就会帮助中国航油（新加坡）公司支付未清偿的款项（指追加保证金）。

10 月 19 日，集团公司又同意向日本三井能源风险管理公司支付人民币 1 亿元作为追加保证金的担保。

这一切行动都让我深信不疑——集团公司正在全力以赴地拯救中国航油（新加坡）公司，我也为此深受感动。

10 月 20 日上午，在得到了主管机构的同意后，集团公司再次在北京召开了一次党政联席会议。这次会议批准集团公司向德意志银行出售股份，并批准集团公司与德意志银行签订《出售方售卖协议》（Vendor's Sale

Agreement），对方以约 1.11 亿美元的对价，购买集团公司持有中国航油（新加坡）公司的 15% 的股份。

其实，航油集团早在 2004 年年初，便有出售股票的计划，其目的是投资其他项目。本来是计划于 2004 年年底实施售股计划，后因中国航油（新加坡）公司出现危机，航油集团才决定提前于 10 月进行。我在 9 日的邮件中还建议在售股之前先签订一份"背靠背"协议。后来，集团公司决定改变我于 10 月 9 日建议的内容，形成了 10 月 20 日新的售股方案，即决定把售卖股票作为解决账面亏损的手段，而不是解决好期权问题之后的补救措施。

10 月 20 日下午，中国航油集团领导签署售股协议，并立即将协议传真到德意志银行。

10 月 21 日，集团公司领导飞到新加坡与德意志银行面签协议。集团公司因此募集到了约 1.11 亿美元，并于其后陆续用于中国航油（新加坡）公司缴付期权保证金。

中国航油（新加坡）公司则于 2004 年 10 月 21 日和 28 日就集团公司与德意志银行签署的《出售方售卖协议》发布了 MASNET 公告。

集团公司在正式接管期权盘位之前出售股票的决定，和我最初的建议有些相悖，但我还是遵从了集团公司的指示。这是因为我真诚地希望集团公司之后能接管中国航油（新加坡）公司的期权仓位，帮助中国航油（新加坡）公司渡过难关，我认为执行集团公司的计划是对公司全体股东最为有利的行为。我的理由在于，如果航油集团最终接走了这些期权组合，那么，中国航油（新加坡）公司将会转危为安，最终也将有利于航油集团。这可谓是双赢与多赢的结果！

10 月 20 日那天，我正在新加坡与交易对家谈判，没有获邀参加集团公司在北京召开的党政联席会议，也就没有在会议文件上签字。所有参会决策者都在一个内部"呈批件"上签署了意见，支持集团公司出售其持有中国航油（新加坡）公司的股票。

当然，我事后得知，在讨论与决策如何处理危机（包括配售股权）时，集团公司领导层也是存在争议的。在航油系统工作期间，我业绩突出，也获得了较高的社会知名度，工作雷厉风行，有时表现强硬，甚至为了公司大局利益而拒绝过一些人的要求，因此，有意或无意地得罪了一些人，集团公司内部有一些人一直对我存在着这样或那样的意见和不满。当中国航油（新加坡）公司出现了重大账面亏损后，有些人便幸灾乐祸地找到了对我发泄不满的机会。比如，有人说，我们为什么要举集团公司之力去救陈九霖呢？救了陈九霖，拖垮了集团公司怎么办？他们把中国航油（新加坡）公司看成了我个人的公司，尽管我在公司中一点股份都没有。这种内斗、内耗的现象其实也是中国国有企业较为普遍存在的问题。那时，我本人也强烈地意识到集团公司的一些人对我的排斥，甚至存在一些对我落井下石之举。

10月19日、10月20日，集团公司先后起草了两封"建议集团公司和德意志银行签署股份销售协议"的邮件，由集团公司有关部门和公司领导审阅并修改后，再用电脑发送到中国航油（新加坡）公司，指派我代为中国航油（新加坡）公司签署。（收件人和IP地址对此做下了记录，因为19日的邮件是从北京发送到我的秘书的邮箱中，秘书在转送给我代为签署时在邮件中写道："这是集团发来请您签署的文件。"在20号的邮件上，发件人注明："顾总已阅，请你签署。"）集团公司之所以需要这两封信由我签署，目的是向上级单位说明，配股不只是集团公司单方面的意见，基层企业也有这方面的要求和建议。这其实是国有企业的办公程序，也是集团公司自我保护的一种做法。

不过，这两份邮件与我在10月9日和10日写给航油集团的两份邮件有着根本的区别。10月9日的邮件我是以公司的名义写的，10月10日的邮件则是以我个人的名义写的。这两封信均建议集团公司先解决公司账面亏损问题，而配股则是在解决账面亏损问题之后进行，如果那样操作的话，配股就不存在违法问题，而只是解决好了亏损问题后所采取的一个补救措施。再进一步解释一下：我和中国航油（新加坡）公司当时的建议是，集团公司先接走出现账面亏损的期权盘位，因为那时判断可能有办法解决好账面亏损，不至于形成实际亏损。出售股票是一个风险管理的后备措施，也就是说，万一出现实际亏损，就用出售股票套现的办法来弥补亏损。换句话说，如果没有形成实际亏损，就可能不卖股票，或者不是因为期权问题而卖股票。

请注意，正是因为出售股票，后来外界才普遍指责母公司明知上市公司巨亏却向公众投资者隐瞒亏损并完成"内幕交易"，指责中国航油（新加坡）公司的治理严重不透明。事后，新加坡当局还因此指控我在公司出现账面亏损的情况下怂恿集团公司出售股票，并因此判我重刑！

遭遇逼仓

在当时的环境下，尽管从 10 月 10 日以来，我就一直被排除在重大管理决策之外，但我还是始终相信，航油集团一定会全力以赴地将其控股子公司中国航油（新加坡）公司拯救到底。

在国际上，母公司拯救子公司、政府救助企业的例子很多。比如：1998 年，美国长期资本管理公司（LTCM）同样因为衍生品交易而濒临破产，最后是美国联邦储备系统亲自出面，召集 15 家金融机构花了 37 亿美元收购其 90% 的股权，成功地把它救活。

我怀着满腔的希望，夜以继日地为解决公司的危机而四处奔走，呕心沥血，不遗余力……

10 月 24 日，中国航油集团党委书记海连城带着一个代表团飞抵新加坡现场办公。25 日，党委书记海连城等与多家投资银行代表会面商谈，听取他们的专业意见。

巴克莱资本公司总裁罗伯特·A. 莫里斯（Robert A. Morrice）在与海连城的会谈中预测：2004 年的市场库存过高，投机基金将在美国大选后退出，所以，市场油价会在 12 月份下跌。莫里斯先生认为，中国航油（新加坡）公司的盘位不会亏损。当被问到如何规避继续持仓的巨大风险时，莫里斯先生建议"买顶"，即支付一定的费用，将油价锁定在一个最高价位以下。在油价上涨时无须追加保证金，由此锁定风险并持盘观望。经测算，中国航油全部盘位的"买顶"费用总计低于 1 亿美元。不过，"买顶"的建议没有被集团公司领导采纳。

就在这时，10 月 26 日，设在英国伦敦的日本三井能源风险管理公司（MERM，以下简称日本三井能源）猝不及防地对我们进行逼仓。这家公司威胁说，如果中国航油（新加坡）公司不对其期权盘位实施斩仓，它就要给中国航油发律师函，并将中国航油的期权盘位公布到市场上。如果该公司真是如此大动干戈，必将对作为上市公司的中国航油（新加坡）公司带来重大负面影响。中国航油（新加坡）公司的全部账面损失就有可能立即转化为实际损失，集团公司的拯救计划可能会泡汤。

早在 2003 年，日本三井能源公司董事长就曾在新加坡找过我，希望与中国航油合作，一起从事中资企业的期权、期货业务。他当时告诉我，很多中资企业对投机性石油衍生品业务兴趣甚浓，但真正懂得衍生品者寥寥无几，所以，存在着很大的赚钱机会。这位董事长是由中国航油（新加坡）公司首席交易员纪瑞德引荐到公司见我的。我当时没有接受日本三井能源的建议，毕竟石油期货不是中国航油的主业。事后，有媒体报道披露，日本三井能源其实是美国高盛集团和日本三井公司的合资企业。日本三井物产综合商社、日本三井住友银行、美国高盛及其在新加坡的全资子公司

J.Aron，无论是在股权还是在业务上都存在着错综复杂的关系。在中国航油事件中，它们一起扮演了极不光彩的角色。它们中有的是贷款人，有的是期权咨询方，有的是逼仓对手。2004 年八九月间，三井住友银行就曾贷款 1480 万美元给中国航油（新加坡）公司，用以支付日本三井能源和 J.Aron 的保证金。而造成中国航油巨额亏损的期权交易，就是美国高盛的下属企业——J.Aron 公司兜售给中国航油（新加坡）公司交易员纪瑞德的。

面对日本三井能源公司突如其来的逼仓，我立即报告给了集团公司代表团。现场办公的集团公司领导通过电话和国内领导商量后，决定对日本三井能源公司的期权盘位实施斩仓，中国航油（新加坡）公司期权仓位第一次由账面亏损部分地转化为实际亏损。而且，这次斩仓撞在了 2004 年度结束之前的历史最高价位的 55.43 美元 / 桶，实际亏损达 1.07 亿美元。凌晨决定斩仓的消息，不到 2 小时，就在整个国际市场传扬开了，高盛等机构不断地打电话过来要求中国航油追加保证金或对中国航油进行逼仓。有人逼仓，有人传扬，有人紧随，无不暴露了国际资本大鳄共同狙击中资企业的丑恶勾当。2004、2005 年连续发生在国航、东航、南航、深南电等中资企业身上的石油期货巨亏事件，乃至 2018 年中国联合石化石油期货巨额亏损和 2020 年中国银行"原油宝"期货巨额亏损事件等，进一步说明了这一点。

随后两周，中国航油（新加坡）公司经航油集团批准期权仓位斩仓的实际亏损累计达 3.81 亿美元。

变拯救为重组

在此之前，在航油集团会议上，曾有人提出了"分步化解危机"的三步走策略：第一，集团公司立即接盘，使中国航油（新加坡）公司在账面上保持盈利，以便在适当的时候配股筹集资金；第二，将国资委和外汇管理局已经批准的3亿美元立即汇出；第三，寻找合作伙伴作为新股东进入。集团公司没有采纳这个策略，而是选择斩仓；外汇管理局于11月2日批准的3亿美元外汇额度，最终也没有使用，航油集团没有汇出分文。

　　国际大鳄的突然逼仓，打乱了原先的计划，集团公司领导的态度开始出现摇摆以致发生改变。集团公司里有些人开始悲观起来，他们觉得与其花费大量资金救助，还不如破产划算。他们的悲观也源于多方面原因：一是对国际市场不甚了解；二是他们没有看到中国航油（新加坡）公司所具有的超出期权亏损数倍的实际价值，以及每年几千万美元的盈利；三是他们事先没有料到，按照新加坡当地的法律，公司不能轻易地破产，必须尽可能地进行重组。

　　面对这样的悲观情绪，我不愿坐以待毙，自始至终都在使出浑身解数，寻求良策。在两个月的时间内，我四处奔波，每天只睡三四个小时。其实，早在10月9日向集团公司递交拯救计划后，我就开始着眼寻找新的合作伙伴。我先后向BP、富地、维多（Vitol）等国际石油公司和中海油等国内石油企业寻求救助。

　　BP公司表示了强烈的出手救助的意愿。BP公司派出了由23人组成的专门小组到中国航油（新加坡）公司核查期权交易情况，在了解了中国航油的期权盘位后，表示愿意帮助中国航油（新加坡）公司渡过难关。BP公司提出了接走全部期权盘位的两个方案：一是按市场价给予20%～30%折扣。按这一办法，中国航油（新加坡）公司的全部亏损额约1.8亿～2亿美元。二是帮助管理盘位，并向中国航油（新加坡）公司收取佣金，期权对家催收的所谓追加保证金全部由BP公司支付或应对。按这一办法，中国航油（新加坡）公司将支付约1亿美元的管理费，管理结果随行就市。随后，BP石油公司借其在纽约召集全球董事会之机，审批了与中国航油

（新加坡）公司的合作协议。假若接受了 BP 的第一方案，考虑到集团公司配股募资到手了 1.11 亿美元，中国航油（新加坡）公司最终实际亏损约 6900 万~ 8900 万美元（合 1.8 亿元人民币）

10 月 25 日，BP 公司的 CEO 约翰·布朗尼（John Browne）到访北京，我为此做了充分的准备，期待与他达成共识。就在谈判几乎告成之际，由于 BP 公司有两项合理要求没有得到航油集团的回应，BP 公司在 11 月中旬放弃了合作。真是遗憾！如果中方答应了这两个要求从而实现合作，那么，中国航油（新加坡）公司的命运将完全不同，我本人和其他有关"涉案"人员也会是完全不同的命运。当然，这是后话。

另一个最有希望的战略合作伙伴候选者，是中国海洋石油集团有限公司（CNOOC，中海油）。2004 年 10 月和 11 月，我几次找过中海油总经理傅成玉先生，把中国航油亏损事件的前因后果都和盘托出，同他谈得十分融洽，他不仅请我吃饭，还送给我三件衬衫，好像是他求我办事一样。傅总给我提了一个方案，即中海油拿出 2.4 亿美元来购买中国航油（新加坡）公司 29.9% 的股份，还要把中海油惠州炼油厂 15% 的股份注入中国航油（新加坡）公司去。这是一个非常好的方案，可以说是超过了我预期的最佳方案。但是，这个方案却被航油集团一位上级领导否决了，其理由是由中石化接手更好。其实，在那段焦头烂额的日子里，我先后求救于中化、中石化和中石油，可它们都顾虑重重，不敢接手。好不容易找到了愿意接手的中海油，却被上级领导给否决了！

与中海油的合作以失败收场后，我又转而去找维多石油集团的老板和富地石油公司的老板。这两位老板联合提出了一个建议：把中国航油（新加坡）公司的股票贱卖给他们，剩下的所有问题由他们全权处理。怎么贱卖呢？当时，公司的股票是 9 毛多新加坡元一股，他们提出要以 5 毛 1 分一股买走部分股票。对此，集团公司不同意，认为他们都是"鳄鱼"，在趁火打劫。最后，我们当然也没有合作成功。现在想来，要是当时卖了股票也是一个不错的结局，因为中国航油（新加坡）公司至少不会破产重组。

后来，航油集团主导重组时，一开始认为其方案可以把费用控制在几千万美元之内，至多不会超过 1 亿美元。但实际上，重组的代价超过了 2 亿美元。BP 公司原先没有达成的心愿也在重组中达成，甚至成为直接股东，受益更多。一句话，最后重组的结果还不如最初维多和富地提出的方案。更为重要的是，如果采用了维多和富地的方案，就可以避免因为重组而带来的"一地鸡毛"。

到了 11 月 26 日，寻找战略合作伙伴的努力全部宣告失败。但是，就在同一天，集团公司党政联席会还是重申了要解救中国航油（新加坡）公司的决心。

但此时，集团公司已经考虑将"分步化解危机"的初衷，转变为要求"一揽子"解决期权问题，并否决了收购新加坡石油公司的既定计划。集团公司还以没有找到战略合作伙伴为借口，放弃了和中国航油（新加坡）公司签订"背靠背"协议的计划。

两天之后的 11 月 28 日，我突然被召回国内。一路上，我的脑子里还在飞速地思考着拯救计划的路线图。然而，回到母公司，等待我的竟然是一个"鸣金收兵"的决定。在党政联席会紧急会议上，多了许多我不认识的新面孔。尤其令我不解的是，竟然有新加坡腾福公司（李光耀次子李显扬的妻子林学芬担任管理合伙人的公司）的众多人员参加会议（事后听说，这家公司是力主改变拯救计划而进行重组的，而且，是重组的主要推手）。会上，相关领导宣布同意我辞去中国航油（新加坡）公司总裁职务的请求，但要求我继续担任公司董事，调回国内担任航油集团副总经理；成立了以顾炎飞为组长的特别工作组，取代之前以我为组长的力主内部拯救的危机处理工作组，派顾炎飞赶往新加坡处理中国航油事件。

重要的是，集团公司正式决定放弃最初的公司援救计划，改为按照新加坡《公司法》第 210 节的规定，对中国航油（新加坡）公司实施重组。

事后了解到，这一计划的改变，是顾炎飞绕过我私下前往新加坡与林学芬商量后的结果，目的在于弃车保帅，保全莱长斌。

直到此时，我才知道航油集团的真实计划。我听到这个决定，就好比一个将军正在前方做突围的最后突击时，却接到皇上的鸣金圣旨，"不打了，这块阵地不要了"，只觉得五味杂陈，委屈、愤怒、孤独、悲哀、无奈，一齐涌上心头。

第二天，即 2004 年 11 月 29 日，在实际上没有任何解释说明的情况下，我被要求赶赴新加坡，向新加坡高等法庭申请批准重组方案并提交宣誓书。而该宣誓书是航油集团在背离我的情况下，经内部少数人沟通后，由新加坡腾福公司的律师事先准备的。我根本不知情，却被要求代表中国航油（新加坡）公司在宣誓书上签字。也直到那时，我才意识到集团公司原先的援救计划是有前提条件的，它必须首先得到战略合作伙伴的支持。于是，集团公司以无法和任何战略伙伴候选人（包括中海油、BP 公司、维多公司和富地石油等）达成有法律效力的协议为借口，放弃了其最初的拯救方案。

11 月 29 日，集团公司将公司剩余 34% 的期权盘位在高价位时全部斩仓，5.5 亿美元的实际亏损最终尘埃落定。中国航油（新加坡）公司按照航油集团的指令向法庭寻求保护，要求重组。

11 月 30 日，中国航油亏损事件被公之于众。

然而，极富戏剧性的是，在此之后，油价正如巴克莱资本公司所预估的那样，自 11 月 30 日起大幅下降。其中，2005 年期权价一度跌到 WTI 原油 42 美元 / 桶，2006 年则跌到 40 美元 / 桶，而中国航油（新加坡）公司期权仓位平均卖出价格为 WTI 原油 2005 年 48 美元 / 桶、2006 年 43 美元 / 桶。至于 2004 年的市场情况，上文已有交代，中国航油（新加坡）公司的卖价为 46 美元 / 桶，而最终的市场价格却是 41 美元 / 桶。数据会说话。按此测算，如果能如集团公司最初承诺的那样坚持到此时，岂止是扭亏为盈，甚至有可能赚到盆满钵满。难怪标准普尔事后评论说："其实，中国航油只需 5000 万美元（保证金）即可解围！"是呀，公司就差了一口气！这让我想起早年有部阿根廷电影《中锋在黎明前死去》。

但是，那时在航油集团的决策下，我们公司整个的期权仓位早已被提前斩仓了，我只能眼睁睁看着自己一手打造起来的"巴比伦塔"轰然倒下！一种"出师未捷身先死，长使英雄泪满襟"的悲怆之情，在我心中持续翻涌……

历时 16 个月的重组结果是，中国航油集团注资 7577 万美元、放弃 1.112 亿美元未付股东贷款、被新加坡当局罚款 800 万新加坡元，总计付出了大约 2 亿美元的成本。同时，中国航油集团还要为未偿付债务提供担保。至于为此而付出的声誉成本，则更是无法衡量的！

重组的最大赢家是 BP 公司，BP 公司作为战略投资者仅仅注入了4400 万美元，就换取了中国航油（新加坡）公司 20% 的股份，还向董事会派驻 2 名董事、向管理层派驻 2 名贸易经理。同时，BP 公司还拥有了以相对最低出价优先获取中国航油公司提供石油供应的权利。董事会和管理层的人员派驻、优先交易权的获得，最终让 BP 公司占据了中国航油（新加坡）公司石油供应的大部分业务。而 2004 年 11 月未能答应 BP 公司而导致其撤离的"两个条件"，在此次重组中全部应允，同时，中国航油还利用其旗下京津管线资源与 BP 公司成立了合资项目。BP 公司以比先前小得多的代价，得到了它原本想要的一切甚至更多！

重组第二大赢家是新加坡淡马锡公司。当时，淡马锡注资 1023 万美元，取得中国航油（新加坡）公司 4.65% 的股权。按照当时的汇率计算，它仅投资了不到 6500 万元人民币，据说在很短的时期内就套利退出，获得约 10 亿元人民币利润。

李显扬妻子林学芬的腾福公司可列为第三大赢家。

公司重组后，由独立董事新加坡人林日波担任董事长，他是出任在海外上市的中国国企董事长的第一位外籍人士。另外，在董事会成员中，独立董事占有 3 席，拥有 20% 股份的 BP 公司占 2 席，而控股方中国航油集团仅占 3 席。另外，在该董事会 8 名成员中，中国人与外国人持平，为 4 比 4。其中的新加坡人，没有出资，也无贡献可言，纯属趁火打劫，乘人之危！重组竟付出如此沉重的代价，相比较之下，当年出现同样危机的国航、南航、东航、深南电，以及此后的中信泰富甚至许多没有引起关注的类似公司（如中化、五矿等），都处理得比中国航油更加圆满。

第七章

重判入狱

青天没有错，都是我的过。

大地没有过，都是我的错。

莫问错与过，一切随风过。

——写于本书初稿成型之时

从 2004 年 12 月 8 日凌晨我在新加坡樟宜机场被无端逮捕，到 2005 年 6 月 8 日凌晨我再次被捕，再到 2006 年 3 月 21 日我被判入狱，新加坡当局耗费了一年多的时间，来调查中国航油亏损事件，我本人也因此被折腾了整整 15 个月，遭遇和承受了各种压力与打击。本以为这个苦难能够换回我的清白，可结果极其令人失望！我被"自愿"、被"放弃"、被重判！

2006 年 3 月 21 日这一天，在中国二十四节气中正好是春分，是万物复苏、草长莺飞的时节。这一天，全球昼夜平分，太阳公平地给予地球每一个角落 12 个小时的白昼。但是，我却没能获得太阳的这一恩赐。上午 10 点，面积不大的新加坡初级法庭第 24 号庭，坐满了各国的记者、我的家人和朋友、中国航油的职员、中国大使馆的官员及各方的律师。中国航油集团派了时任副总经理的李纯坚从北京到庭旁听。对此，我深受感动。

那一天，我穿着粉红色的上衣，打着领带，静静地站在被告席上，我十分认真仔细地聆听着法官所说的每一个字。虽然法庭派了中文翻译，但因为英语早就是我的工作语言，所以我让翻译站在一旁。当我用英语插话时，法官却打断了我，要求律师代我表达。

定调的报告

2005 年 6 月初，在新加坡检方正式对我发出指控的前夕，普华永道公布了中国航油亏损事件的调查报告第二稿。

早在 2004 年 11 月 30 日，普华永道就被新加坡交易所任命为特别审计师，负责调查与中国航油（新加坡）公司投机期权交易亏损有关的公司事务。不过，对于这个报告，有三点让我百思不得其解。

一是调查的费用高达数百万美元，且全由中国航油（新加坡）公司支付。对此，新加坡《商业时报》等媒体曾多次发表文章指出，如此巨额的调查费，本应该由新加坡监管机构金融管理局或交易所支付。由被调查机构向调查机构支付如此巨额的调查费（全额而非部分），调查机构会得出公正的调查结果吗？

二是报告出炉后，中国航油（新加坡）公司的几乎所有人，包括交易员、风险管理委员会成员、公司其他高管们，都可以用两周的时间去审阅，唯独要求我在收到报告后，第二天必须答复。对于一份数百页的报告，要求我在十几个小时内就阅读完毕并做出答复，这简直就是一个玩笑。我询问普华永道这是为什么，普华永道要我去询问新加坡交易所，而交易所又要我去询问中国航油（新加坡）公司。我至今也搞不明白，这种不公平的安排和"踢皮球"的做法，是不是就是不想给我申辩的机会、逼迫我接受不公平的调查结果呢？如果真是这样，那是谁在背后主导呢？

三是普华永道的最终报告有 600 多页，可时至今日，无论媒体和社会大众怎么一再促请有关单位公布调查报告的全文，调查机构和相关单位也只公布了 32 页的执行总结（Executive Summary）。长期以来令我困惑不解的是，花费数百万美元之巨，调查了一年多的时间，目的难道不是要给大众一个完整、全面、透明的调查报告吗？可为什么始终不能全部公开呢？不公开或不愿公开甚至不能公开的背后，有着什么样的玄机呢？

普华永道的调查报告把我定性为主要责任人，同时又认为，中国航油集团、中国航油（新加坡）公司的各级管理层，在知情之下都未能正确、及时地处理此事，是导致巨亏的重要原因。董事会在公司治理方面严重失职，对公司的困境负有责任。报告还批评中国航油（新加坡）公司没有按照行业标准评估期权组合价值，董事会特别是内部审计委员会未能在公司投机衍生品交易的风险管理和控制上完全尽职。

普华永道认为："如果中国航油公司每个层面都能独立地多问几个问题，对现状研究得更深，并对当时的处境理解得更为全面，此类危机将可完全避免。"（《调查报告（执行总结）》第 125 条）

准备无罪抗辩

2005 年 6 月 9 日，在新加坡地方法院第 26 号法庭上，检方指控我涉嫌违反了新加坡的《刑法》《公司法》和《证券期货法》，对我提出了共计 15 项指控。新加坡商业调查局对我的 15 项控告可分为四大类：第一类控告，未公告账面亏损；第二类控告，未公告实际亏损；第三类控告，使用虚假文件；第四类控告，协助航油集团配股。

这 15 项指控洋洋洒洒、涉及事项众多，但其核心内容就是两个，一是与亏损有关的信息披露，二是航油集团出售其控股子公司的股权。

听到这些指控，我非常憋屈，也非常气愤。投机期权生意导致公司巨亏是我的重大错误，但这是工作失误，并不涉及刑事违法呀！而且，也不能把集体的失误都强加在我一个人身上！

令人感到吃惊并百思不得其解的是，中国航油巨额亏损的罪魁祸首纪瑞德和卡尔玛却没有像巴林银行事件的里森一样被指控！

我曾咨询过新加坡和中国的法律专家及律师，他们都认为，这是一桩民事案件，所以，我决定着手准备在法庭上进行无罪抗辩。

检方的指控宣布后，我的第一个律师团，特别是杨姓律师大吃一惊，杨律师自己觉得无力继续担任我的律师，建议我聘任更有能力的律师。

聘请谁呢？我在新加坡国立大学读企业管理硕士时的一位授课教师向我推荐了黄锡义高级律师。黄律师担任过新加坡律师公会的会长，在商业诉讼案方面有着丰富的经验和很高的知名度，而且，他还曾在新加坡担任过法官。当时，他兼任阿拉伯联合酋长国大法官，该国共有两名大法官，黄锡义律师是其中之一。我向很多人咨询意见后，决定聘用他。黄律师指导我与美国律师行 DLA 签订合同，由 DLA 聘请他担任我的上庭律师，因为他当时尚未注册自己的律师事务所。因此，第二个律师团由黄锡义高级律师及其助手、美国律师行 DLA（新加坡分行）的数名律师和另一家新加坡律师行的一位名叫尼古拉斯·纳拉亚南（Nicholas Narayanan）的律师所组成。

我记得，黄锡义律师看过这 15 条指控后对我说："陈先生，我们了解这 15 项指控的背景。从现在起，法律方面的事情就交给我们处理吧！我们会尽最大努力帮助你！"我还清楚地记得，DLA 的负责人王大忠

（Desmond Ong）与我和黄律师一起讨论过这 15 条指控。在对黄律师和律师团其他成员介绍案情时，他说："我们研究过几次检察官的指控，陈先生的这个案子是说得清楚的，他不应该有问题！"

在整个案件中，我先后聘用了两个律师团。之所以称为律师团，是因为我所聘用的不是一个律师。第一个律师团的几位律师出自同一家律师事务所，第二个律师团的律师则由三家律师事务所的律师共同组成。

在我已寻找到实力更加雄厚的第二个律师团之后，我曾与第一个律师团的几名律师吃过一次午饭。在饭桌上，他们对我说："从所指控的情况及其相关事实看，你是不应该坐牢的，顶多就是罚款了事！"他们分析说："新加坡是案例法国家，此前没有因信息披露问题而坐牢的先例，而航油集团出售股票的责任不在于你个人。"第一个律师团的这一判断，与第二个律师团及我所认识的其他新加坡律师和国际律师的判断大致相同，即，尽管指控严重，但不至于有牢狱之灾。这也坚定了我进行无罪申辩的信心。

第二个律师团接手我的案子后，经过反复研究和搜集有力的证据后，于 2005 年 10 月 28 日，以黄律师的名义给新加坡检察总署写了一封长达 39 页的"陈述函"，并附有 100 多页的详实证据。在该"陈述函"中，黄律师明确无误地证实我是无辜的。他在"陈述函"中直接用到两个词来形容我当时的处境：受害者、替罪羊。他要求检察机构撤销对我的全部 15 条指控。检察机构却对此既未提出反驳意见，也未撤销控告。

据此，律师团一直为我准备庭辩，打算为我进行无罪辩护。但是，2006 年 1 月，在律师团与检察官、法官一起召开的审前会议上，检察官却要求我认罪——如果认罪将只判坐牢两年。这是个不好的兆头，但我当时还乐观地认为情况不至于如此。所以，当黄律师为此征求我的意见时，我当即表示："既然您已经书面证明我无罪，为什么我要认罪？而且，要我无辜坐牢两年，那也太残酷了！"

于是，我们与法庭确定在 2006 年 3 月 8 日进行法庭抗辩。控辩双方都为此准备材料，寻找证人。当时，律师还指示我准备抗辩预演，即设想法官或检察官询问各种问题时，我应该如何回答。我为此也信心满满地准备着，我翻遍了 2003—2004 年所有与公司期权业务相关的资料和 15 项指控相关问题的电子邮件、文件等，夜以继日地设想我会遇到什么提问，而我又应该如何回答。

律师突然变卦

2006 年 3 月 5 日，距离预定的庭审日只有 3 天时间了。

早上 10 点钟左右，我和朋友以及十多个律师一起在新加坡珊顿大道的 Allen & Gledhill 律所的一个大会议室里预备庭审资料。

突然，黄律师向我吐露了一个令我大吃一惊的消息。他说，他于前一天和王大忠以及 Nicholas 一起，与检察官们开了一次会。在会上，检察官们要求我放弃打官司，改为认罪。对此，我立即反驳说："那是他们的意见。他们这么要求是因为他们想尽快结束本案。我们只能根据我们的案情做出决定，怎样对我们有利，我们便怎么办。"

然而，黄律师却神情凝重地对我说："陈先生，检察官说，如果你不认罪，在庭审中输掉了任何一项指控，都会要求法官判你 10 年或以上的监禁，你一共面对 15 条指控。"

我对这个说法十分恼火，很不满地回答说："That is a blackmail（这是一种威胁）！"

如上所述，虽然有 15 项指控，但归类一下，实质上只有 4 种，即未公告账面亏损、未公告实际亏损、使用虚假文件和出售股票。而且，在这 15 项指控中，有 9 项属于 2004 年 10 月以后的事（最严重的指控都在这 9

项中）。前面我已经说过，在 2004 年 10 月 10 日之后，有关公司期权交易的所有决定都是直接由集团公司负责的，那时的决定超出了我的直接控制。案情清楚，证据充分，只要秉公执法，法庭就无法判我个人有罪。比如说，在这 15 项指控中，有 1 项内容的最高处罚为罚款 5000 新加坡元。假若是这 1 项输掉了，其他各项都赢了，法官怎么能据此判我 10 年或 10 年以上的监禁呢？因此，检察官说只要我输掉了 15 项指控中的任何一条都会判我坐牢 10 年或以上，这不是威胁又是什么？

但是，黄律师却十分严肃地对我说："如果检察官想这么做的话，他们是办得到的。检察官有权修改指控或提出新的指控，而且，你知道，地方法院的任何一名法官，都有权判你终身监禁！"

这简直太荒唐了！我生气地说："他凭什么判我终身监禁？"

黄律师说："我不是说法官会判你本人终身监禁，我是说在你的案子中，有的指控有输的风险。"

我请他举例说明哪个指控是他最为担心的。他回答道："譬如说，使用虚假文件。"

我便反驳说："黄先生，那项指控的最高处罚是监禁 2 年。即使这一项输了，他们怎么可以据此判我 10 年甚至 10 年以上监禁呢？而且，被指控的那份所谓'虚假文件'，指的是在公布 2004 年第三季度业绩前，中国航油一名员工根据集团公司一位领导的默示代为签字。即使那位领导事后为了自保而否认，但该事项不是发生在新加坡，也不是我本人所为，更为关键的是，无论在公司内部还是公司外部都从未使用过那份文件，甚至都没有提交到董事会审计委员会。那份指控纯粹是滥竽充数，检方拿出这样的东西来指控我，说明他们实在没有其他证据来对付我！"

黄律师说："我再说一遍，检察官有权随时修改指控或提出新的指控。"

黄律师的意思是，在新加坡，只要当局想判谁有罪，它就会想尽种种办法提出指控，实在不行就使用"内安法令"，这是我事先了解到的。后来，我在樟宜监狱时，真的遇到了这么一位囚犯。他告诉我说，他在法庭上几乎打赢了官司，但到法官快要判他无罪时，检察官突然修改了指控，最终判他 3 年监禁，多么可怕啊！我现在仍然记得，当黄律师说出那番话时，我有多么不寒而栗！

在强大的国家机器面前，个人是那样的渺小，那样的无能为力！

我马上问黄律师："如果我被迫认罪，我会受到什么样的判罚呢？"

黄律师立刻心平气和地说："检察官开出的'价码'是 2～6 年。但是，可能最多 2 年半。我们于 1 月曾和检察官、法官在审前会议上讨论过判你 2 年，但你不接受。（这时，我才意识到，1 月时，律师的建议并不仅仅是征求我的意见，而是检察官和法官之间已经达成了一致！）现在，林中山先生已接受了 2 年的刑期，你可能不得不接受 2 年半的刑期了，因为你是他的上级。"

在此前的 2006 年 2 月，前公司财务部主任林中山突然决定认罪。他有一条指控（即合谋欺骗售股中介机构——德意志银行售股）与我的案件重叠，我们原定一起对此进行抗辩，因为该指控与事实不符。然而，由于新加坡律师费用极其昂贵，他没有足够的财力支撑抗辩，他为了打官司变卖了房产，后续财力无以为继，不得不选择了认罪。他的判决成了我的判决的重要标杆。

黄律师还补充说："你想想，同是售股问题，检察官对你、林中山和你的老板的指控不一样，法官对林中山和你的老板的判决也不一样。你明白为什么了吧！"黄律师告诉我，有些因素是法庭之外的。

我听后打了一个寒战。难怪我的两个律师团及其他很多朋友，都不约而同地屡次告诫我要找贵人支持，而且，主要是找中国的贵人。可我常年孤身在海外，哪有什么过硬的社会关系呢？

黄律师和律师团的其他律师进一步向我解释说，就他们的专业知识来看，在售股问题上根本不应该指控我，即使指控也应该与对我上司的指控一致，而不应该对上司指控一条，对我指控两条，且指控内容不一样。

黄律师的这番话戳到了我的痛处。他见我神情有变，急忙劝说道："陈先生，我劝你赶紧认罪吧！再拖下去恐怕来不及了，因为别人的案子都已经结了。现在，就剩你一人扛着。你算是孤军奋战、孤立无援啊！我们再耽误时间，即使认罪，法官也会怀疑你无认罪的诚意。那样，你的刑期将是无法控制的！"

在这种情形下，我还能说什么呢？这个一直认为我无罪、曾经主张为我抗辩、信誓旦旦地向我担保会打赢官司的高级律师，现在却和法官、检察官站在一起，逼迫我认罪！

此时此刻，我真有那种"无语问苍天，苍天落泪；低头看大地，大地无声"的无助感受。

我该怎么办？低头认罪吗？

违心认罪

一直在为我做无罪辩护庭审准备的黄律师，在被叫到检察总署开完会后，却突然建议我由无罪辩护改为认罪。我实在无法接受如此强烈的反差，我对黄律师感到失望透顶。

为此，我去求助我的一个律师朋友，他说可以帮我请英国皇家律师，我顿时觉得看到了黑暗尽头的一丝亮光。然而，他又告诉我，皇家律师要求收费 70 万新加坡元（约 350 万元人民币），我听到这一巨额费用后，简直是瞠目结舌。须知，我只是一个国企的打工仔，公司曾经公告的我应得的高额年薪，我把其中绝大部分都捐给了母公司。即使是我那微薄的薪资，在中国航油事件后，也全部被新加坡当局冻结了，以至于在一段时间内，我的个人生活费用都出现过困难。而且，我的这位律师朋友还告诉我，请皇家律师是需要新加坡法庭批准的，法庭是否批准以及需要多长时间批准，都是个未知数。这两个问题使我打消了聘请英国皇家律师的想法。

在这种情况下，我只好继续依靠以黄律师为主的律师团，也不得不接受他们的专业建议。

就在我苦思冥想是不是放弃无罪申辩的时候，发生了一件令我寒心的事情，甚至令我不得不低头，几乎成为压垮我的最后一根稻草。

航油集团的一个女同事约我谈了一次话。她跟我说："陈总，还是认罪吧！"我问她："你是劝我去坐牢？"她意识到了那句话使我反感，便改口说："我不是劝你去坐 4 年牢。但是……"我朝她看了一眼，想从她的眼神里看出一些端倪，她这句话究竟是谁的想法，她怎么会说出"坐 4 年牢"的具体刑期？！她见我一言不发地看着她，便接着说："陈总，你的夫人还在集团上班，你的儿子也在北京上学，他们都需要组织的关怀与照顾。"

这是交换条件吗？这太令人震惊了！"即使你不认罪，在新加坡打赢了官司，回国后难道就没事了吗？如果在新加坡了结了，回国之后也就了结了！"听到这里我不禁一阵寒噤，真有那种"北风厉兮肃泠泠""孤雁归兮声嘤嘤"的凄凉。

我曾得到一个承诺：我认罪后，即使被判坐牢——无论多长的刑期，我都会在判刑之日后的 3 个月内被"移管"到中国，回国之后，即可灵活处理。这种说法不仅来自上级领导，也来自我的律师，还来自我的同事，甚至是曾采访过我的一家上市媒体的记者。此外，在新加坡企业界一个很有影响力的朋友也对我说："九霖，我劝你早点了断这桩官司，反正就是坐 4 年牢，早坐早出，出来之后再干一番事业。"他们怎么都说我要坐 4 年牢？

就在我还在犹豫彷徨之时，原本答应出庭作证的很多证人都反悔了。有的人说"我出差了"，有的人说"我陪家人旅行去了，不在新加坡"，有的人干脆说"抱歉，陈先生，我实在不方便"。各方面证人的突然回避或退缩，成了真正压垮我的心理防线的最后一根稻草。我知道他们的难处，也明白背后的玄机。

面对十分不利的环境，我当时只有三条路可以走：要么学西楚霸王，乌江自刎，自绝后路；要么做陈胜吴广，以卵击石，揭竿而起，不顾后果；要么效韩信，忍胯下之辱，以图长远。

任何一个神智健全的人都会进行比较：选择打官司，按检察官的说法，输掉 15 项指控中的任何 1 项都可能被判坐牢 10 年或 10 年以上；被迫认罪，按律师的说法，最多只会被判 2 年半。选择打官司，即使赢了，回到国内还不知道会怎么样；输了，则可能无人帮助"移管"回国。我能做什么样的选择呢？我只能学韩信，忍胯下之辱，也学刘邦，屈就汉中。一代英豪都尚且如此，何况我一介平民百姓呢？

3 月 6 日，黄律师再次问我："陈先生，你决定认罪了吗？再晚，我怕就来不及了。拖下去的结果，我担心认了罪却减不了刑。"

我沉默许久，答道："黄先生，你能给我准备一份法律意见，说明我为什么要认罪吗？"

黄律师说："好的！但是，你一定要快做决定啊！准备庭辩的材料和认罪的材料是完全不同的。而且，如果决定认罪的话，还得通知法庭延后审理时间，还要给检察官写认罪函等。"

我就问他："庭辩材料和认罪材料的差别在哪里？您原来写给检察署的材料证明我无辜，现在又要说我有罪，前后何以自圆其说呢？"

他跟我解释说，庭辩材料会证明我无罪，而认罪材料将承认有罪并向法官求情轻判。从无罪到认罪这么大的跨度，他用"隧道视野综合征"（Tunnel Vision Syndrome）就把两者连接起来了。这个词的意思是说，我本没有犯罪意图，却因为只顾及解决公司危机而忽略了法律上的责任，以此来解释我主观上没有犯罪动机，只是在客观上无意触犯了新加坡法律。这样，我就有可能取得法官的谅解，而得到从轻判处。

在劝我认罪并准备认罪材料期间，我的律师对我说起两个细节：一是腾福律师事务所管理合伙人、李显扬妻子林学芬曾给他打电话，希望他在法庭上不要提到该事务所和她本人的名字；二是检察官要求他在法庭上不要涉及独立董事、控股股东和交易员等人，只要替我个人认罪就行。腾福律师事务所曾经负责审核集团公司售卖股票的《出售方售卖协议》，后又担任集团公司的法律顾问以及中国航油重组的法律顾问。腾福和林学芬本人清楚，他们与航油集团和中国航油（新加坡）公司之间，存在着利益冲突。可新加坡当局对此却睁一只眼闭一只眼。

对于这些要求，黄律师力劝我尽量满足，而且，黄律师说，即使我在法庭上提及，对我也毫无帮助。我当时对此表示反感。我对黄律师说："案件本身的确涉及董事、股东，尤其是交易员。我特别不明白，为什么检察官不让在法庭上提及交易员呢？难道期权交易也是我亲自操盘的？那明显就不是事实啊！如果确实绕不开这些人呢？难道我不应该实事求是吗？"

无独有偶，几乎就在同一时间，国内方面也对我提出了同样的要求，即自己认罪，不要涉及他人和机构。言外之意，要我自己扛下一切。

不久，黄律师的书面咨询意见通过电邮发给了我。他所写的那些内容，与他本人于 2005 年 10 月 28 日写给检察官的书面陈述函，简直大相径庭。在那封陈述函里，他列举了详实的证据和案例证明我是完全无辜的；而在这个电邮中，他却向我表明，如果我不认罪将会面对怎样的刑期。

我深深觉得，四面都是楚歌，八面都是埋伏。

在万般无奈之下，我只好暂时屈服于各方压力。于是，检察官明确地告诉我的律师说，如果我认罪，则不再追究 15 条指控，只保留 5 条，其余 10 条作为 TIC（Take Into Consideration），即判刑时参考。可是，就在我被迫认罪之后，检察官却突然要求我再接受一条指控，由5条变成6条。这新增加的一条便是有关2004年第二季度业绩公布的问题。对那一条指控，我的律师和我本人都有100%的把握能够打赢官司，因为无论哪个季度的业绩公布，都是经董事会审计委员会和外部审计师开会审核，并由全体董事签署后对外公布的。我本人不是审计委员会成员，也没有参加审计委员会会议，而且，第二季度业绩公布，压根儿就没有问题。

当律师告知我说，检察官要求加上第二季度业绩公布问题的指控时，我顿时暴跳如雷。我说，这实在是欺人太甚！但我的律师不停地劝我说："陈先生，我担保这一条指控只会判你罚款。如果法官因这一条判你坐牢，我立即为你上诉。我劝你接受检察官的意见，以免他认为你认罪没有诚意，反而以别的你已经认罪的指控判你更重。"

检察机关临时要求加上这一条，其实是深思熟虑后的精心安排，即，要给社会留下一种印象——陈九霖"故意操纵了市场"，而且，是"恶意扰乱新加坡的金融市场秩序"。在英美法系刑法理论中，有一条重要原则——没有犯罪企图的行为，不能构成犯罪。显然，生意失败不构成违法，而故意操纵市场和恶意扰乱金融市场秩序则是显而易见的违法行为。为了坐实这一罪状，他们必须给我加上这一条，尤其这是发生在10月份之前的事项。如果没有这一条，仅以第三季度业绩公告问题指控我操纵市场，会显得很单薄，因为第三季度业绩公布问题发生在航油集团拯救中国航油期间，且2004年10月10日之后我事实上已经被革职。如果没有集团拯救公司行动之前的指控，则很难服众。

我明白律师的言外之意。是啊！除了忍辱含垢之外，我又有什么选择呢？于是，我只好把这条指控也认了。

法庭申辩无果

2006 年 3 月 15 日，我在新加坡初级法院正式出庭受审，庭审持续了 3 天。

在开庭之前，林中山已于 2 月份被判 2 年监禁。

3 月 2 日，新加坡地方法庭对中国航油（新加坡）公司董事长荚长斌、非执行董事顾炎飞和李永吉，分别作出判处罚款 40 万、15 万、15 万新加坡元的判决。

他们聘请的高级律师在法庭上说，售股的第一被告是中国航油集团，它的雇员作为其仆人只能是第二被告。既然中国航油集团已经接受民事罚款，执行集团决策的雇员只能被判罚款，而且，应该被判更轻的罚款。

至此，在中国航油事件中，被起诉的 5 人只有我仍未结案，其他 4 人均已经向法庭认罪，并获得了较轻的处罚。

我由于各方压力，被迫根据检察官的指令，对指控 2、指控 5、指控 10、指控 12、指控 14 和指控 15 认罪。因此，所谓的庭审，只是一个流程而已。尽管如此，我的代表律师黄锡义仍然在法庭上替我辩护，他在法庭上所做的事实陈述和求情，与其说是认罪，倒不如说是一个变相的法庭辩护。看过或听过这个事实陈述后，过错在谁，明眼人一看便知。

然而，开庭的第一天，就有两件事情让我特别失望。一是法官黄建安（Wong Keen Onn）一开庭便说："咱们抓紧审理，争取今天或下一次就判决。"我的天啊！面对汗牛充栋的材料及我们要做的辩护，怎么可能这么快就判决呢？二是检方在"事实陈述"（Statement of Facts）中竟然把董事会开会的时间等重要信息张冠李戴，而那些信息涉及让我"认罪"的有关指控。做了一年多的调查，连几个关键事实都没有搞清楚就对我进行指控，岂不是草菅人命？

　　我当庭对那些不正确的事实予以澄清，希望予以纠正。本以为是正常且正确的做法，没想到激怒了检察官，法官为此宣布休庭。休庭返回之后，检察官摆出一副极其傲慢和吊儿郎当的样子说："OK，OK，我们错了！"

　　我认为，处理案件要做到公正，必须重视三个方面：一是必须充分尊重事实，切忌先入为主；二是必须在整体上把握当事人的动机和事件发生时的环境，以便从宏观上把握事件的脉络；三是必须掌握和获取重要事件、事实和依据。

　　我还认为，在判断一个案子时，证词固然重要，但是，在证词与证物之间，应该将证物放在优先位置，当两者出现冲突时，应以证物为准。这是因为，在接受调查、录取口供时，人的天性总是趋利避害、选择自保的，所以，证词往往带有水分。我在狱中所见到的囚犯中，99% 以上的人都告诉我，他们的证词和口供有水分。在原始证据和被调查人的口供之间，原始证据更为重要，因为原始证据很难更改。而事件发生后，被调查人往往会编造理由对所发生的事情自圆其说，因此，有可能歪曲事实。

　　令人遗憾的是，新加坡调查与监察机构偏偏在以上重要事项上，表现得极不专业。比如，他们歪曲当事人的动机，不注重案发时的客观环境，忽视重大事实和关键案情，重证词与口供，轻证物与原始文件。而且，他们接受某些被调查人的事后解释，却忽视最重要的原始证据。

　　在法庭上，主控官、副检察长许宝龙（Daniel Koh）一上庭就拿出一个本不属于我分管的专业问题质问我："你作为在新加坡交易所主板上市的公司的董事，被指控在 2004 年 8 月 9 日，在履行董事职责时确实没有诚实行事和运用合理方式，因你在董事会会议上没有向公司董事会披露公司因场外期权交易蒙受的 123826331.42 美元账面亏损的有关信息，而你知道该信息事关公司的偿付能力，因而，对董事会而言是重大信息，你因而违反了《公司法》（第 50 章）第 157（1）条，可依据第 157（3）（b）条予以处罚。"

我的代表律师黄锡义对此提出了他此前告诉我的"隧道视野综合征"。他说："陈先生这样做是为了尽可能地保护中国航油（新加坡）公司的利益，而且，公司没有任何专业人员反对他的这种做法。"但事实上，董事会 9 名成员中有 3 名财务专家，分别是新加坡航空公司原财务总监、航油集团财务总监和新加坡一家审计公司管理合伙人，由他们三人组成董事会审计委员会，公司财务报告首先经过他们讨论并签署意见后才呈报到董事会。为什么这样专业的事项也要由我来担责呢？

如果说，对这种无端的指控我还可以忍气吞声的话，那么，我最难忍受的便是，新加坡司法机构指责我"恶意扰乱新加坡金融秩序"。试想，我的动机在哪里？这对我有什么好处呢？新加坡金融秩序与一个纯粹的商业亏损事件有什么联系呢？

新加坡大法官杨邦孝先生曾强调，法官判案必须十分重视当事人的动机和意图，以及他在案发时所处的客观环境（Surrounding Circumstance）。这是相当正确的。然而，虽有此言，新加坡司法当局，从调查机构到检察机关甚至是法官，都对当事人的动机与意图及其所处的客观环境漠然以对。我在接受调查的全过程中，从来没有被问到"为什么要如此做"以及"当时的客观环境如何"这类的问题。

关于三次挪盘的控辩

无论是第几次挪盘，都是为了想办法削减亏损并最终在油价如期下跌时实现盈利。

关于挪盘意图，检察官在法庭上的书面陈述与口头问话竟自相矛盾，让人哭笑不得。在呈报给法官的"事实陈述"中，检控方毫不含糊地证实，实施挪盘的意图在于挪后盘位并提高售价，以便避免或减少损失。这是具有法律效力的书面文件，该"事实陈述"由资深的副公共检察长许宝龙（Daniel Koh）在法庭上当众宣读。可是，在第二次庭审时，同一名检察长却当众告诉法官，挪盘是"为了隐瞒亏损"。检察机构这种自相矛盾的举止让我百思不得其解，为何要不顾事实呢？

黄律师在向法官黄建安（Wong Keen Onn）陈情时说："当时，中国航油（新加坡）公司正处于困境中。作为公司管理层的一员，陈先生对本身就非常复杂的期权交易不具备任何专业知识。正如我们在前面提到过的那样，尽管陈先生一再向风险管理委员会和交易员纪瑞德先生和卡尔玛先生表明自己的意见是立即斩仓，但专业人员都劝他不要那样做。"黄律师在法庭上继续说道："公司没有明确的规定，市场上也没有可参考的惯例要求陈先生必须向董事会汇报账面亏损或账面盈利。期权问题基本上属于一个交易技术问题，审计委员会（以及董事会全体成员）应该已经知道公司的期权交易状况。"

主控官许宝龙对黄律师的上述陈情并未进行驳斥，说明他已基本上认同或默认了黄律师的观点。

关于隐瞒信息的控辩

主控官许宝龙却继续对我进行控告："公司 2004 年 11 月 12 日在 SGXNET 发布的，截至 2004 年 9 月 30 日期间的第三季度财务报告，在重大细节上存在错误而可能影响特定证券（即公司股票）的市场价格的维持，公司在该报告中漏报公司因场外期权交易发生的金额，按照公司风险管理员计算，截至 2004 年 11 月 12 日时，分别为 112659704.39 美元的账面亏损和 234321050 美元的已实现亏损。公司在发布该公告时，理应知道该报告在重大细节上存在错误，因而构成违法。你被指控于 2004 年 11 月 12 日或前后，在新加坡，作为在新交所主板上市的公司的总裁兼执行董事同意（发布），构成上述犯罪，你因而违反了与《证券期货法》第 199

（c）（ii）条一同理解的第 331（1）条，可根据《证券期货法》第 204（1）
条予以处罚。"

对此，黄律师在替我辩护时说道："集团公司的管理规定要求其海外
子公司将所有重要事务上呈集团公司党政联席会进行决议。在决议过程中，
少数服从多数；而且，一旦产生集体决定，任何员工（包括党政联席会的
成员）都必须服从决定。是否向公众披露账面亏损的事情必须由集团公司
党政联席会决定，因此，陈先生无权自己决定是否在第三季度 SGXNET
公告上披露账面亏损。"

关于出售股份的控辩

在航油集团出售股票筹资拯救中国航油（新加坡）公司问题上，检方
对我的另一个定性是，我个人"怂恿""导致"（procure）了售股。检察
官在相关文件和法庭上甚至说，我是集团公司售卖股票的主要推手（prime
mover），以此指控我触犯"内幕交易（或局内人交易）罪"。

黄律师为我辩护说："集团公司是中国航油（新加坡）公司内幕交易
指控的第一罪犯，陈先生排在第二位。因此，陈先生此项罪行的罪责应该
轻于集团公司。陈先生仅是集团公司的副总之一，在由 6 人组成的集团公
司领导层中仅排名第五。2004 年 10 月 10 日，集团公司宣布，有关中国
航油（新加坡）公司的所有管理决定，必须经集团公司党政联席会授权。
陈先生并没有参加 2004 年 10 月 20 日在北京召开的会议，是此次会议通
过了最终的售股协议，而且，陈先生也没有在必需的授权售股内部决议文
件上签字。陈先生于 10 月 19 日和 20 日写给集团公司的信函，实际上是
由集团公司起草并修改后发给他签字的，因此，陈先生显然没有'促使'
集团公司开展通常意义上的内幕交易。他提供的是建议。"

黄律师在法庭上进一步辩护说："显然，陈先生在该交易中充其量是

158

一个辅助角色，并不是主要人物。陈先生在交易方面的责任是最小的。真正的犯人是集团公司，因为是集团公司决定先进行售股交易再接管期权仓位，这和陈先生的建议完全相反。如果按照陈先生此前的建议操作就可以避免内幕交易罪。此外，值得注意的是，迄今为止，尚未发现任何纯粹的内幕交易指控在判决时使用过监禁量刑，甚至对为牟取私利而犯内幕交易罪的犯人也没有判处过监禁。在本案中，陈先生没有因为内幕交易而获取任何私利，因此，对指控 15 不应该考虑判处监禁。"

最后，是黄锡义律师向法官进行总结陈情，他说道："陈先生在过去 10 年中，为增强中国和新加坡两国之间的经济与社会联系投入了大量精力。正是由于陈先生的努力，中国航油（新加坡）公司才由一个亏损休眠的中国国企子公司发展成为一家在新交所上市的国际石油公司，这期间经历了非常恶劣的经济环境，包括亚洲金融危机的压力。在公司发展成为受人尊敬的红筹公司过程中，陈先生从未终止过利用公司平台促进中、新两国关系的努力。更重要的是，陈先生从未从公司的期权交易活动中牟取私利。他的出发点永远是尽可能地提升股东价值，为公司的公众股东造福。公司的危机毁了陈先生的职业生涯，他的职业生涯受到的损害超过一切监禁或罚款判罚的损害。陈先生是初犯，不管是在中国还是在新加坡，此前陈先生都没有任何犯罪记录。作为初犯，陈先生按照'叩响监狱大门铃声'原则也应得到一定减罪。这一原则就是，对于从无犯罪记录的人而言，被定罪和发现自己身陷囹圄的事实已是很重的惩罚。因此，在一些特定情况下，如果一定要对他实施监禁的话，短期监禁应已足够。"

尽管我努力陈述客观事实，尽管黄律师为我进行了有利的辩护，但这一切似乎都没有起到任何作用。

2006 年 3 月 21 日上午 11 时 45 分，法官黄建安最终宣布："与其他的人相比，很明显，被告陈九霖发挥了主要的和更大的作用。被告陈九霖总共被判 4 年零 3 个月的监禁和 33.5 万新加坡元的罚款。"

听到这样的判决，旁听席上出现了一些骚动，有人开始窃窃私语。我则大为惊愕，尽管我在法庭上表现平静，但我内心如同火山岩浆般翻腾。我就这样被定罪了！因为我是被迫自己认罪，几天前就知道会是被判入狱的结局，但没想到刑期竟是这么重，完全异于此前控辩双方达成的一致意见（约两年半左右的刑期）。

宣判后，我的律师向法官提出申请延后 3 周服刑，主控官、副公共检察长许宝龙表示支持，法官黄建安当庭表示同意。入狱时间延迟到 4 月 11 日开始执行，不过保释金要从原来的 200 万新加坡元增加到 280 万新加坡元，而且，要在下午 5 点前交齐。

原定在下午 4：00 开始的二次庭审，直到 5：20 才开始。而所谓二次庭审只是宣判执行决定，只用了 10 分钟。主控官、副公共检察长许宝龙认为我在新加坡没有任何家属，也没有任何资产，因此，有逃跑的风险（而就在当天上午，主控官许宝龙还说我没有逃离的风险，因为我此前两次回到中国又两次如期返回新加坡）。而法官黄建安则以我方律师提出的保释理由不充分和新加坡没有这种先例为由（此前公司财务部负责人林中山曾被允许延后 3 周执行），拒绝了我的律师提出的延期服刑的要求，推翻了他自己上午的决定，将我立即收监。

我当庭取下手表等随身零用物品交给妻子后，借来一支笔和一张纸，在新加坡初等法庭给中国国务院国资委写了一封信。我戴着手铐颤颤巍巍地写，心里有万语千言，下笔却十分艰难。我希望能够回国服刑，外交上也有这种惯例。其实，那也是上级早前对我的承诺，即"移管"回国。我把写好的信交给我的太太，请她代为转交。随后，我举起戴铐的双手向亲友们挥别。面对一群流泪悲伤的亲朋好友，尤其是我的太太，我安慰他们说："4 年后再见！"

我虽然没有明说，但实际含义是，虽然这次失败了，但 4 年后（实际上是 1035 天后）我仍是一条好汉！

知我者，谓我心忧；不知我者，谓我何求。悠悠苍天，此何人哉！曰：知我罪我，其惟春秋。

随后，两名狱警将我带离法庭，通过铁围栏后面的那道门，送往新加坡监狱服刑。

被迫放弃上诉

宣判之后，我被发往女皇镇候审监狱。所谓候审监狱，就是：如果我上诉，案件需要继续审理，我就需要等在那里等候进一步的审判。

我被判入狱后，律师团队中的纳拉亚南律师到女皇镇候审监狱看过我几次，商讨上诉的事宜。他第一次来看我时，我向他提起了黄律师在 3 月 21 日休庭等候判决时对我说的话，即如被判 3 年以上，他会立即为我上诉。当时，纳拉亚南律师表示，律师们商讨后的意见也是上诉。他给了我两个理由：一是先提出上诉，看看法官怎么解释他的判决，如果没有上诉成功的把握，可以在规定的上诉期内不上诉，那么，上诉便自动失效；二是当时频频给上诉人加刑的大法官——杨邦孝即将退休，他在退休之前，也可能会发善心，给我减刑。

我当然要求上诉，便指示律师办理上诉程序。可是，几天以后，纳拉亚南律师再次来看我时，告知我说还没上诉，原因是律师们开过会之后，觉得应该告知我上诉可能面对的后果之后再考虑是否上诉。

纳拉亚南律师向我解释说，如果上诉成功，可能会减刑 1 年；如果上诉失败，刑期可能会被增加到 7 年。减刑 1 年的理由是，公司前财务部主任林中山已经在我之前被判了 2 年，作为他的上司，我可以比他的刑期略长一点，但不应该长 1 倍那么多。所以，上诉成功后最多只会减刑 1 年。

我当时认为，这个标准可能是检察官、法官和我的律师三方妥协的结果。

我因此反驳道："你们口口声声说，我是林中山的上级，因而我要比他坐更久的牢、承担更大的责任。这背后的逻辑就是，下级应该比上级承担更小的责任。按这一逻辑，在我的上级因售卖股票而只被判罚款时，我这个下级却为什么要被判坐牢呢？"

纳拉亚南耸耸肩，表现出无可奈何的样子对我说："陈先生，该举的事实与该讲的道理，黄先生在法庭上都讲到了。当局不接受，我们又有什么办法呢？"

见他这个样子，我知道多说无益，便转而又问他，如果上诉失败，法庭凭什么加刑到 7 年？纳拉亚南的解释是，当时的那位大法官给许多上诉的人加了刑，而且，许多人都被加刑 1 倍甚至数倍。因为在对我的 15 项指控中有一项是所谓的"欺骗德意志银行"，而根据法律，欺骗案的最高刑期是 7 年，我又是初犯，所以，最多能加到 7 年。

我们这一次讨论的结果，是将上诉的事全权交给黄律师评估并决定。之后，我的太太与朋友来看望我，向我转达说，有关方面重申，自判刑之日起 3 个月之内，会将我"移管"到中国。同时，他们告诉我，如果上诉，该 3 个月则自上诉程序结束之日起算。后来，中国驻新加坡大使馆的向领事到女皇镇监狱看望我时特别强调："上诉比较危险！"此外，监狱的管理人员也来找过我，对我说，一旦放弃上诉，就会很快被调到樟宜监狱，那里的条件会比女皇镇候审监狱好很多。狱方几乎每天都来催我放弃上诉。纳拉亚南第三次来看我时，明确地劝我不要上诉，我心中多少有些失落，便问他："难道我就这样无奈又无辜地坐那么久的牢吗？"

他好像没有听懂我话里的意思。我就直白地跟他说："黄律师在正式判刑前，亲口对我说，只要法官判我坐牢 3 年以上，他就会立即帮我上诉，而现在你们又都建议我不要上诉，说风险太大。难道就没有一个妥当的解决办法吗？我的意思是说，难道你们就没有办法为我伸张正义吗？"

纳拉亚南律师回答我说："可以给新加坡国家领导人写信。他们不可以凭你写的信给你加刑，但如果国家领导人认为判决对你不公，可能会促使司法当局改正。"

我听后感觉看到了一线曙光，赶忙问他："谁来写信呢？"

他当即回答："我们替你写。"

我紧接着问他："你们什么时候替我写？"

他说："你放弃上诉后，狱方会立即将你转送到樟宜监狱。等你去了那里，我立刻就会过去看你，我会在那里与你商量怎么写。"

于是，在各方压力之下，在充分考虑到各种风险之后，尤其是考虑到家人希望我尽快回国（无论是"移管"回国还是早日释放回国），我最终放弃了上诉，并在一周之后被移送至樟宜监狱。

当然，我也明白，毕竟发生了巨亏 5.5 亿美元这么大的事情，而且，10 年前的巴林银行里森事件，对新加坡影响犹在，新加坡当局总要给全世界一个交代，总得有人承担责任。因此，新加坡当局选择了我。不，用颜牧师的话说，是上帝选择了我！那我就承担吧，我不下地狱，谁下地狱？

第八章

罪罚之辩

世间万事说不清，

切莫抱怨不公平。

塞翁失马并非祸，

人生失意别沉沦。

——写于2006年3月21日被判刑之时

　　四年多的牢狱之灾，我将失去人生最宝贵的东西——自由！

　　此刻，我身心俱焚，悲愤不已。一次次设想，一次次希望，一次次努力，一次次辩护，都化为泡影，付诸东流。当初，我自愿返回新加坡，现在却落得个最坏的结局！在一些媒体的报道中，我成了"里森第二"。

　　那时，提起中国航油5.5亿美元的巨亏，许多人都会自然地联想到巴林银行尼克·里森事件。

　　28岁的尼克·里森是巴林银行驻新加坡期货公司经理、首席交易员。1994年时，他豪赌日本经济恢复会带动股价上扬，于是在未经授权的情况下，擅自以银行的名义认购总价为70亿美元的日经225股票指数期货，并以卖空的做法在日本期货市场买进价值200亿美元的短期利率债。

　　但是，"泡沫经济"阴影下的日本经济并没有明显好转，而是持续下滑；1995年1月17日突发的阪神大地震更使日本股价暴跌，里森所持多头头寸遭受重创，一下子就亏损2.2亿英镑。但是，贪婪的里森没有收手，试图反败为胜，大量补仓，头寸总量达10余万手。

　　市场是无情的，日经225股票指数持续下跌。里森眼看阴谋败露又无力回天，于1995年2月23日踏上逃亡之路；4天后，在德国法兰克福机场被捕。后来，他被引渡回新加坡受审；根据新加坡《证券交易法》，"不可战胜的里森"被判处 6 年半监禁。

里森投机衍生性金融期货最终导致 14 亿美元的巨亏，使具有两百多年历史的巴林银行轰然倒下。这个无耻之徒竟出版了畅销书《我是如何搞垮巴林银行的》，甚至该事件还被改编为电影《魔鬼交易员》。

尽管都是投机期货巨亏，但是中国航油事件与巴林银行事件的性质是完全不同的。

鉴于新加坡是案例法国家，我的律师团在与新加坡当局交涉过程中，对两个案例进行过对比，陈述了两个事件中完全不同内容与性质的事实。因此，有关当局无法就公司亏损对我进行指控。然而，在法庭上，副公共检察长却要求法官在量刑时要考量到公司巨额亏损的因素。事实上，法官在量刑时的确采纳了检察官的这一要求。

最终，就出现了令人惊诧的结果，新加坡当局对两个案件的主要惩罚对象的判决竟大相径庭：巴林银行事件的"纵火者"交易员里森受到最严厉的惩处，巴林银行的管理层并没有受到指控；而中国航油事件中的肇事者交易员纪瑞德等人竟然全身而退（只对首席交易员纪瑞德给予 4 万新加坡元的象征性罚款，他甚至还可以在公司继续工作），而我这个"消防员"却身陷囹圄！在一个实行案例法的国家，这种安排和判决实在让人费解！

也许有人会说，你不是自愿认罪、自愿放弃上诉的吗？你还有什么可抱怨的呢？不！从形式上看，我是自愿的，没有人用暴力强迫我。但是，如前所述，认罪和放弃上诉都是违心的，是被迫的，是不得不低头的结果！

那么，在整个中国航油事件的发生、发展、发落的过程中，我——中国航油（新加坡）公司 CEO 陈九霖，究竟应该承担什么责任呢？

痛心疾首

也许有人会说，按照你的申辩，你岂不是把巨亏事件中的责任推得一干二净了吗？

不！对于中国航油发生的巨额亏损，我始终是撕心裂肺般的疼痛，怀有强烈的负罪感。

巨亏结果公布后，引爆了中外媒体。一时间，各种报道和评论铺天盖地地袭来。尤其是国内媒体，类似《谁搞垮了中国航油？》《成败陈九霖》等文章，几乎不约而同地把矛头指向了我。

坦率地说，我当时很委屈，同时也很愤懑。明明是集体决策，怎么就把责任归于我一个人身上？明明是交易员纪瑞德、卡尔玛等人先斩后奏、越权交易、恶意误导，导致公司一步步走向深渊，怎么把我当成罪魁祸首了呢？

事件爆发后，我一直在思索、在自责、在反省：这一切究竟是怎样发生的？我在其中扮演了什么样的角色？

随着时间的推移，随着事件的沉淀，我那翻江倒海般的心情也逐渐平息，我那憋屈、愤懑的情绪也逐渐消散了。

对于 5.5 亿美元的巨亏，我负有不可推卸的责任，也愿意在这方面主动承担主要管理责任。

如前所述，我的领导在一次聊天中不经意地说，如果当初不上市，就没有后来这些事情了。当然，这只能当是笑谈。

但是，上市是众多现代企业（包括国有企业）做大、做优、做强的重要途径。如果只是资本原始积累般自我发展，满足于小富即安，不求有功、但求无过，那不应该是一个企业家（包括国企管理者）的人生哲学。

又有人说，要是公司不搞期货，不就平安无事了吗？

这种说法也难以苟同。的确，进行投机性期权交易是亏损的直接原因，但我不需为此负责。

期货具有发现价格、管理风险的功能，期货等金融衍生品已经发展到令人咂舌的巨大规模。这是现代企业应该利用的一种经营手段，一种配置资源的途径。期权贸易是一项风险性很大的特殊商品贸易。中国航油（新加坡）公司的期权交易，从开设交易账户、签署承诺履行交易规则的主协议（Master Agreement），到指定具体交易员等，都是在获得董事会批准的情况下才开始的。

有人说，中国航油从事期权贸易业务，是处于国家政策监管与当地法律许可之间的灰色地带。

的确，1994 年时，中国证监会等国家有关部委曾下令禁止国有企业从事境外期货交易；进入 2001 年后政策相对放开，中国证监会、国家经贸委等部门曾下文许可海外的中资机构从事套期保值的期货业务，但禁止进行期权等投机活动。根据《国有企业境外期货套期保值业务管理办法》，中国证监会先后批准了中石化、中石油、中化集团、中国航油等 7 家石油进口量较大的公司，可在境外期货市场从事套期保值业务，并规定其期货持仓量不得超出企业正常的交易能力，不得超过进出口配额、许可证规定的数量，期货持仓时间应与现货保值所需的计价期相匹配。

　　但是，中国航油（新加坡）公司是在新加坡交易所上市的公司，其招股书中就有期货业务的内容，是得到了中国航油集团和上级机关批准的，是在当地法律许可的范围内开展业务的。

　　事后回想起来，中国航油（新加坡）公司投机期权亏损事件其实并不复杂。其大概脉络是：基于 2001 年和 2002 年成功地为中国国际航空公司等操作过投机性期权的经验，交易员纪瑞德（及随后加入公司的卡尔玛）于 2002 年年底建议并于 2003 年 3 月发起操作投机期权；基于交易员的专业背景及其成功经验，董事会同意开展投机性期权业务；当期权贸易出现账面亏损后，根据交易员和风险管理委员会以及专业机构提供的信息与分析，公司几次决定往后挪移盘位；在账面亏损额继续增加时，公司请求集团公司支持；集团公司给予支持的一个措施是出售它在中国航油（新加坡）公司中所持有的 15% 的股票以筹集资金，弥补保证金；公司因缺乏足够的保证金支持，集团公司指示中国航油（新加坡）公司在 2004 年市场油价最高时斩仓，部分账面亏损转成实际亏损；集团公司拯救 50 天后调整原定方案，放弃原定支持方案，决定对公司进行债务重组，对外公布公司亏损 5.5 亿美元（实际数额小于这个数字）。

　　亏损的关键是三次挪盘！ 2004 年 1 月、6 月、9 月的每次挪盘都放大了风险，直至公司不再有能力支付不断攀升的保证金，导致资金链断裂。

　　每次挪盘，最后我都是迫不得已才批准的。

　　正如普华永道报告第 125 条结论认为的那样：中国航油集团、中国航油（新加坡）公司的各级管理层，在知情的情形之下都未能正确、及时地处理此事，是导致巨亏的重要原因。董事会在公司治理方面严重失效，对公司的困境负有责任。"如果中国航油公司每个层面都能独立地多问几个问题，对现状研究得更深，并对当时的处境理解得更为全面，此类危机将可完全避免。"

也如《财经》杂志的封面文章所说的那样："最后将中国航油（新加坡）推向悬崖的是一种合力。这种合力既蕴藏在期货市场的波诡云谲中，更深植于国有垄断企业的制度错位之下。"

公司聘请的交易员纪瑞德、卡尔玛一次次先斩后奏，超越了公司批准的期权限量与限额，一次次地提供了当时看来是势在必得而其后却是与大势相反的误导性报告；公司风险控制员黄丽湘、公司风险管理委员会主席庄玉莲一次次地提供了挪盘没有风险、最终只会盈利的虚假报告。

即使如此，对于所发生的巨额亏损事件，我是最为痛心疾首的人，感受也最为刻骨铭心。尽管当时的挪盘是一系列客观因素在发挥作用，但是，这一切都不能成为我推卸责任的理由。因为我毕竟是中国航油（新加坡）公司的CEO，我对公司的经营负有最主要的责任！

尽管我每次都主张斩仓或买入纸货对冲，但面对专业人员的挪盘建议和风险控制人员的评估报告，我都没有坚持自己的主张，没有强行要求斩仓，只买了少量的纸货对冲，最终都批准了挪盘计划。

而且，每次面临亏损时，我不仅没有强令斩仓，反而批准不断加仓。到2004年10月，公司持有的期权交易总量从最初的200万桶飙升到5200万桶（2004、2005和2006年的总和），而中国航油（新加坡）公司每年的进口量仅仅为1700万桶左右。数量之大，投机之甚，自己事后想想，头都大了。

前文提到，公司就期货交易有一套看似完备的风险防控机制，但是，在几次挪盘的关键时刻，这套防控体系根本没有发挥作用。亏损50万美元必须斩仓，但到最后亏损几亿美元，一次也没有斩仓。我作为公司的CEO，应该负有主要管理责任。

公司委托安永会计师事务所编制的《风险管理手册》要求，重大风险需向董事会报告。尽管期权交易是经过董事会批准的，但对于三次挪盘，我都认为是自己职权范围之内的事情，都没有专门请求董事会召开专题会议研究。

尽管存在多方面的客观原因，但是，从主观上反思，我愿意承认，中国航油（新加坡）公司 5.5 亿美元巨亏的主要原因是我的判断失误、用人失误和决策失误。对于公司蒙受的巨大损失，国有资产的流失，中小股东利益的受损，以及我家人因中国航油事件受到牵涉而遭受的痛苦，我一直痛心疾首，追悔莫及，甚至热泪长流。

罪不当监

正如前文所述，2006 年 6 月，新加坡检方对我提出 15 项指控，后来，以我"认罪"为交换条件，15 项指控只保留 5 项，但检察官却突然要求我再接受 1 项。15 项也好，6 项也好，其核心罪名只有两种——一是未及时披露亏损信息，涉嫌隐瞒；二是航油集团出售其控股子公司的股权，涉嫌欺诈。

实事求是地讲，我与这两件事并非毫无干系，而是不同程度地参与其中。但是，新加坡检方和法庭都有意无意地忽略了一个关键的时间节点——2004 年 10 月 10 日。

这一天，中国航油集团全面接管中国航油（新加坡）公司。集团公司成立了一个危机处理小组，负责处理公司的期权交易账面亏损及与之相关的全部事项。从那一天开始，所有的重大管理决议必须由集团公司做出，其中，中国航油（新加坡）公司所有超出 500 万美元的付款，必须得到集团公司党政联席会的授权；公司所有低于 500 万美元的付款，必须经集团公司派出人员和我的集体授权。这就表明，自 2004 年 10 月 10 日起，我个人毫无决策权！尽管我被任命为危机处理小组组长，但我不过是个聋子的耳朵——摆设罢了!

信息披露的隐情

主控官许宝龙指控：我作为在新加坡交易所主板上市公司的董事，在2004 年 8 月 9 日的公司董事会上，没有披露公司因场外期权交易蒙受的 1亿多美元账面亏损的有关信息，违反了《公司法》；还指控我作为在新交所主板上市公司的总裁兼执行董事，同意（发布）的公司第三季度财务报告漏报了公司 1 亿多美元的账面亏损和 2 亿多美元的已实现亏损，违反了新加坡《证券期货法》。以上违法行为应予以惩处。

对于在董事会上未报告账面亏损信息，我的律师为我辩护说："陈先生这样做是为了尽可能地保护中国航油（新加坡）公司的利益，而且，公司没有任何专业人员反对他的这种做法。"

事后回想起来，黄律师的这种辩法值得商榷。根据中国航油（新加坡）公司审计师——安永会计师事务所的记账方式，根据公司董事会批准后的公司年报披露的规定（年报在财务部分用数百字专门阐述了对期权交易的财务处理办法），账面盈利或亏损，仅在年底入账，其他季度则只计入已实现的盈利或亏损（即有现金流入或流出的部分）。在 8 月份时，公司的期权业务并未形成实际的现金流入或流出。如果不这样，可以试想一下：假如当时出现了 1 亿多美元的账面盈利，难道要立即记入公司盈利吗？如此做法，是不是会造成上市公司盈亏的巨大波动呢？那样是不是会造成上市公司股价的大幅波动呢？根据检方的逻辑进行推理，未形成实际盈利而记成盈利就不违法吗？

中国航油事件曝光后，国内的《财经》杂志发表了《成败陈九霖》的封面文章，在"无知者无畏"的小标题下，文章对这种记账方式进行了辛辣的讽刺。我对期货，尤其是期权组合的确有些无知，但还是相当"有畏"

的。这个"畏"是敬畏安永这个世界四大会计师事务所之一的专业机构的记账原则,而且,这个原则是公开披露过的。

这种记账方式也许存在漏洞,但这是公司审计师提出且经过董事会批准后的规定,我不应该为此担责。

而且,2004年6月11日,董事会审计委员会一名成员带着由国内3个主管机构的8名成员所组成的代表团,专程赴新加坡听取了总经理助理杨斌所做的期权贸易报告,期权交易员和风险管理委员会成员汇报时他们都在场。2004年8月,国内主管机关在进行石油衍生品全球巡回检查时,专程赴中国航油(新加坡)公司检查过当时的期权盘位和状况。在这两次检查时,账面亏损信息就已存在,但上级领导机关并没有就期权盘位(包括账面亏损)等事宜提出疑问。

亏损事件发生后,公司独立董事也向调查机构坦诚,他们都知道公司在做期权贸易;而且,董事会从未阻止投机性期权贸易。其实,他们早就知道公司存在账面亏损。因此,我不存在向董事会隐瞒的行为。

至于因为公司第三季度财务报告漏报了公司1亿多美元的账面亏损和2亿多美元的已实现亏损,而把我当成主要责任人,那就更"离谱"了,因为第三季度财务报告是于2004年11月12日在SGXNET公开发布的,财务数据截止到2004年9月30日。

如上所述,从2004年10月10日集团公司全面接管中国航油(新加坡)公司业务后,尽管我名义上还是公司的总裁,但实际上从那时起我就已被剥夺了决策权。而且,航油集团自那时起明确规定,涉及中国航油(新加坡)公司的信息披露与发布,完全由航油集团把控与负责。为什么要我个人对此负责呢?

前文已经提过,黄律师在法庭上为我辩护:"集团公司的管理规定,要求其海外子公司将所有重要事务上呈集团公司党政联席会进行决议。在决议过程中,少数服从多数;而且,一旦产生集体决定,任何员工(包括党政联席会的成员）都必须服从决定。是否向公众披露账面亏损和实际亏损的事情，必须由集团公司党政联席会决定，因此，陈先生无权自己决定是否在第三季度 SGXNET 公告上披露账面亏损和实际亏损。"

黄律师的这个陈述疏漏了另一个重要环节，就是那时的中国航油集团正在对公司实施拯救。公司形成的亏损是否由公司承担还未形成最终决定，中国航油集团倾向性的意见是由集团公司接走全部的期权盘位。公司财务部主任林中山因此告诉我说，没有任何损失需要披露，更没有任何证据表明我力主向公众隐瞒亏损真相以维持股价。

而且，普华永道的报告可以证明，我在 2004 年 10 月 11 日提交给集团公司的报告中，建议集团公司根据新加坡当地要求立即向公众投资者公布这一危机事件，但集团公司没有采纳这一建议。

我的律师们告诉我，新加坡是案例法国家，此前没有因信息披露而坐牢的先例。我却被"开创"了先例。

集团公司出售股票的背景

中国航油集团配售股票筹资拯救公司一事，本是集体决策，但新加坡检察机构却就此事给我判定两个罪名：一个罪名是我与公司财务部主任林中山"串谋欺骗"德意志银行，另一个罪名是我涉嫌"局内人交易"。

两罪并处，合并判我 4 年刑期。

这实在是太不公道了！因为我根本没有参与决策过程，更没有谋求私利。

集团公司向德意志银行出售股份的决策，是 2004 年 10 月 20 日在北京召开的党政联席会议做出的。那天，我正在新加坡与交易对家谈判，没有获邀参加会议，也就没有被要求在会议文件上签字（其他参会决策者都在一个内部"呈批件"上签署了意见，支持集团公司出售其持有的中国航油的股票）。

没有出席会议、没有签字的人，最后却成了罪魁祸首，这是不是一种辛辣的讽刺？

检方指控是我与林中山"串谋欺骗"德意志银行。事情是这样的——

10月14日，在接到航油集团寻找承销银行承销中国航油（新加坡）公司股票的指示后，中国航油（新加坡）公司财务部主任林中山代表集团公司与德意志银行、新加坡发展银行（DBS）及荷兰银行（ABN AMRO）等多家机构接触，探讨是否可以将集团公司在中国航油（新加坡）公司的股份直接出售给它们或由它们承销，林中山在众多承销商之中选择了德意志银行作为售股承销商，并在报请集团公司审批后确定。

10月19日，在林中山的安排下，德意志银行一行人匆忙地与我见了一次面，会谈的时间约20分钟，因为在售股协议起草之前，集团公司要求我与德意志银行进行会谈。我和林中山会见德意志银行新加坡分行负责人之前，并没有就如何回答问题进行讨论，因而不存在共谋问题，我和林中山在其中也没有任何利益可言。在会谈中，德意志银行方面临时问了我3个简单的、程序性的问题。我也极其简单地回答了。其中，有两个问题简单到仅说了"没有"。

10月21日，集团主要领导飞到新加坡在德意志银行面签协议，对方以约1.11亿美元的对价获得集团公司持有中国航油（新加坡）公司的15%的股份。中国航油（新加坡）公司则于2004年10月21日和28日就集团公司与德意志银行签署的《出售方售卖协议》发布了MASNET公告。

新加坡检方在法庭上向法官说，我和林中山在与德意志银行会谈时，向银行提供了错误的信息，导致银行"依赖（rely on）"我们的口头"陈述（representation）"，做出了承销股票的决策与行为，而且，是我本人建议航油集团出售股票，"怂恿"集团做出了售股决策。检察官在相关文件和法庭上甚至说，我是控股股东售卖股票的"主要推手"，以此指控我犯"内幕交易（或局内人交易）罪"。这一结论最后被法官采用并在判词中引述。这是明显不符合事实的。

所谓口头陈述竟然重于书面协议？

第一，从常识上分析，古往今来，无论在什么地方，哪会出现仅凭一个人的几句话，便有银行给予 1.11 亿美元现金的事？

第二，在航油集团出售其股票方面，如果德意志银行依赖我的口头陈述，它为什么又向售股方航油集团（而不是我本人）要求了很多的担保和保证呢？

第三，如果德意志银行依赖我的口头陈述做出承销航油集团股票的决策，那么，它为什么还需要签署售股协议呢？而且，在与我会谈结束后，德意志银行没有直接与我签署任何书面材料（哪怕是备忘录），而是将其与集团公司法律顾问磋商好的售股协议先传真到北京请我的上司签署，并请我的上司第二天从北京飞来新加坡，当着德意志银行律师的面再签署一次。在德意志银行与航油集团签署协议时，甚至都没有邀请我出席见证。

这一系列的分析，足以证明德意志银行的决策可能参考了我的口头陈述，但绝对没有"依赖"我的口头陈述，因为银行知道我不是售股方，也不能代表售股方啊！而且，德意志银行承销股票的出发点是为了获取销售股票的差额收益或佣金，与我之间的短暂交流是走程序。

德意志银行于 2004 年 10 月 21 日与中国航油集团公司签署了一份《出售方售卖协议》，其中的第 11 条（11.1 条和 11.2 条）明确说明："本协议构成协议双方之间的全部约定，并取代双方之前的所有协议。除本协议中明确提供的陈述之外，没有任何人做任何其他陈述。销售代理（指德意志银行）同意并承诺：任何人都无权代表销售商（航油集团）做任何陈述；即使有人做出了这种陈述，销售代理也没有依赖他的陈述，今后也不会依赖这种陈述。"

这就是说，德意志银行在协议中已经申明它没有依赖任何人的陈述。

这份由德意志银行起草的协议是具有法律效力的，也证明了它不是依赖我这个自然人的口头陈述，而是依赖了中国航油集团这家国有企业的各项担保。

退一步说，即使我对德意志银行的口头"陈述"，即我回答德意志银行的三个简单问题，存在不合适之处，也不应该由我个人承担主要责任，以致牢狱之责，因为配售股权这个决定不是我的个人行为，而是航油集团的集体决策。集团公司当时给的承诺是，集团公司全力以赴地拯救中国航油（新加坡）公司，会接管中国航油（新加坡）公司的期权组合。在集团公司已经承诺接手当时处于账面亏损的期权贸易盘位的情况下，我对德意志银行提问的回答确有依据。

正如黄锡义律师在法庭上为我辩护时所表述的："很显然，从上述11.1 和 11.2 条款可以看出，德意志银行已经将中国航油（新加坡）公司在配股方面的作用或将发生的对公司的不利事情死死地限制在《出售方售卖协议》范围内。陈先生在配股方面的责任已经得到免除。他不可能因为三句口头陈述而构成对德意志银行的欺骗。"

所以，检方指控我"欺骗"德意志银行，没有道理，更没有依据。

我是集团公司出售股票的"怂恿"者?

我的确曾建议集团公司出售股票以筹资拯救中国航油（新加坡）公司。那是危机引爆后的 10 月 9 日，我代表中国航油（新加坡）公司签署了一份报告，正式向集团公司汇报了期权持仓的账面亏损，并提出拯救的几种方式：第一，由中国航油集团自身或者寻求第三方接走期权盘位；第二，出售中国航油集团持有的中国航油（新加坡）公司的部分股份或者寻求第三方注资，以交纳期权交易所需的保证金。我建议中国航油（新加坡）公司与集团公司签订一份"背靠背"协议，由集团公司接手中国航油（新加坡）公司的期权组合；在接手期权组合及至期权问题得到解决后，如果市场好转，期权盘位实现盈利，则全部利润归于航油集团；如果还有损失，则集团公司就可以向潜在战略投资者出售公司的股份，所得资金用于弥补集团公司的亏损。10月10日，我以个人名义向集团公司发送邮件，也是建议控股股东先解决公司账面亏损问题，而配股则是在解决账面亏损问题之后进行。

第一，这只是一份建议；第二，我是指期权问题解决后再考虑出售股票。

后来，为了救急，集团公司决定改变我于10月9日建议的内容，形成了10月19日新的售股方案，即决定把售卖股票作为解决账面亏损的手段，而不是解决好期权问题之后的补救措施。对此，中国航油（新加坡）公司在2004年12月30日呈给新加坡高等法庭的"宣誓书"中已经做了明确说明，该"宣誓书"是由控股股东的律师所起草的，并经由中国航油（新加坡）公司9名董事全体签署确认。然而，检察官似乎忽略了这一重要证据。

因此，黄律师在法庭上辩护说："陈先生在（股票）交易方面的责任是最小的。实际上，他最初提议的售股（在10月9日和10月10日提出）是在集团公司接管新加坡公司期权仓位之后。到那时就可以安全地向德意志银行出售新加坡公司股份。"

从法律的角度看，售卖股票的契约各方与航油集团决策流程如图1、图2所示。

从图1可以清楚地看出，由我来承担出售股票"欺骗"德意志银行的主要责任，是不是高估了我的作用？这项决策至少涉及9个环节，任何一个环节不同意，都不可能售股，而我没有参与其中的任何环节。

图2则显示，我本人既不是配股的合同方，也不是决策人。即使有任何与此有关的诉讼，其程序也应该为：投资者诉德意志银行，德意志银行诉控股股东。事实上"受害者"德意志银行既未对航油集团，也未对我个人提起诉讼。

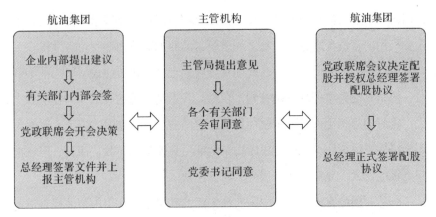

图 1　中国航油集团（控股股东）出售股票决策程序

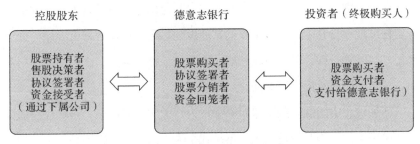

图 2　中国航油出售股票流程

的确，我签署了两份相关的文件。那是 10 月 19 日、10 月 20 日，集团公司先后起草两封"建议集团公司和德意志银行签署股份销售协议"的邮件，由集团公司有关部门和集团公司领导审阅并修改后，再用电脑发送到新加坡指令我代中国航油（新加坡）公司签署。我的签署只是走个形式，这一切都有原始记录，但检方似乎并不采纳。

其实，控股股东早在 2004 年年初，便有出售股票的计划，其目的是投资新项目。

更让人无法理解的是，早在 2005 年 8 月，新加坡金融管理局已经与中国航油集团就售股交易达成和解，中国航油集团支付了 800 万新加坡元的民事罚款。新加坡金融管理局于 2005 年 8 月 19 日发表声明说："集团公司愿意对违反新加坡法律负责。集团公司已经承认售股事件的动机并不是要利用内幕情报来进行交易，而是要帮助新加坡公司摆脱财务危机。"

可能正因为如此，法院在此前判处我的上司、售股协议签署人的案件时，他和其他同事们都只是被判了罚款。我上司聘请的高级律师在法庭上说，售股的第一犯人是中国航油集团，它的雇员只能是第二犯人。既然集团已经接受民事罚款，执行集团决策的雇员只能被判罚款，而且，应该被判更轻的罚款。显然，法官接受了这一说法。

既然新加坡官方都认为中国航油集团的动机不是利用内幕情报来进行交易，我又何罪之有？

退一步讲，在公司披露信息方面、尤其是出售股票问题上，我的确是一定程度地参与其中，即使是我的某些做法触犯了法律，那也应该与处理公司其他高管一样，受到罚款惩戒，而不应该被判监禁，因为同为公司董事，董事们应该承担同等责任。

新加坡和中国的一些法律专家都认为：关于售股问题，是在售股协议内的民事案件。售股者是法人，不是我个人，所售股票也不是我个人的股票，是中国法人股，售股所筹集的资金全额进入了国有上市公司，而不是进入了我个人的口袋。而且，德意志银行也没有控告我。从法律和事实角度来看，我应该只会被判罚款，不应该成为最沉重的受罚者！

陈述这些过程与事实，使我想起当年所遭受的各种处罚与不幸，我已经结痂的伤口又在汩汩地涌动着鲜血。

时至今日，叫屈喊冤已没有任何意义，为自己开脱也并非我的本意。我只是想通过还原整个过程，记录一段不为人知的历史。孰是孰非，一切交由心明眼亮的读者定夺！更重要的是，但愿读者，尤其是作为"走出去"的中国企业工作人员的读者引以为鉴。

第九章

铁窗点滴

莫回头，

往事不堪回首。

往前走，

越过坎坷是坦途。

——写于2019年年初修改本书之时

　　在古希腊神话中有这么一个故事：俄耳甫斯到冥界寻找他死去的妻子。冥王、冥后被其感动，决定让他的妻子欧律狄刻跟他返回人间，但条件是欧律狄刻必须走在俄耳甫斯的身后，而且，在两人到达地面以前，俄耳甫斯都不准转身看欧律狄刻。俄耳甫斯同意了，但就在他们即将回到人间时，他还是忍不住回头去看他的妻子，以确认欧律狄刻是否跟在他身后，因此，他永远地失去了他的妻子。

　　不只在西方，中国也有"回头"的故事。在《封神演义》中，元始天尊告诫姜子牙："你回西岐的路上，要是有人叫你，千万不要答应，否则，将有三十六路大军伐你。"但架不住师弟申公豹的一声声叫喊，姜子牙还是回了头。姜子牙刚一回头，果然有三十六路兵马前来讨伐姜子牙和周朝。

活着，活下去

我也犯过和俄耳甫斯、姜子牙一样的错误。如前所述，2004 年 12 月 1 日，我在组织的安排下，正式回到国内工作。在我从新加坡回到中国后，新加坡当局请我返回新加坡协助调查。当时，很多人力劝我不要回去新加坡，永远不要回头。然而，我出于一股浩然之气，回了头，返回了看似风平浪静的新加坡，结果，从天堂跌进了地狱。但是，我没有沉沦，而是经历劫波、洗尽铅华后，慢慢地从黑暗的地狱走向充满阳光的人间。

我出狱后，有很多人来问我，当初，在监狱里想得最多的是什么。

我笑着说，活着，活下去。

其实，我内心深处所思所想，可以用明代政治家、文学家于谦创作的一首七言绝句《石灰吟》来形容："千锤万凿出深山，烈火焚烧若等闲。粉身碎骨全不怕，要留清白在人间。"

随着时间的推移，提及有关我曾经历过的 1035 天铁窗生活的人逐渐少了。但在写作此书时，我所经历的点点滴滴，再次在脑海中飞速掠过，就像是做了一场漫长的游历地狱的梦。而我就像人们百看不厌的电影《肖申克的救赎》中的安迪，差别在于我没挖洞逃走，而是坚持到最后，完成了身体与心灵的救赎。

2006 年 3 月 21 日，我正式被法庭判刑，在尚未上诉前，我又被送往女皇镇监狱，我在法庭上强作镇定地站了一整天，现在到了监狱，就不再有人注视我的一举一动。

不知我的夫人会不会因伤心过度而坏了身体，我儿子的眼睛是不是已经哭肿，我那年逾古稀的老父亲要怎么应对这突如其来的变化，我更不敢想 2005 年夏天才赴天国的老母亲知道我的消息后能否安息！我所有的家人、我最亲近的朋友们，我是多么想念你们，多么想和你们说说话啊！

《圣经·耶利米哀歌》中说："回忆起我的困苦漂流，就像是苦堇与毒草。每逢我的心想起往人往事，我的心就消沉。"我抑制不住地想，如果这世上真的有灵魂存在的话，那些逝去的亲人们是不是也像我如今的处境一样，满心满眼地无助与无奈呢？我是多么地想念亲人、朋友，却没办法和他们沟通；我是多么渴望诉说心中的苦闷和辛酸，却无人能聆听；我是多么地想对他们说声对不起，却为高墙所阻隔。

在被迫放弃上诉后，我就被发配到了樟宜监狱。

到了樟宜监狱，环境整体上有所改善。当时，那里一共有 5 个监区，因为新加坡监狱人满为患，还有另外两座监狱正在建设之中。我被分派到第 3 监区（即 A3）第 2 单元（U2）第 5 层。我也不再是被单独关押，而是与其他 3 名囚犯共住一间狭小的牢房。

每周一至周五，我们每天只有 1 小时的放风时间，掐头去尾实际上只有 45 分钟，而节假日更是连放风时间都没有。在监狱里，每个人都巴不得时间过得快一些。每天到中午时，就有人说："又快过完一天了！"而到了晚上时，又有人说："终于又过了一天！"于是，也有人会跟着说："看，我们离出狱的时间又近了一天！"这时，我就和他们开玩笑说："我们离见上帝的时间又近了一天！"

无论是女皇镇监狱还是樟宜监狱，囚室的铁门上都有两个小小的窗户可以从外面打开，下边的那个用于送饭，上边的那个用于狱警查房。每天三个时间节点，即早上 7 点、中午 12 点、晚上 9 点（室内没有钟表，到点监狱会提前响铃提醒），被关押的人都要站在门后面，眼睛对准上边的那个窗户。狱警要在这三个时间来巡查，看每个囚人的一双眼睛是否出现在窗户后面。小窗门一开，囚犯就要大声喊出问候语，以证明你还是个活物，不是一般的大声，而是必须声嘶力竭地喊。

家人、朋友探视，是囚犯最为期盼的福利！但是，每周仅有两次探视机会，一次是隔着玻璃见面 20 分钟，一次是通过电视对话 30 分钟。20 世纪 50 年代以来，保障囚犯权益的一系列国际协议和国际公约得以签署，新加坡也是这些国际协议和国际公约的签署国。根据这些协议和公约，我有权随时约见我的律师、大使馆或领事馆的官员和我的家人。但是，我被投入监狱后，这种权利完全被剥夺了。比如，有一次在樟宜监狱 A5，按照规定与预约，星期五是我家人正常探访的时间。我因此从早上 9 点开始等候，一直等到 12 点都没有人来通知我出去见面。我就去问狱警，他们告诉我说："你太太临时有事不来了。"出狱后，我从我妻子口中了解到，她并不是有事，而是她到监狱来探监的时候，狱方却告诉她："你先生今天工作忙，不见你了。"狱方就这样两头撒谎，把我关了一个多月的禁闭，并剥夺了我亲友的探访机会。原因是当时狱方指控我使用电脑写私信，而事后证明那是监狱长指定我利用电脑进行的一次书面翻译。

在新加坡，至少在樟宜监狱，只有 1/3 的囚犯有工作的权利和机会，余下 2/3 的人只能成天被关在小小的囚室里，无所事事，三餐就通过囚室铁门底下的一个小洞塞进来，吃完了再把碗盏从小洞推出门去。正因为有太多的时间没办法打发，再加上排解压力和保持身体健康的需要，所以，锻炼身体成了大多数囚犯的习惯。

在牢房里最容易完成的运动就是仰卧起坐和俯卧撑。我本人也做这些运动，从每次 10 个起，开始一段时间每天只能做 30 多个，后来逐渐增加运动量，到 2007 年，我每天能坚持做 300 多个俯卧撑、300 个仰卧起坐和 300 个后翻腿。由于坚持运动，我的体重和体型得到了明显的改善。我入狱前体重为 86 公斤，显然超重了。经过一年多的锻炼，再加上狱中的食物比较匮乏等原因，我的体重在 2007 年全年始终维持在 70 公斤左右，处于 BMI（Body Mass Index，身体质量指数）的最佳状态。2009 年 1 月 20 日，我出狱时的体重是 68 公斤，比入狱时减了 18 公斤。

　　监狱里洗衣、送饭、打扫卫生、借阅图书、体育活动等，都是在狱警的监督指导下，由工作囚犯承担的。有工作的犯人在晚上回到牢房的时候可以读报，没有工作的囚犯只有在活动场所放风的一个小时时间内可以读报。新加坡监狱里思想管制很严格，报纸的内容都是经过狱官事先过滤的，其中所谓的敏感内容都会用黑墨涂掉，甚至连北京奥运会也是敏感新闻。

　　听说，樟宜监狱有个图书馆供囚人借阅图书，但我本人和身边的囚人从未见过这个图书馆，更别说借阅图书。除我能够通过家人带进足够的书籍之外，其他囚人的家人只能每次带进三本书，看完了这三本，再与家人交换另外的三本。一年到头都没有娱乐活动，最主要的娱乐就是放风时间下象棋与打篮球。再就是，每周不固定地有两到三次电影放映，轮流放映中文、英语、马来西亚语和印度语的旧影片。除了宗教培训外，囚人没有任何其他聚会。1/3 的工作囚人每周工作 5 天，每天 8 小时，大多是做洗衣服、打扫卫生等体力活。可能是因为我学历高、担任过企业主管的缘故，入狱 6 个月后我被安排到一家多媒体公司工作，而且，这个工作还是大使馆帮忙争取的！

　　囚人们无事可做的时间长了，精神就很容易出问题，我在监狱里见过不少目光呆滞，每天要打三管镇静剂的人。不少人得了精神病或重度抑郁症，每天都有很多人排长队领药吃，有的人受不了这种压抑的环境，就会选择自杀。

　　我在樟宜监狱第 3 监区第 2 单元第 5 层服刑时，碰到一位来自中国东北的朝鲜族劳工。他不会讲英语，也不会写汉字，只能书写朝鲜文。当时，他被关押在第 3 监区的第 3 单元，而我在第 2 单元，距离很近。他卖掉了房子，将变现所得交了中介费到新加坡打工，其家人搬到父母家寄宿，指望他赚钱寄回家养家糊口，却没想到他酒醉后与警察发生肢体冲突。他被判刑意味着家人既失去了房子又失去了生活来源。他因被判入狱深感冤枉，十分苦闷抑郁，选择跳楼自杀。但是，他自杀未遂，却受了很严重的创伤，肋骨被折断，动弹都很困难。狱方安排我前往监狱医院做翻译人员，我看到他四肢戴着脚镣手铐被绑在病床上，奄奄一息，三根肋骨摔断了，一只眼睛暴露出来的样子，令人十分心疼。他见到我如见亲人一样地欢欣，很快就泪如泉涌。

这位中国囚人之所以见到我会如此激动，是因为在狱中的人最盼望的两件事，一是家人探监，二是获得书信，这都表明家人与社会包容了自己。与我不一样，这位囚人从未有人来探监，也没有书信。我除了家人、朋友探监之外，大使馆乃至国务院国资委领导也常常来监狱探望我，组织上几乎每隔一个月就会派领导来看我。而且，在国资委和大使馆领导来看望时，我还可以被安排在狱中豪华的接待室握手、拥抱。记得服刑了 6 个月后，有一天夜晚，监狱长亲自打开牢门恭恭敬敬地请我出来，还给我穿上白色缎子衬衫和长裤（平常是无领汗衫和短裤）。我当时还以为是要被"移管"回国呢！结果，我被引到铺着地毯的、设有柔软沙发的豪华接待室。但一见到国务院国资委和大使馆的领导，我便立刻打消了被"移管"回国的念头，因为他们给我带来了一堆书籍。组织上告诉我，新加坡对"移管"提出了有损主权的难以接受的苛刻条件，鼓励我隐忍下去。我虽然感到失望，但最终没有辜负组织的期望。尽管由于我判断失误酿成大错，但祖国没有忘记我，我永远是祖国的赤子，我即使把牢底坐穿，也绝不能让国家的主权受到一丝一毫的损害！所以，不论是后来新加坡有关方面建议我申请加入新加坡国籍以提前出狱，还是最后狱方让我申请提前出狱，都被我一口拒绝。组织的关怀，更加坚定了我战胜困难的决心，艰苦的牢狱生活似乎也不那样令人窒息了。而且，由于使馆官员的经常探视，我成了樟宜监狱的一个"特殊人物"。

"移管"回国未成之后，为了打发时间，我在监狱里参加了"基督教咨询班"，每周上三次课，可以领到笔记本写学习心得。但是，我"不务正业"，竟然用那本应该用于基督教培训的工具，写了一本叫《地狱归来》的书。除此之外，参加培训班，可以坐在有空调的房间里看书、唱歌，这在监狱里真是难得的享受和最大的幸福！我也在这个班上认识了不少人，但是，后来，我发现渐渐有不少人缺席。我就向身边的人询问他们的去向，结果得到的回答是，死了。

狱中，经常会听到或看到有人自杀，而自杀的手段也千奇百怪，听上去令人毛骨悚然。当我一个人睡在囚室里，有时不免辗转反侧，难以入眠，思绪万千。我在想，我何以至此，又何以解忧呢？

"偷书"

鲁迅的小说《孔乙己》中有这么一段："他们又故意地高声嚷道：'你一定又偷了人家的东西了！'孔乙己睁大眼睛说：'你怎么这样凭空污人清白……''什么清白？我前天亲眼见你偷了何家的书，吊着打。'孔乙己便涨红了脸，额上的青筋条条绽出，争辩道：'窃书不能算偷……窃书！……读书人的事，能算偷么？'"

现实中，本人就有过"偷书"的亲身经历。我"偷"过一本名叫《地狱归来》的书，而且，"偷"自地狱——2006年3月21日至2009年1月20日我落难新加坡的那段经历。

　　这本《地狱归来》的创作曲折传奇——能在监牢里避开狱警，趁其他囚人睡觉时"偷偷"完成——是多么艰难！

　　入狱后的某一天，我突发奇想：每个囚人都有自己独特的故事和心路历程，如果能记录他们人生失败的经历与教训，不是一件很有意义的事情吗？这不是也可以充实我的牢狱生活吗？

　　于是，我像一个记者一样，拿着基督教培训班发给我的笔和笔记本，对监牢里的一个个囚人进行现场采访，把他们口述的内容记在心里。等到晚上夜深人静，狱警休息了，囚人们也鼾声四起时，我再翻身起来，蹑手蹑脚地把藏在原本用来装衣服的白塑料箱中的纸和笔拿出来，盘腿坐着，把箱子放在腿上面当成书桌，借着从高窗透下来的微光，秘密地从事我的写作、整理工作。有时候，突然听不到鼾声了，我就赶紧卧倒，假装睡觉，以免被其他囚人发现而向狱警告密。待鼾声再起，我就坐起来接着写。有好几次弄假成真，躺下之后就真的睡着了。

　　写完之后，等我有机会再碰到上次的"采访对象"的时候，我就小声地把我写的东西背诵给他听。神态和平常说话没什么两样，即使有狱警经过，也会以为我们是在聊天，没有理由去干涉我们。被采访的人听完之后会经过一番思索，然后说出他的想法和意见。比如，有时被采访者会说："这个地方写得好，我当时就是这么想的！"有时也会有人说："这个地方说得不够清楚，需要再修改一下。"有时被采访者又想起了新的细节，就说："那个地方需要加入某一环节，我记得是……"

　　我通过这种采访、整理、回访、再修改的模式，采访了一个又一个的囚人，让《地狱归来》这本书更有血有肉、有感有情。我写作的想法很简单，就是要为囚人和事实发声，为不能发声者代言，借着我微小的影响力，去让更多人了解这些可怜人们的人生变故，也从中吸取教训。

　　牢房里突击搜查是家常便饭，狱警甚至经常命令囚人脱光衣服，躬下身扒开屁股给他们检查。有些刁钻古怪的狱警，还用警棍触碰一些囚人的屁股或屁眼。所以，我心里那根"战斗"的弦绷得很紧，事先将笔记本的前几页和末几页，写满了基督教的笔记。就这样，日子过得有惊无险，书稿写得风生水起，采访的人越来越多，书稿也越写越厚。

然而，好花不常开，好景不常在。就在我的书稿即将完成的时候，有一天，监狱的收发员阿兵蹭到我身边悄悄对我说：你写作的事情被其他囚人发现了，有人到监狱长办公室举报你了，明天狱警就要来没收你的书了！听到这里，我真是十分惊恐，又一筹莫展。这本书对我来说很珍贵，对狱友们来说也很重要。我们花了那么大的精力去创作、去记录，如果一下子被没收了实在可惜，而且，还可能被加刑。虽然新加坡法律规定，囚犯可以读书、看报和写作，但实际上，新加坡监狱对我写作这件事特别敏感，生怕我暴露了什么秘密。如果他们发现我将基督教培训班发的本和笔用于做"私活儿"，那就更了不得了！

阿兵看透了我的焦虑，对我说："陈总，你信不信得过我？"

我说："信得过又怎样，信不过又怎样？"

他说："狱警要查你写书这件事是真实的。你如果信得过我，我就帮你处理。你看怎么样？"

看着他诚恳自信、成竹在胸的样子，我似乎看到了一丝希望。

接着他又说："我不是有一堆信吗？我把你的书夹在我的信中间，我帮你带走，带到监狱外面去！"

我害怕连累他，问道："那你打算把书藏在哪里呢？现在，警察得知我在写一本书，一定会严格搜查进出物品，可能要等风头过去之后再送出去比较好。"

他拍着胸脯跟我说："陈总，你放心吧！我还指望你这本书出版后，让更多人知道我们的故事哩！俗话说'最危险的地方就是最安全的地方'。我打算把你的书放到最危险的地方去。现在警察不是要来查你吗？我就把你的书放到监狱长的办公室里面去，那里有一个收发信的大箱子，我把你的书放到装信的箱子底下，用信件盖好，每天还是照常收发信。"

我继续问他："那你怎么带出监牢呢？"

他嘿嘿一笑，说："我有办法！等我妈妈来探访的时候，我就让她带出去。我不是重点监视对象，狱方肯定不会想到我的东西与你有关。"

"你这么帮我，我何以为报呢？"

阿兵听了哈哈大笑："陈总，您的确直人快语！我知道，您是大老板，出狱后一定会东山再起。等我出狱找不到工作时，我找您好啦！"

我感觉到阿兵的确是一个非常有智慧的年轻人，要是他待在外面的世界，一定会有一番大作为。阿兵的入狱原因也令人难以释怀。他入狱前有个漂亮的女朋友，有一次，他带着女朋友出国，两人一起喝了一瓶白兰地，喝了倒下便睡着了。当他回到新加坡时，被海关查获箱子里藏有毒品，而他的女朋友早已消失得无影无踪了。警方鉴于他是初犯，判他入狱 7 年。2007 年 12 月，我被强行调到樟宜监狱第 5 监区，一个囚室住了 8 个人，我和他正好住在一起。

同是天涯沦落人，我选择相信阿兵，于是把《地狱归来》的书稿，一共 10 本练习簿，全部交给了他。"拜托了！"我紧紧地握了握阿兵的手。

第二天，我的 PS（Personal Supervisor，个人监管人）果然带来了 6 个警察。狱警趁我外出工作时，直接到我的囚室去翻我的箱子。等我回到囚室时，遍地都是被翻过的东西，看来，他们的确都找了个遍，结果一无所获。PS 就问我："你写的书呢？都写了什么内容？"我说："写基督教培训班的心得体会。"他又问："那你的心得体会在哪呢？"我说："我写烦了，觉得没什么新内容就丢掉了。"他又问我丢到哪里了，我骗他说丢到垃圾桶里了。他翻了垃圾桶，没有发现，又问我是不是丢到垃圾桶里了。我反问他，能丢到哪里呢？我就这样蒙混过关了。

虽然这一次狱方扑了个空，可战斗远未结束，要把书稿送到"解放区"，并不那么容易。从囚犯监视区到监狱长办公室，再到探访区，总共有 6 道关卡，狱警层层把守，每一道关都要搜查，每个关卡搜查后都要狱警签字才能到下一个关卡。阿兵是有想法的人，有的是办法，当然，一般人也休想指使他做任何事。一天，阿兵来到我面前，朝我做了一个"OK"的手势。我知道，第一道关卡过了，也就是说，书稿已经安安稳稳地躺在了监狱长的办公室里了。我当胸打了阿兵一拳，说："真有两下子！"

胜利仿佛在招手，但最怕功亏一篑。毕竟，书稿总不能在监狱长办公室藏太久，免得夜长梦多。于是，我焦急地等待阿兵的母亲"接应"。蹊跷得很，阿兵的母亲居然没有如约前来。此前，她从未失约。难道东窗事发，阿兵"被俘"？放风时，我看到阿兵行动自由，并没有被关禁闭，悬着的心又放了下来。晚上，他回到囚室时，我问他怎么回事，他一脸愧疚，耸耸肩摊开双手，表示无语，因为他妈妈没有如期探访。过后才知道，他妈妈去旅游了。于是，我真是盼星星盼月亮那样盼望他的妈妈早日探访。他妈妈一天不来我就担心一天，心里的石头越积越沉。谢天谢地，熬了整整42天后，"援军"姗姗来迟，阿兵的母亲顺利带走了书稿。到这时，我终于可以长长地舒了一口气，《地狱归来》的书稿在几经曲折之后，终于得见天日！

有了心中的追求，监狱生活不再那么度日如年般地难熬了。

突然调监

我在第3监区的工作单位是 SDM，全称是 SCORE Digital Media，是一家多媒体公司。2007年3月，第3监区副监狱长许海峰曾问我是否愿意调到第2监区去做图书管理工作。他告诉我说，他本人即将调离，第2监区曾一再希望调我过去，好利用我的一技之长。我当时对他说："由您决定吧！我也不知道哪里好，反正都是坐牢。"但是，此后一直没有动静。

直到 2007 年 11 月 30 日上午 9：30 左右，樟宜监狱第 3 监区第 2 单元的一名主管警察来到我的工作单位 SDM，跟我的单位主管说我被调离了。我的主管对此十分吃惊，便询问要将我调到何处，对方回答不知情。我不愿意调离，便询问调离原因，狱警说他们是执行上级命令，希望我予以配合，没有商量的余地。

人在屋檐下，不得不低头。于是，我清除了电脑里的内容，收拾办公室里的个人用品和书籍，和各位同事告别后就到办公室接受调离的命令。同事和狱警都对这项突如其来的调离大吃一惊。SDM 的囚人同事无法亲自给我送行，只得目送我离开。不少狱警都依依不舍地送我离开了第 3 监区，那情景颇有些我国电影《驼铃》里送战友的味道……

后来，我才知道我是被调去第 5 监区。调动原因是由于新加坡时任总理李显龙将要视察樟宜监狱，会在我曾工作的 SDM 停留 12 分钟。我曾于 2006 年 10 月 16 日给李显龙写过一封英文信，说明我是被误判的，根本不应该坐牢。我的要求并不高，只希望他派人向我了解案情。当时，我的基本想法是，以事实为基础，如果你们能够说服我，那么，我就认命、接受现实；但如果我可以向你们证明我是被误判的，那么，请你们改正错误，还原事实真相。

写好之后过了半个月，狱方同意发出该信件，并告知我信件于 10 月 30 日自监狱寄出。依据惯例，无论总理是否同意我的观点或者是否愿意帮助解决问题，他的秘书都会回复写信人表示已收到信件，但是，我始终没有得到任何回复。我无法知道是李显龙收到信不愿意回复，还是狱方根本就没有寄出那封信，或者中途被别的单位截留。但我的狱友们在得知李显龙会到访樟宜监狱之后，都跑来打趣地对我说："陈先生，李显龙要来看你了，你顺便问一下他收到你的信没有。"我确实也打算这么做，当面问问又何妨？毕竟此前我还曾与李显龙在一起看过两次华乐团演出和一次交响乐哩！当时，我想得的确很美，却没想到因他的到访，当局竟把我调离了原来的工作岗位。

为了迎接李显龙的到来，狱方提前"粉饰"了他将视察的所有地方（包括走廊、墙壁与地面），调走了狱方认为"不听话"的囚犯。樟宜监狱应对李显龙视察的行为，不禁让我想起民国时期胡适的故事。他在参观监狱时看到狱警为犯人洗澡、洗衣等融洽场景，便发表了他对监狱表示满意的公开意见，而实际情况却是当时的监狱弄虚作假以显示自己的"进步"和"文明"。

当我到达第5监区时，一名高级狱官通过挂在墙上的对讲机对我说："你知道，我们这里是提早释放和给予特殊项目（如监外执行）的过渡监狱，如果你不给我们找麻烦，我们会让你早出狱！"

我心中疑惑不解，我在监狱里一向表现得十分低调，后期更是不主动接触任何人，希望静静地熬过那段痛苦的监狱生活，我又怎么会去找麻烦呢？

事实上，不知道什么原因，我一直被看管得很严，比其他囚犯要更严格，甚至还有专门的狱警监视我。因此，囚犯们常常私底下跟我开玩笑说："陈总，你在监狱里也有私人秘书了。"但实际上他只是狱方派来的个人监管人罢了。一有朋友到访，狱方就派这位所谓的"秘书"监听我说的话，事后与我核对到访人员的姓名，即使他们已做了登记；大使馆的人来的时候，新加坡方面经常会有人"陪"在我们身边；我给刑满释放的囚犯的回信被退回来重写；我写的所有信件都被复印存档；狱方要求我提供来访者的名单；等等。所有这些措施都没有针对过其他囚犯。对我的来往信件，狱方看管得更是严格。我所有的往来信件都要经过这位"秘书"的检查，我妻子和朋友写给我的信，一般要经过45天才能到达我的手上，因为此前要经过狱警、副监狱长、监狱长的层层审查，因此，我无法得知有些信件是不是根本就没有交给我。也因此，我的档案比别人的档案要厚好几十倍。但狱方越是对我实施特别管控，囚犯们越是对我特别关照，有些狱友还会时不时地偷一些小饼干、鸡腿给我吃。

在狱中，我一直在思考，新加坡当局为何如此严苛地对待我。纵使我的确犯了严重的错误，但我的出发点都是为了公众利益，并不是为了私心私利。《圣经·传道书》里说："有义人行义反而灭亡，有恶人行恶倒享长寿。""受欺压的人苦苦流亡却没有人安慰他们，那些欺压他们的人，手里握着权柄，因此，无人安慰受欺压者。"我再进一步联想到自己的人生，感叹人生无常。

律师失信

"这里是提早释放和给予特殊项目（如监外执行）的过渡监狱"，狱警对我的告诫，使我产生了一丝新的希望。

我一直在为自己的案件努力。说到这里，我不能不提到我花费高价聘请的但"胳膊肘向外拐"的律师们。

在女皇镇监狱候审期间，我的律师纳拉亚南为了劝我尽早放弃上诉，信誓旦旦地保证："你放弃上诉后，狱方会立即将你转送到樟宜监狱。等你去了那里，我立刻就会过去看你。"而且，如上所述，我放弃上诉的一个前提条件，是纳拉亚南答应替我写信给新加坡领导人。但是，我转到樟宜监狱后，左等右盼，却怎么也等不来律师的"大驾光临"，一直等到我被判入狱后的第5个月，都未见到他们的踪影。这些唯利是图的家伙！

那时，有关当局向我许下的判刑3个月内即"移管"到中国的承诺，也付诸东流了。

在这种状况下，我经过斟酌后，决定给李显龙总理去信，并向狱方申请予以批准。经狱方同意，我把这份用中英文起草好的信交给当时来探访我的家人，请他们转交给律师修改，并嘱托他们叫律师来看我。然而，律师"大人们"竟无一人前来探监，也没有给我来信说明理由，更没有帮助我修改信件草稿。后来，我好不容易将信件呈报给李显龙总理后，要求律师对该信件进行追踪，这本该是律师最基本的工作。可是，再一次令我失望与气愤的是，律师仍然置若罔闻，就好像我根本没有请求过，也仿佛他们从来不是我的律师一样，他们此前对我的承诺更是如空气一般！

在实在忍无可忍的情况下，我于 2006 年 11 月 15 日致信黄律师。在信中，我算明了一笔律师费用，包括没有使用的庭辩费和上诉费用等，要求他们退还这部分费用。其实，我真正的出发点是促使律师们帮我解决判决不公的问题。

这封信触动了他们的神经。12 月的时候，DLA 的王大忠律师和另一名女律师一同来探监。王律师向我保证说，像过去那么长时间不来看我的情况今后不会再发生，他们以后至少一个月会有律师来一次，并且，承诺会追踪我写给李显龙总理的那封信。

到了 2007 年，我要求律师以我和家人的名义申请监外执行，这项工作是依照有关当局的指导进行的。律师在 7 月份给新加坡黄根成副总理去信，提出了该项申请，但很快便遭到拒绝。纳拉亚南律师来看我的时候对我说："他们拒绝的理由是，你是外国人，因此，不符合条件。但从法律上看，你是符合条件的，所以，我们还会继续申请。陈先生，请你放心，我们会努力地做好这项工作，否则，假如你得不到监外执行，我们当律师的脸上也没有光彩，是不是？"

然而，我虽多次嘱托探监家人催促律师办理监外执行，却都如泥牛入海，看不见曙光。律师们自 2008 年 3 月 8 日来探监过后，就再也没有来看过我，也没有人给我回信。直到 6 月 4 日，纳拉亚南律师第三次到樟宜监狱探监并给黄根成副总理写过一封信后，我们之间就再没有任何接触了。

我出狱后给他们去过邮件，也未见回复。他们应该退还给我的律师费也不了了之。

想想我都经历了什么！律师们一开始要为我做无罪辩护，而后又一再劝我认罪；在我被迫认罪后，律师承诺说如果法官判我3年或以上监禁时他们就替我上诉，后又拐弯抹角地劝我放弃上诉；在我放弃上诉后，他们答应要为我"移管"回中国而努力，后来也没有实现；最后，我只是简单地要求他们履行承诺替我写申诉函，乃至最后只是帮我修改我自己写好的申诉函，他们竟也如此敷衍！收取了巨额律师费的律师，却连最基本的法律服务都不愿意提供，甚至连他们自身一次又一次做出的承诺都没有兑现。这是哪门子的律师？这是一个怎样的世界？！

2008年9月初的一个午餐时间，我和其他囚人刚用完餐，在餐厅门口蹲下排队准备回到囚室时，在监狱长的陪同下，几个"巡回法官"（退休的司法人员及其他资深人士）找到我，告诉我可以申请提前出狱。他们的中文并不好，却一直用中文与我沟通。他们本以为我会很高兴地接受并感激他们与新加坡当局的"开恩"，没想到，我竟然回答："我熬过去！"他们没听懂我的中文。我于是改用英语说："I will stay here until the last minute（我会在这里待到最后一分钟）！"他们表情愕然。那时，离我出狱仅剩下4个多月。

2009年1月20日，我在新加坡服刑1035天后，刑满出狱（4年3个月刑期除去节假日，实际执行1035天）。

走出樟宜监狱铁门的那一刻，我抬头仰望了一下晴朗明净的蓝天。

拜拜了，新加坡！我的人生在这里"坐了一回过山车"。这里既有我的辉煌，也有我的屈辱；既是我人生辉煌的"通天塔"，也是我人生落魄的"滑铁卢"……

别了，朋友们！我在新加坡政界、企业界和其他业界都结识了一批好朋友，他们给予了我很大的支持和帮助。即使中国航油事件发生后，即使我在新加坡落难，仍然有很多朋友对我表示理解、同情和支持，有不少朋友到监牢去探望我……

我深深地吸了一口新鲜而自由的空气，迈开步伐向前走，一次也没回头。中新两国迎送人员交接之后，我走过一条红地毯，中国东方航空从新加坡飞往上海的 MU568 航班将我从一个世界带到另一个世界……

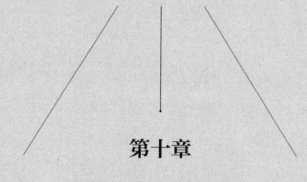

第十章

再度回首

一将功成万骨枯，

将帅落魄如枯骨。

凭君莫话封侯事，

一片冰心在玉壶。

——写于2019年修改本书之时

时间能冲淡一切。可是，有些事情是今生今世永远都不能忘怀的。

16年过去了。轰动一时的中国航油事件本应该早就从人们的记忆中消退了，变成一个遥远的传说。可事实并非如此！我每次出席一个会议或者外出做一场演讲，人们介绍我时都会提及此事。就在2018年岁末，中国联合石化发生石油期权巨额亏损时，人们第一时间就联想到中国航油事件，以致上百个记者通过各种方法找我。

加拿大警方应美国要求无理扣押华为常务董事、首席财务官孟晚舟时，也有人联想到我在新加坡的落难。于是，我当时即兴写了两首打油诗：

无题

旧闻依旧闻，翻新不如新。

九霖非久霖，今人胜古人。

无语

不在江湖中，仍在传说中。

虚空的虚空，捕风的捕风。

　　这次事件对于外人而言都如此难忘，对于我而言当然更是刻骨铭心，一桩桩、一件件、一场场、一幕幕，就仿佛发生在昨天一样，不时地在脑海里闪现。每每念及，都有一种血脉偾张的激情，都有一种撕心裂肺的痛楚，都有一种寝食难安的追悔，都有一种铭肌镂骨的记忆。

　　当然，今日之忆不同往日。风停了，浪平了，夜深了，人静了。有一种理性的力量、有一种升华的思想，在抚慰伤久未愈的心灵——跌倒了不可怕，但要明白为什么会跌倒！自己能够触底反弹，也应该鼓励他人从中借鉴！

人抗不过大势

常言道，时势造英雄。没有这个大势，人再努力可能也无济于事。

就像日本现任首相安倍晋三，其执政时间已经创下日本战后最长纪录，而且，很可能创下历史上日本首相任期的最长纪录。安倍首相很厉害，是政治强人吧？可是，要知道，就是这个安倍，在 2006 年时曾担任过日本首相，因为难以处理好国内外、党内外的诸多矛盾，干了不到一年就辞职了，被日本人嘲笑为"公子哥"。为什么同一个人两次做同一个职务，竟有如此大的反差？因为大势不同，时代变了。

时势造英雄，但时势也毁英雄，因为兵无常势、水无常形。有这样一句话：对得太早就等于错了。人们都爱说"早起的鸟儿有虫吃"，那么，反过来说呢？早起的虫儿被鸟吃！这里所说的都是时机、时势。

我自 1997 年被中国航油集团派驻新加坡后，尽管我的国企管理的职业生涯不算顺风顺水，却也一路高歌。在上级领导和同事们的共同努力下，一个亏损两年后又休眠两年多的派驻小机构，快速地成长为中国第一家靠自己海外自有资产成功上市的企业；我本人也算各种荣誉加身，名义税后年薪为 2350 万元人民币，不仅创造了中国国有企业之最，也高居新加坡上市公司管理者前列，被誉为"打工皇帝"。然而，三次石油衍生品的挪盘，一下子就把我从命运的高峰掀入苦难的深渊。

现在回头复盘，当出现账目亏损的时候，尽管我也曾多次提出斩仓，但资深的交易员、专业的风险防控人员、权威的咨询公司提供的建议，似乎是那样合理、符合大势——截至 2004 年，根据伦敦和纽约两地期货交易所的数据，历史上 WTI 年均价格低于 30 美元 / 桶，战争年代低于 34 美元 / 桶；有 21 家金融和石油机构预测，2005 年和 2006 年 WTI 会低于 40 美元 / 桶。而且，即使在战争年代高油价也没有持续过长时间，高涨数日后即大幅下跌。

但是，在中国航油（新加坡）公司展期持仓的半年中，油价却并没有像历史数据或者专家预测的那样下跌。中东等地区恐怖事件频繁、墨西哥湾飓风、石油需求增加和美国大选，尤其是以索罗斯旗下对冲基金为首的西方机构趁机炒作石油期货，使油价节节上升，2004 年 10 月份甚至出现伦敦和纽约两地期货交易所成立以来的最高价位 55.65 美元 / 桶。高价位持续时间之长也极为罕见。

这简直是一次天灾。我们撞上了几十年不遇的变故——我的好运似乎用完了。

我内心充满了挣扎！我心有不甘，想斩仓，但内心深处却又舍不得，因为这不仅是一笔生意，而是牵一发而动全身的举措。

2004 年 9 月，《中国企业家》杂志的封面文章《买来个石油帝国》，专门介绍了中国航油（新加坡）公司收购新加坡国家石油公司股权的前前后后。我完全赞同《中国企业家》的结论，将中国航油（新加坡）股份有限公司打造"成为中国海外最大且国内第 4 大石油公司"，的的确确是那时激励我奋斗前行的"中国梦"。

当时的中国航油（新加坡）公司，正处于亟需市场信心支持的敏感时期。我们苦心筹划的几个大项目正在齐头并进之中——收购新加坡国家石油公

司 20.6% 的股份、收购英国富地公司持有的华南蓝天航油有限公司 24.5%
的股权、和淡马锡合作收购海上加油公司、收购南京机场航油公司、与中
东国家石油公司在新加坡合资建设储油罐区项目、与埃克森美孚联合投资
建立合资企业等。这些项目都来之不易，而且，都是在建成后能够快速盈
利的优质项目，仅收购 SPC 股份一项当年就有 5000 万新加坡元的利润分
账。当时若出现巨额亏损，肯定要影响公司股价和市场信心，这就很可能
成为令公司倒下的第一块多米诺骨牌，所有这些项目都可能流产（事后所
采取的重组方案就说明了这一点）。一旦斩仓，损失可止，而所有的梦想
亦可能破灭。

　　如果挺过去，这些项目都将能如期进行。由于中国航油（新加坡）公
司卖出期权是分散在 2005 年和 2006 年，届时，即使产生一定亏损，这些
上马项目的收益也能弥补损失。而且，我们还买入了一定数量的纸货（分
散在 2005 年和 2006 年两年），形成一定程度上的对冲。因此，从 2004
年的时间点来看，仍然有较长的时间段去管理盘位风险。这种看似理性
的判断以及强烈而执着的"中国梦"，令我忽略了"一着不慎，满盘皆
输"的巨大风险——当时，我没有想到继续持仓与挪盘所需的巨额的保
证金。

　　就这样，在忽略了巨额保证金因素——也没有专家提示这一风险——
的情况下，我批准了挪盘，结果酿成大祸。

　　从主观上讲，我一直强调要顺势而为，但这一次，我对大势的判断出
现了偏差；从客观上看，一次次挪盘就是期待油价下跌，实质上是与大势
"熬"的过程，从一定程度上讲，又是个赌命的过程。最后，我终于被大
势打败了。

　　这个大势，就是不以人的意志为转移的客观规律。正所谓"人不能两
次进入同一条河流"，这个大势的表现则永远处在剧烈波动之中。举例来
说，我从常理判断，母公司一定会支持子公司，至少会遵守承诺，可是，

最终子公司却被母公司抛弃了！

如何去认识、去顺应这个大势，而不被五光十色的假象所迷惑，可能是我们这一生最艰难的课题。而且，对一个企业而言，一定要养成"法人直觉"，也就是整个团队都能感觉到"势"在哪里。在我几次提出斩仓时，我的团队始终在拖后腿，都认为我们一定会"熬"过去。直到第三次挪盘后，风险控制员黄丽湘还建议我继续增持；2004 年 10 月 21 日，公司收到配股所得 1.11 亿美元用于追加保证金后，财务部主任林中山还兴高采烈地说："这一次我们赢定了！"

为什么会产生"熬"的心理，不自觉地与大势对抗呢？可能是我们太相信自己的坚韧，太相信成功人士的励志样板了。不是有位伟人说过吗？往往有这种情形，有利的情况和主动的恢复，产生于再坚持一下的努力之中。人们总是强调坚持、坚韧、坚毅，但实际上，对于我们普通人来说，义无反顾地挣扎前行一步，也许会鹏程万里，也可能掉入万丈深渊。对于企业家来说尤其如此。

"一将功成万骨枯"，军人生涯是这样，企业家也是这样。华为也好，阿里巴巴也好，京东也好，都是九死一生。它们是幸运的，可大批的企业却倒在成功之前的路上，甚至连成功的一丝影子都没看见就倒下了。有专家统计，不管是国内还是国外，创新的成功率不到 5%，企业的平均寿命不到 5 年。

任何成功都是多种因素共同铸就的，有很大一部分是偶然的、随机的因素。企业的成功也一样，有必然因素，也有不同于别人的偶然因素。但人们往往把极少数企业的成功，当作是"普遍真理"，自觉或不自觉地走上了与大势"熬"时间的道路。

"在风口上，猪也能飞上天。"猪都能飞，何况我人乎？找到"风口"、站在"风口"上，我也一定能傲视群雄。一些人以为站在"风口"上就是顺势，但是，那风口的产生极其偶然而又虚幻，有几个人能幸运地站到"风口"上呢？

"弯道超车"成为当今最为励志的口号。有人说，这是顺势。但是，如果所有车手都企图弯道超车，那一定会人仰马翻甚至死伤惨重。而且，你连直道都超不了，哪来弯道超越的能力？

这个世界没有成功的捷径，更不能与大势抗衡。

要真正做到顺势而为，关键在于心存敬畏，知道什么该做什么不该做，知道什么时候该适可而止。

有时候，应该停一停，让灵魂跟上脚步。

风险管控

在一定意义上，企业家就是冒险家。

经济学家熊彼特将企业家视为社会经济发展的动力，提出了著名的"创造性破坏"的创新理论。

另一个伟大的管理学家德鲁克认为，企业家是管理者，是赋予企业生命的一群人。这群人希望赋予企业新生，因此，他们要创新。他们知道，创新可能会死，但是，不创新肯定会死。企业家精神是一种实践性的冒险精神，有人甚至认为，企业家不敢冒险就是最大的风险。

冒险就有风险。我从自身惨痛的经历体会到，一个优秀的企业家经过深思熟虑后选定一个经营方向的时候，往往是充满冒险精神的，因为未来充满了不确定性，要有一种"不成功便成仁"的破釜沉舟的气魄。但是，在行走的道路上，企业家一定要敏锐地判断周边的条件与大局的变化，胆大心细地判断风险，管控风险，化解风险。他们的冒险奋进的精神与管控风险的措施一定是如影随形的，要做到步步为营。

尽管发生了巨亏事件，但是，我至今还是认为，中国航油当年进行期货业务本身并不一定是错的，因为期货是现代企业，尤其是身处国际市场的石油企业，参与资源配置的重要渠道。尽管做期货尤其是搞期权交易存在着巨大风险，但是，我们不应该回避期货和金融衍生品交易，关键是要时刻都有强烈的风险意识，把握住风险底线，管控好风险。

2001年11月，中国航油（新加坡）公司上市，招股书上已经将石油衍生品交易列为业务之一。2002年的公司年报显示，中国航油（新加坡）公司凭投机期货（包括期权）交易获得了相当高的盈利。2003年4月，中国航油（新加坡）公司的母公司中国航油集团也成为第二批国家批准有资格进入境外期货交易的企业并指定通过中国航油（新加坡）公司进行交易。

中国航油（新加坡）公司之所以能快速成长，一个重要的原因就是借助期货实现低买高卖并控制大量采购的风险。一开始，公司是只扮演代理商的角色，为买家卖家服务，从中赚取佣金，没有太大的风险。后来，逐步开始小规模地进行期权交易，而且也获得了不错的盈利。2003年年底，公司年报公告的盘位，包括200万桶的空头期权和更大数量的其他期货盘位。实际上，公司从事以及扩大期货业务，也是获得优惠税收待遇的重要条件。因此，可以说，如果不进入期货市场，就难有中国航油（新加坡）公司的快速成长。

客观地说，我自始至终都具有强烈的风险意识。我专门委托外部公司编制《风险管理手册》，确立了风险管理规程的总体框架，还组建了公司的风险管理委员会。

2004年2月，我作为企业家代表受邀在全国企业管理创新大会上演讲，把"风险管理"作为自己发言的主题，用了近1/3的篇幅，对中国航油（新加坡）公司的风险管理系统做全面介绍，还引用巴林银行事件作为前车之鉴，甚至特别提到"50万美元"的平仓止损线。

然而，魔鬼藏于细节之中。在中国航油事件中，如果把住了风险底线，一开始就紧守《风险管理手册》，乃至处分了越权操作的交易员纪瑞德，就不会有后来的巨亏了。

纪瑞德于 2004 年 1 月 12 日前未经批准，擅自进行的敞口交易量就高达 136.4 万桶，已经远远超过了《风险管理手册》规定的 50 万桶的交易量限额，超限 173%。这本是越权违规操作，应该毫不留情地指令立即斩仓，并对纪瑞德进行处理。但我太过相信这位专业人员，仍然批准了他的申请。这就是使千里大堤溃坝的"蚁穴"，我当时一点儿也没意识到。

在进行期权交易的关键节点，我正忙于当时中国航油那 13 个优质并购项目，顾此失彼，没有察觉交易员纪瑞德和卡尔玛的先斩后奏、越权操作，出现账面亏损后他们才不得不报告。我也没有及时处分他们，甚至认为他们两人在市场上分别有 14 年和 18 年石油交易经验，均为资深外籍交易员，出现一些失误是难免的，一定程度上也是可以理解的。我的优柔寡断使得他们更加肆无忌惮，成了"脱离缰绳的野马"。

早年的期货交易进入更为复杂的场外石油期权投机后，各方交战激烈，赌注越码越高，必须全力以赴地关注每一个细节。中国航油（新加坡）公司此次所从事的主要是场外石油衍生品交易，并不是交易所内的石油期货交易。场外衍生品交易与交易所内的石油期货交易相比，是一对一的私下交易，交易的过程密不透风，风险要比交易所场内交易大得多。有专家认为："除了受（有关国家）合同法的制约，这种一对一的私下交易，几乎不受交易所成套规则体系的约束，并且，存在很大的道德风险。"公司的期货交易从场内走向场外，我却无力分心。万万没有想到，这就是后来吞噬企业的"黑洞"。

事后了解到，国际期货市场上频频发生的金融巨案，大多是这种"黑洞"吞噬的恶果。1994 年，巴林银行因其新加坡公司期货交易员尼克·里森投资日经 225 股指期货失利，遭受 14 亿美元的巨额损失，最终无力继续经营而宣布破产；1995 年，日本大和银行纽约分行外汇交易员井口俊英账外买卖美国联邦债券，造成 11 亿美元的巨额亏损，这家有着 77 年历史的知名银行被迫放弃了美国这个重要的战略中心；1996 年，日本住友银行因首席交易员滨中泰男的操作造成期铜亏损额高达 26 亿美元；2002 年，联合爱尔兰银行在美国巴尔的摩的分行，因交易员约翰·鲁斯纳克违规操作外汇买卖，亏损达到了 6.91 亿美元。

其实，我们中国企业在期货交易中也频频"中招"，从而损失惨重的原因，也莫不如此。

再回过头来看中国航油自身，第一次出现账目亏损时，如果立刻斩仓，损失是公司完全可以承受的。可是，为什么没有斩仓呢？除了资深交易员、风险管理员和专业咨询公司强烈建议挪盘之外，我自己也犯了风险判断方面的重大错误，认同了专业人士和专业机构的判断。首先是没有想到最坏的结果，没有做最坏的打算；其次是出现了重大风险时，相信自己在商界曾经一次又一次绝处逢生的经验，认为"车到山前必有路"，最终总会有办法挺过去。在海外 7 年，我已经养成了只身解决风险和问题的习惯。

俗话说，性格决定命运。这次失败与我争强好胜、喜欢挑战极限的性格是否有很大关联？我的事业并非一路顺风顺水，在中国航油经营过程中，在其他方面，包括在石油现货方面，我也曾经历过多次危机，但最终都化危为夷、遇难成祥。因此，在我的字典上没有"输"这个字。我没有自己一世英名会毁于一旦的顾虑。事后反思，一个人处在成功的亢奋中时，是不是会自觉不自觉地把风险意识抛掷脑后？尽管那时我对期货，特别是期权交易只是一知半解，但是，我依然选择相信专业人员而涉足该领域。在挪盘方面，照样相信他们。

我对专业人士的宽容和忍耐，无异于对他们"先斩后奏"的做法给予了事实上的认可，更是亲自否定了由我本人所提议拟定的"当任何一笔交易的亏损额达到 50 万美元，立即平仓止损"的风险管理条例！而且，挪·

盘的数额巨大，但我认为这是自己职权范围内的事情，从而迅速做了决策。

公司的风险防控就这样形同虚设。由于没有了厚实的"防火墙"，加上没有采取对冲交易来规避风险，在危机来临之际，风险就被无限量地扩大了。

挪盘之后，公司账面亏损暂时消失了，但因盘位扩大而产生的风险也随即被放大。到2004年6月时，由于油价没有停止上涨的步伐，公司因期权交易导致的账面亏损，已扩大至3000万美元。

这个亏损额几乎相当于公司上一年度的全部盈利，我已是骑虎难下了。在所有专业人士仍觉得可以展期持仓之时，我内心出现过挣扎，但最终又心不甘情不愿地同意把所购期权的到期时间全部后挪至2005年和2006年。这种做法已远远超过《风险管理手册》中只允许投机12个月期货的上限，交易量被进一步地放大。

所谓风险管理，必须形成"董事会—总裁—交易员—风险管理委员会"这样一个链条式的体系，只要链条中的任何一个环节构成"障碍"，风险即可消除。而在中国航油这个风险链中，每个环节都没有发挥应有的"障碍"作用。董事会批准了每一次的挪盘，连疑问都没有提出过；交易员和风险管理委员会也主动建议挪盘。总裁必须具备高度的风险意识。而我当时的搏击欲望战胜了风险意识。风险链的崩溃，使得公司的风险管理制度也形同虚设。事后反思，这其实也与航油集团缺乏风险意识有关。航油集团明明知道我业务繁重，手头并购项目很多，理应派遣或从国际市场上招聘一位懂得期货期权业务的得力助手给我，或者配备一位专司风险控制的副总裁。航油集团确实派出了几位"大将"，但是，他们要么不懂业务，要么不懂英语。航油集团对外派出人员重在"政治优良"，而非"业务能力过硬"，更谈不上风险意识。

由于以上原因，公司集体僭越了风险底线，制定制度的一群人打破了制度对他们自己的约束，这是我本人和中国航油公司乃至航油集团的最大教训。中国航油事件重大教训的启示是，一定要有章可循、有章必行、违章必纠、独立监管！

羊皮的迷惑

"走出去"的中国企业，就如同初出茅庐的少年，充满理想，激情澎湃，浑身上下都有使不完的劲，准备跃马挥鞭，驰骋疆场。

但是，他功底尚浅，甚至某些方面无知；他没有经历太多的人生阅历，甚至有某些空白；他在父母的呵护下长大，现在却要在大风大浪中独立应对各种挑战，甚至有时需要在短时间内独自做出重大决策。

怎么办？他要学习，要观察，要尽快融入社会，要遭受几次挫折，要经风雨，见世面。

在"走出去"之前，中国企业应扎实地做好功课，制定规章；正式"落地"之前，应全面地做好调研，全面地了解当地的法律体系、社会规范、经济大势、行业规则、风土人情等；最重要的是，落地扎根之后，要顺应大势，规范操作，稳扎稳打，拒绝诱惑，躲避陷阱，苦干巧干。

虽然受美国贸易保护主义等影响，经济全球化遭遇了一些挫折，但"世界潮流，浩浩荡荡，顺之者昌，逆之者亡"，投资贸易便利化是历史的必然选择，各个经济体都加大了招商引资的力度。除了少数国家以国家安全为名的歇斯底里的叫嚣之外，大多数国家和地区都热烈欢迎中国企业"走出去"。

但是，我们应当清醒地看到，随着中国综合国力的不断增强、中国企业竞争力的日益提高，一些国际大鳄眼看自己的地盘被蚕食，明里或暗里都在对中国企业实行惨烈的"绞杀"。毕竟，"卧榻之侧，岂容他人酣睡"。

事后反思,中国航油事件极为深刻与惨痛的教训,与我们当时"走出去"时准备不足,与我们对国际市场的陷阱和丛林法则认识不透彻极为相关。

中国航油的投机性期权业务,是高盛旗下的子公司 J.Aron 介绍的;2004 年 1 月,当公司因期权交易出现 580 万美元的账目亏损时,我开始时主张斩仓止损,又是这个高盛的子公司 J.Aron 力主挪盘;当中国航油(新加坡)公司出现资金链吃紧时,还是这个高盛首先站出来逼仓。

高盛集团是一家国际知名的投资银行,向全球提供广泛的投资、咨询和金融服务,是能源风险管理领域公认的行业领先公司,协助大量的客户全面管理与能源相关联的风险。J.Aron 公司是高盛的子公司,在商品业务领域有上百年从业经验,其作为全球规模最大的商品交易机构之一,一直引领着实物和金融领域的交易潮流。在全球范围内,高盛的 J.Aron 公司在商品风险管理解决方案提供方面曾获得顶级排名。

是呀!这些公司太专业了,不找它们还能去找谁呢?我也确信,中国航油(新加坡)公司交易员纪瑞德和风险管理委员会这些专业人员与 J.Aron 公司一起讨论出的方案,应该最为合理且专业。

就这样,我们自投罗网了,掉进了它们精心布置的陷阱里!

中国航油(新加坡)公司前两次挪盘都是在 J.Aron 公司强烈建议后实行的。2004 年 1 月,J.Aron 给中国航油所做的市场分析是,未来几个月乃至 2005 年和 2006 年的油价都是下跌趋势。可那时,我们并不知道,与此同时,J.Aron 公司却在背地里开始做多原油,看涨未来原油价格!那时,这个 J.Aron 公司也是我们中国航油期权交易的第二大对手。两家是生意场上你赚我亏的对手,我们却去请它为我们做赚钱的方案,事后想起来,真是傻到家了!就这样,我们早就成了高盛的"瓮中之鳖"。

第三次出现账面亏损时,日本三井能源建议挪盘而不是斩仓。第三次挪盘是与 5 个交易对家进行的,即 BP、标准银行、日本三井能源、麦格理银行和法国兴业银行。中国航油亏损事件爆发后,我们才知道,这个日本三井能源与美国高盛及其在新加坡的全资子公司 J.Aron，无论在股权还是业务上都存在着错综复杂的关系。也就是这个日本三井能源在 2004 年 10 月 26 日对我们进行逼仓，并威胁说，如果中国航油（新加坡）公司不对其期权盘位实施斩仓，它们就要给中国航油（新加坡）公司发律师函，并将其期权盘位在市场上公布出来。集团公司领导只好当即决定立即斩仓。我们被逼斩仓不到一个小时，高盛就来逼仓，且市场上就知道了全部斩仓信息。若不是高盛与日本三井能源之间的密切配合乃至密谋，哪有如此之巧合！

这次斩仓正撞在了原油的历史最高价位达 55.43 美元/桶那个时间点，公司实际亏损达 1.07 亿美元！当时我们没想到，就在中国航油接近全部斩仓之后，油价马上大幅下降！"从油价前期没有理由地狂涨，以及行权后油价迅速下走等情况分析，不能不让人怀疑这里有很大可能存在国外金融炒家联手对付中国航油的'逼仓'行为。"专家所言极是！

我们就是这样被这些披着羊皮的狼群所吞噬、分而食之了！

这群豺狼，有的是中国航油的借款人，有的是为中国航油提供期货交易的咨询商，有的是中国航油的逼仓对手。

2005 年 3 月，中国航油（新加坡）公司向新加坡高等法院就期权合约欺诈，起诉了 J.Aron 新加坡公司。专家认为这是中国航油稳赢不输的官司，但在我入狱后，这场官司就不了了之了。

康奈尔大学黄明教授以衍生品专家顾问的身份，于 2004 年年底应邀回中国参与中国航油（新加坡）公司的重组。在查阅了中国航油（新加坡）公司购买金融衍生品的相关合约之后，黄明意识到，中国企业正在遭遇华尔街"金融鸦片"的侵蚀："我简直吓了一跳，高盛为了自己榨取巨额利润，给中国航油（新加坡）设计了一个极其复杂、有点像是剧毒的产品。"

黄明教授分析道："这种产品有巨大的向下风险，往上给投资者的回报是很小、很有限的，但是，往下的风险可能是几十、几百倍。因此，你要是让投资者签这种合约，就会导致巨额亏损。所以，在美国，这种投行将会承担极大的法律责任。因此，投行分析来分析去，都不敢在美国销售这种产品。"那时，我哪里懂得这些呀！

高盛这个国际大鳄设计的复杂的金融衍生品，在美国本土市场上难觅踪影，却在反复"猎杀"中国企业。中信泰富、中国远洋、中国国航、东方航空、中国石化等，这些中资企业的交易对手几乎都是高盛。十几年里，中国央企在金融衍生品方面的亏损高达数百亿美元。

正如黄明教授所说："我们的企业对国际大投行有迷信、有盲目的崇拜，把他们看为精英，把他们当成独立的专家。事实上，国际投行是一个追求利润最大化的商业体系，你不能把商人当成独立的专家，我们的企业却经常犯这种错误。"

中国证监会前副主席姜洋博士形象地比喻说："中国企业在海外衍生品市场上与跨国公司较量，就像是一场50公斤级对100公斤级的拳击赛。对手在自己制定的比赛规则下熏陶了多年，在这样的竞争环境下，缺乏经验和实力的中国企业才会输得这么惨。"

另外，让我追悔莫及的是用人的失误。

中国航油参与期权交易、掌握交易核心机密的交易员，均是外籍人员，来自澳大利亚、英国、韩国等国。上海国际能源交易中心的张宏民博士介绍说："像这种核心机密被外籍人士掌握和运作，即使在美国这样的国家也是很少出现的。在美国的高盛、摩根士丹利等公司，掌握最核心机密的关键交易员，一般都是美国人。"

事后，我才意识到，公司亏损的始作俑者、首席交易员纪瑞德就是J.Aron公司推荐的。有人认为，纪瑞德存在与J.Aron公司相互勾结、蒙骗欺诈的行为；而且，有公司职员向我反映，交易员纪瑞德和风险管理委员会主任庄玉莲可能存在着勾结关系，因为他们曾在澳大利亚共事过，且庄玉莲是由纪瑞德推荐到中国航油（新加坡）公司工作的。由于新加坡商业调查局和普华永道都未对此进行深究，尚未发现明显的证据，但不排除这种可能性。

中国企业"走出去"，必须有一批具有国际化视野和思维、精通外语和懂技术、懂金融、懂法律等的复合型人才。引进、培养人才并通过合理配置实现人尽其才，是企业负责人管理海外项目首要考虑的内容。中国航油事件的教训表明，无论是派出去的人才，还是在当地招聘的人才，诚实、守信、有担当，才是重中之重，因为这关乎企业在海外的存亡！

"走出去"，我们实在是太年轻了！

用法律"禁锢"自己

"走出去"的中国企业，往往有一种"海阔凭鱼跃，天高任鸟飞"的解放感。但是，铺满鲜花的道路上往往也充满了陷阱。要站稳脚跟、开拓发展、稳步经营，重要的一条就是遵守所在地国家或地区的法律。

我对有关期货等金融衍生品合约交易的法律条文掌握得不多，以及对新加坡的法律体系的理解不深，也是我跌入新加坡陷阱的重要原因。

尽管我遭受过囹圄之苦，但也不想对新加坡的法律体系说三道四，我们尊重新加坡的法律体系。

但是，客观地说，新加坡是个严刑峻法的国度（这一点儿也没有批判的意图）。扎了几辆汽车的轮胎并且随意在这些车上狂乱涂鸦这种事，在中国乃至其他许多国家或地区，也就是罚款、拘留些时日而已，但在新加坡可不行。1994 年，刚到新加坡不久的一个叫麦克·彼特·费尔的美国青年就因为干了这种勾当，一审不仅被判罚款 3500 新加坡元、监禁 4 个月，而且还被判鞭刑 6 下。二审又改判得更为严厉——监禁 8 个月、罚 3500

新加坡币、鞭刑 12 下。所谓鞭刑，是世界上很少有国家使用的一种酷刑，有一种说法，似乎只有新加坡一个国家保留着这种酷刑。行刑的刑鞭长 1.2 米，粗 1.3 厘米，正式行刑之前，会放在清水里浸泡一夜，使之柔软，不易折断，行刑前几分钟还会使用消毒剂擦拭。鞭刑之残忍，往往一鞭下去，囚人的屁股就会皮开肉绽，血肉模糊，几个月才能恢复。痊愈后，依然会留下鞭痕。尽管国际社会一再要求废除鞭刑，但新加坡方面认为，必须让囚人感受真正的痛，才能起到惩戒的作用。

听说费尔要遭鞭刑，整个美国社会舆论都沸腾了，群情激愤地指责新加坡司法体系，甚至时任美国总统克林顿都为此向新加坡求情，但新加坡当局不为所动，算是给克林顿一点儿面子，鞭刑由 12 下改为 4 下，其余判决维持不变。

同一个世界，却有着不同的文化，不同的法律体系。在中国合法的事情，在海外未必合法；在这个国家违法的事情，在另一个国家未必违法；在美国，甚至这个州的法律与另一个州的法律也不一样。比如说，在国内，民事诉讼强调"不告不理""民不举则官不究"，但在海外就未必是这样。

中国企业"走出去"以后，离开了自己如鱼得水的国内市场环境，面临的地缘风险、安全风险、经济风险、法律风险骤然增多。特别是在法律风险方面，企业"走出去"面临的劳工、环境及知识产权纠纷等法律问题越来越多，企业因此而产生的经营成本往往更高。

这就要求"走出去"的企业在真正"走出"之前，就对目的地的主要法律，尤其是其法制环境有所了解，以规避可能的法律风险。这一点不仅体现在平常的交流与沟通方面，也体现在项目谈判方面，更体现在危机处理方面。以中国航油事件为例，在出现账面浮亏之时，我们的第一反应是想尽千方百计解决问题，也就是我们所称的"救火"，而在新加坡却不是这样，他们认为先要考虑这种"救火"是否合法。

坦率地说，公司发生危机时，我不是完全没有意识到法律层面的问题及个人的安危，但是，我把重点放在了商业的层面、道德的层面、情理的层面，尤其是放在拯救公司的层面。我当时行事过于侧重中国式的思维，以为拯救了公司，法律层面的问题应该可以得到解决，我也坚信在集团公司的强力支持下公司一定可以得到拯救！但事后回想，如果我按照新加坡人的思维，优先考虑法律层面，优先自保，那么，我还会遭受囹圄之灾吗？也许会，但起码在法律层面上能够站住脚。

有专家指出，"中国公司防范法律风险，应坚持三大战略：公司治理、合同管理、知识产权。良好的公司治理不仅可以避免负面风险，而且，还能创造正面收益。这对公司所有利益主体来说，都是有利的。高层管理人员的注意力，可能主要集中在如何避免个人承担刑事或民事责任的负面风险方面。但是，作为股东来说，它可能更重视通过良好的公司治理来提高公司市价总值的机会，以便其能够获得更高收益"。

把企业的经营和个人的活动都"禁锢"在所在地法律规范的框架内，是坚实地"走出去"的第一步。千万不要期望能"打擦边球"，最忌讳把国内那种出了事就急忙托关系、找门路"摆平"的思维方式带到海外。

另外，"走出去"的中国企业，在更好地融入当地、更好地履行社会责任的同时，应该有"抱团取暖"的意识。在海外，我们经常碰到这样的情况：两家日资企业在发现彼此正在竞争同一个标时，会选择联合投标，或一家投标，一家围标；而同样的事情如果发生在中资企业身上，中资企业往往会相互竞争，使得他人坐享"渔翁之利"。在出现危机时，中资企业都在"隔岸观火"，很少相互伸出援助之手。中国航油（新加坡）公司出现危机时，中国企业似乎都避之不及，而主动或受邀与我们洽谈施以支持的都是外资企业，最终也是外资企业当了"白马骑士"！

最后，如同各级政府会有危机处理的预警方案一样，"走出去"的中国企业，也同样需要未雨绸缪地制定危机应对预案。在危机来临时，高效、团结、及时地跟进市场变化，依法处理。只有决策正确，方能化解危机，乃至化危机为转机。

国企的"七寸"

关于中国航油事件，经常有人问我：出现账面亏损时，如果我是一家民营企业子公司的老板，我会怎么决策？我还会坚持挪盘吗？如果是一家民营企业遇到这种危机，中国航油集团领导会怎么处置？是拯救、重组还是破产？

坦率地说，即使是民营企业子公司的老板，可能也会选择挪盘，因为在当时的环境下，专家都一致认为挪盘是最佳甚至唯一选择。看看历史便知，在不利的市场环境下，形成重大亏损乃至倒闭的企业不全是国有企业，甚至更多的是民营企业，比如巴林银行。就连2004年狙击中国航油的日本三井在新加坡的石油子公司，在中国航油重组后不久也倒闭了；2019年，我国曾经登峰造极的光汇石油也倒闭了，它们都是民营企业。这类的事例举不胜举。不过，如果中国航油集团是民营企业，在其子公司出现危机时，一是会迅速做出决策，二是会全力以赴地采取一切可行的措施，因为这涉及企业自身利益。而国企的情况就有所不同，国企集团的决策，不仅效率较低，而且，主要领导决策时首先会考虑到自己的"乌纱帽"，甚至还存在内斗的现象。也许是我前几年的风头太劲，在航油集团内曾遭到一些人的非议，在集团公司决策处理危机的措施时，有人就说过"过去的风头都让他出了，现在出了问题要大家背锅""拯救中国航油（新加坡）不就是拯救陈九霖吗"之类的话。在火烧眉毛之时，他们优先考虑的不是公司利益，而是社会关系的权衡，以及如何推卸他们自己的法律责任。

这就是我及众多国企经理人常常面临的现实。

除此之外，真正的企业家最本质的灵魂就是创新，而国企的领导人最常见的特质就是循规蹈矩，维护既定秩序（技术发明除外），甚至不能"越雷池一步"。可在国际市场上，有时不得不打破常规，开拓创新，在发生危机时更得特事特办。

如前所述，2004 年 10 月 1 日，当中国航油（新加坡）公司资金链断裂导致巨亏的危机爆发后，我马上给中国航油集团总经理打电话。那时，正值国庆黄金周，他正在福建度假，集团公司的其他领导要么出国要么度假，集团总部也没人上班。一直等到 10 月 9 日，在集团公司恢复了节后正常运作后，我才有机会和集团其他管理人员充分讨论，才得以正式向集团公司寻求帮助。如果是民营企业，在这种事关公司生死存亡的紧急关头，所有的领导一定会放下手头的一切事情，紧急处理公司危机，甚至进入"战时"状态。

面对瞬息万变的市场，尤其是出现重大危机之时，往往需要一个企业家当机立断、迅速决策。但是，国企强调的是集体领导、集体决策。这就导致了低下的效率，难免错过最佳时机。那么，有没有打破藩篱、敢越雷池的国企领导人呢？有！但为数不多。一些经营业绩相对亮丽的国企，几乎都拥有敢做敢为也乐于承担责任的领导人，尤其是一把手。然而，这样的国企领导人却像在"走钢丝"，都会承担巨大的个人风险，甚至是"赌命"！一旦经营不善或利（税）下滑，所谓"独断专制""飞扬跋扈""决策失误"等批评与指责，就会铺天盖地而来。而且，如果你做对了 10 件事情，可能会得到表扬或升迁，但也会招来嫉妒。可是，如果你做错了 1 件事情，之前做对了的 9 件事情就会一笔勾销，甚至会招惹免职以致牢狱之灾。我是中国航油（新加坡）公司创始人之一，也是中国航油集团成立时的第一任领导班子成员。但中国航油事件发生后，无论是中国航油成立 20 周年还是集团公司重大庆典活动，连我的名字都未提及，似乎我从未在这两个单位干过，更别说做过重大贡献。

再回到中国航油亏损事件上来，在民营企业机制下，即使集团公司没有选择接走期权盘位，一定会选择与 BP、维多或中国海洋石油合作，而不至于闹出后面改变初衷的、得不偿失的重组方案来！理由有三：第一，两弊相权取其轻，在出现重大危机的情况下，哪怕是让 BP、维多或中国海洋石油这些"白马骑士"占点便宜，集团公司也获利颇丰，毕竟集团当年出资仅 21.9 万美元，且已通过各种途径拿到不少回报；第二，这些大集团有足够实力与高盛等资本大鳄抗衡；第三，民营企业集团不存在推诿责任问题，必须立即决策。

我在中央国企工作了 26 年，对国企特别是央企，有着深深的眷恋之情，但是，我不得不说，我们国企目前的管理规则与经营体制，实在难以适应"走出去"的要求，需要及时、彻底地进行改革。而国企改革的方向应该是，除了一部分国企被赋予国家战略职能外，绝大部分国企还是应该成为市场竞争的主体，而不是国家行政单位。

清白担当

中国航油事件曝光后，不少媒体把我同巴林银行事件中的里森相提并论。新加坡副检察长在法庭上也如此对比。对此，我理直气壮地告诉中外媒体，我与里森的性质完全不同！2006 年 3 月 9 日，国务院国资委在写给新加坡初等法院的函中指出："我们认为，'CAO 事件'（中国航油事件）与当年的'巴林银行事件'存在较大差别。陈九霖先生触犯新加坡法律行为的动机是善意救助、尽可能维护 CAO 股东价值，未有个人私利；陈九霖先生能够勇敢面对指控，承担了应有的责任。"

第一，里森是具体操作者，而我是宏观管理者，就专业操盘而言，操作者的责任要大于宏观管理者；第二，里森有严重的欺诈行为，他私开账户，我没有；第三，里森在事发后逃跑，而我主动返回新加坡，积极配合调查；第四，事发后里森转移了所有个人资产，而我对个人资产毫发未动，体现了我的清白；第五，里森有个人的意图和利益，隐藏了个人账户，而我没有涉及任何个人利益；第六，巴林银行亏损 14 亿美元后倒闭，而中国航油亏损 5.5 亿美元后公司持续经营，继续为股东创造价值。

在这里，我尤其要强调的是，在整个事件的前前后后，我根本没有图谋任何个人利益。公司的交易员们越权操作，把期权的盘位做得越大，盈利后他们提取的利润分成就越多，如果造成亏损却由公司承担，他们本人可以另找工作；而我在期货、期权等任何营收方面没有设置任何利润提成安排，即无论利润多大，我都不能分成。

换句话说，尽管我批准了期权交易的挪盘，但是，我的出发点是股东利益，没有任何个人私利。在其他方面我也是两袖清风、清白透明的，我严以律己、克己奉公，没有任何私心。所以，国务院国资委在致新加坡初等法院的函中评价我"未有个人私利"；就连新加坡的法官在其判词中也认定，在整个中国航油亏损案中，我毫无个人私利。

2002 年，根据协议，我获得的税后个人薪酬为 490 万新加坡元，我因此获得"打工皇帝"的名声。其实，绝大部分薪酬我都上交给集团公司了。就连我给老家修路建房，都是用我的稿费。2003 年年中，我还向董事会提出要求，主动下调了薪酬。

干干净净做事，清清白白做人，是我的人生宗旨。

从 2004 年 12 月 8 日返回新加坡起，我承受了很大压力、遭受了很大痛苦。尤其是在我被拘押期间，我的母亲驾鹤西去，我们连最后一面都没有见上；我岳父动手术，我都不能前去看望他一次；我的太太因压力过大，患上了严重的忧郁症，孩子的学业也受到严重影响。

在中国航油事件中，我存在重大失误，但也付出了沉重的代价，表现出了应有的担当。

事过境迁，风轻云淡。清清白白、坦坦荡荡、毫不推卸、主动担责，是我对中国航油事件的交代，也是我做人的底线。

历经风雨见彩虹

我经常被人问到，我是怎样从人生逆境中挺过来的。

的确，牢狱生活，往往会导致身体和心灵遭受极大的摧残。我亲眼见过两个犯人跳楼；还认识了一位自杀了 8 次都未成功的印度籍的犯人。我自己在发生中国航油事件之初也曾萌生过结束生命的想法，但最终还是战胜了这一闪念。在 1035 天异国他乡的监狱里，我再也没有那样的想法。相反，我还利用狱中无以打发的时间，碎片化地完成了《地狱归来》这部作品及三部英文电影剧本。我那时的主要信念就是，活着就是胜利，地狱的隔壁便是天堂。

我战胜苦难有三个秘笈：读书、锻炼和睡觉。我在监狱里读了五六百本书，《资治通鉴》《史记》《圣经》《金刚经》《易经》《天路历程》等，我都读过。读书一方面可以消磨时间，使自己没空悲观；另一方面，也让我从一些古今中外悲欢离合的典籍故事中汲取营养与力量。我有时候宽慰自己，比我惨的人多的是，经历一下苦难，也算是"塞翁失马，焉知非福"吧！由于监狱里的灯光阴暗，读书的时间长了，眼睛受不了，我就做俯卧撑和仰卧起坐等运动。锻炼的时间长了，体力空乏，就冲一个凉水澡后睡上一个大觉。就这样，靠着这些自我排解的办法和"本事"，我终于挺了过来。

有记者采访我时问我，经历了跌宕起伏的人生，我为何还能保持阳光的心态呢？我回答说："曾经沧海难为水，除却巫山不是云。经历了太多事情之后，反而感觉到波折坎坷并没有什么。人就是这个世界的一个过客，这个世界只是个客栈。在客栈走一走，发现老板和老板娘吵架也好，住客打情骂俏也好，和我们没有什么关系。最大的困难我都克服了，还有什么困难克服不了呢？"

2009 年回国后，我在山东工作。在一次演讲中，有人问我，为什么回国后的第一站要从山东出发，我随即打趣地告诉他："'山东'倒过来念不就是'东山'吗？我要从这里开始，实现我东山再起的梦想呀！这里是风水宝地啊！诞生过齐国开国君主、辅佐周王绝地崛起而成就霸业的姜子牙，也发生过'仲尼厄而作《春秋》；左丘失明，厥有《国语》；孙子膑脚，《兵法》修列'等等不屈不饶、逆境反弹的英雄故事。"

出狱归国后，我除了创立约瑟投资有限公司，投资了泰康人寿、居然之家、小米集团等企业之外，还利用闲暇时间阅读和写作，出版了《走近陈九霖》《石油衍生品合约监管法律问题研究》《地狱归来》《商业的逻辑》等 4 部作品，数百篇文章在《中国经济周刊》《人民日报》《环球时报》等知名媒体上发表，我还是新浪网专栏作家、腾讯财经特约撰稿人。我受聘担任中国社会科学院研究生院等研究机构和安徽大学、中南财经政法大学、华中师范大学、复旦大学、同济大学等知名高等学府的兼职或客座教授。我也受邀到美国、以色列和中国各地发表了上百场中英文的演讲。

自 2010 年开始，我家养了两只极其可爱的小狗。一只是我儿子养的，他给它取名叫 Mary，立意为"快乐而幸福地生活"。后来，我儿子出国了，我夫人就想给这只小狗找个伴。她是个非常诚实善良的人，相信养育生命，就一定可以得到生命的回报。所以，她收养了一只流浪狗。我儿子了解到它的来历之后，就给它取名叫 Maria，意思是苦尽甘来。其实，我也一直相信，经历苦难却努力修行并持之以恒，最终都会苦尽甘来。这两只小狗在我家里幸福快乐地生活及它们的名字的寓意，正是我和家人现在及未来生活的真实写照！

让陈九霖回新受调查表明中国负责任

　　中国当局决定让中国航油公司前总裁陈九霖回到新加坡接受调查，说明中国已意识到必须以负责任的态度去处理这家国有企业的子公司因进行衍生商品期货交易，而蒙受巨额亏损的事件，以免损害中资企业的声誉以及影响它们今后在海外上市集资的计划。

　　"如果他们不这么做，将使中国的行为沦为第三世界水平。"内阁资政李光耀前晚在外国通讯员协会的晚宴上讲话后回答问题时，针对中国航油事件的演变发表看法。

　　对于新加坡在爆发中国航油事件之后，是否应加强企业监管的问题，他说："我认为重要的是中国当局已经决定让总裁（陈九霖）回来新加坡协助调查。对我来说，这显示他们都明白，如果让这名总裁逃避责任，将不止在新加坡，而是在国际上自毁中资企业的声誉，那会把他们的（企业监管）行为降至第三世界水平。因此，他们决心要向第一世界水平看齐，是发出令人感到乐观的信号。"

　　李资政认为，中国方面以负责任的态度去处理中国航油事件，是个很好的发展，因为如果中资企业今后要在海外上市集资，就必须维护它们的可靠信誉。

"如果它们要维护本身的信誉，以继续在香港和纽约这些地方上市集资，就必须建立起可靠的信誉，证明本身不是在搞投机。"

自从中国航油公司因进行衍生商品交易而蒙受巨额亏损的事件曝光以来，人们都关注它是否涉及局内人交易等违例行为，以及政府是否应加强管制，以避免类似事件重演。

班机上遇陈九霖

李光耀资政和中国航油公司前总裁陈九霖在从上海飞来新加坡的航班上相遇。

他忆起陈九霖当时在机上趋前跟他交谈时，递给了他一张名片，还向他宣称有意收购新加坡石油公司的股份。这样的举动令他吃了一惊。

他形容陈九霖是一名非常聪明和沉着冷静的年轻企业家，不过他所从事的衍生商品期货交易，却是一项非常高风险的商业活动。

"他要求我促成这项收购行动，但是，我告诉他，我跟新加坡石油公司毫无关联。"

李资政说："他显然是个沉着冷静，一步步走向成功的年轻人。"

资料来源：2004 年 12 月 22 日，新加坡《联合早报》第 6 版

投资与并购

2019年9月21日在长江双创公益基金会活动上的演讲

　　首先，我来谈一下风险与危机管理。无论是个人还是企业，或多或少都会遇到危机管理的问题。即使是马云，也曾经遭遇过重大风险，经历过多次挫折。在四次创业失败后，才有了阿里巴巴的诞生；阿里巴巴上市后不久，就受到美国投资人的集体诉讼，多亏危机管理做得到位，才成功渡过了那次重大危机。

　　危机管理有很多方法，比如及时处理、信息透明等，但无论是什么样的处理方法，只要是在出现了危机后再进行管理，就像人过留名、雁过留声那样，一定会留下痕迹。所以，最好的危机管理方法，就是不让危机发生，就是防患于未然。最高的境界，则是化腐朽为神奇，将危机变成机会，实现东山再起。

　　其次，我要说"拼搏"。在我的简介中，提到我的学历是博士。其实，我更多的不是博学多才的"博士"，而是拼搏进取的"搏士"。曾国藩指挥作战时，经常给朝廷写折子，报告前线军情。起先，他写"屡战屡败"，后来，师爷进行了修改，改成了"屡败屡战"，这一下子就把曾国藩的境界大大提升了。像曾国藩一样，我也是一个"屡败屡战"的人。我就是一个如我的座右铭一般的"生命不息，战斗不止"的斗士。

　　创业，对很多人来说，不过是一种谋生的手段。然而，纵使腰缠万贯，无非夜宿一床；纵使黄金万两，无非日食三餐。有的人赚了很多钱，却不一定像我这样快乐。我们做企业的最高境界，是要做一个有传承精神的企业家，否则，多年之后就没人记得。历史上，有个著名的商人叫范蠡，自号"陶朱公"，他三聚三散财产的故事动人励志。他也当过越王勾践的将军，并帮助勾践成功复国，东山再起。可是，他给后人留下的最大财富，却是他所著的《陶朱公商训十八则》。

陶朱公商训十八则

生意要勤快，切勿懒惰，懒惰则百事废。

接纳要谦和，切勿暴躁，暴躁则交易少。

价格要定明，切勿含糊，含糊则争执多。

账目要稽查，切勿懈怠，懈怠则资本滞。

货物要整理，切勿散漫，散漫则查点难。

出纳要谨慎，切勿大意，大意则错漏多。

期限要约定，切勿延迟，延迟则信用失。

临事要尽责，切勿放任，放任则受害大。

用度要节俭，切勿奢侈，奢侈则钱财竭。

买卖要随时，切勿拖延，拖延则机会失。

赊欠要识人，切勿滥出，滥出则血本亏。

优劣要分清，切勿混淆，混淆则耗用大。

用人要方正，切勿歪斜，歪斜则托付难。

货物要面验，切勿滥入，滥入则质价低。

钱账要清楚，切勿糊涂，糊涂则弊窦生。

主心要镇定，切勿妄作，妄作则误事多。

工作要细心，切勿粗糙，粗糙则出劣品。

说话要规矩，切勿浮躁，浮躁则失事多。

因此，做企业的境界，不能用金钱财富来衡量，而应该看他是不是一个有传承精神的企业家。

投资的魅力

古语有云，"知彼知己，百战不殆"，古人的伟大智慧是，先要了解别人，然后，对照别人，才能了解自己，只有这样，才会百战而没有危险。我们无法自己看清自己，而要通过镜子才能看清自己。做企业要想成功，就要通过"投资"这个镜子，看到真实的自己。投资人投资什么样的企业，决定你能不能在某一阶段将企业做成功。

巴菲特在 2008 年成为世界首富，但在此之前，并没有多少人知道他。1995 年，巴菲特陪同比尔·盖茨到中国旅游，很多人都跑去和比尔·盖茨合影，要比尔·盖茨的签名，却没有人和巴菲特聊天、合影。他作为一个投资人，很少抛头露面，所以，大家对他知之甚少。2001 年，中国航油（新加坡）股份有限公司在美国路演时，投资部主任对我说："陈总，上市后，您要学巴菲特。"那时，我对巴菲特还没有什么认识。他就向我介绍说："巴菲特是个炒股票的。"于是，我就对这个主任说："炒股不是我的目标，我不要学他。"直到 2008 年爆发全球金融危机，巴菲特变成了世界首富，大家才知道，居然有一个做投资的人成了世界首富。

2005 年，我受邀参加巴菲特的股东大会，有幸了解了巴菲特的经历。那时，我才知道，他不是个炒股票的所谓"股神"，而是一个地地道道的企业投资家。只是，他先从投资做起，做了两只基金，然后再做企业，后来又做回了投资人。

我的书《地狱归来》在出版的时候，还收到了他的贺函。这是他唯一一次因为别人出版图书而提写贺函。为此，我很荣幸。

很多人投资都赚不到钱。但是，一些成功人士的成功投资，却展现出了投资的巨大魅力。

2003 年，巴菲特投资中国石油 4.88 亿美元，到 2007 年退出时，收获了 40.48 亿美元的财富，回报率约为 8.3 倍。在他退出时，很多人都不理解，媒体还讥笑说"廉颇老矣，尚能饭否"。当时，大家都认为中国石油处于上升阶段，他不应该套利退出。确实，在巴菲特退出中国石油后，股票有连续一两周的上涨。但事后证明，巴菲特是正确的——他套利后不久，股价便开始断崖式下跌，至今依然萎靡不振。

薛蛮子于 1995 年投资 UT 斯达康 25 万美元，于 2000 年退出时，回报高达 1.2 亿美元，回报率为 480 倍。

2000—2004 年，孙正义共计投资阿里巴巴 8000 万美元。2014 年，阿里巴巴上市时，这笔投资的价值是 668 亿美元，回报率为 835 倍。最开始，孙正义打算投资 4000 万美元，但是，阿里巴巴内部开会觉得他占的股份太多，而且，当时阿里也用不了那么多钱。于是，马云就飞到日本请孙正义降低投资额。孙正义答应把投资额降低到 3000 万美元。但是，孙正义占有的股份还是很多。马云回到酒店后，想了想，就给孙正义发邮件说，自己最多只能接受孙正义 2000 万美元的投资，"Take it or leave it"（投不投随你），孙正义回复邮件："Go ahead！"（就这样吧！）到 2004 年，阿里巴巴的网站还没有建好，公司出现了很大的危机，于是，马云再去找孙正义，孙正义追加了 6000 万美元的投资。

很多人都说 BAT（B 指百度、A 指阿里巴巴、T 指腾讯）不是我们中国的企业，其实，那是因为我们中国人没有投资眼光。当时，马云也找过一个知名投资人，他当即拒绝了马云，因为他在美国留学时，老师给他的忠告是"投资地不要超过 2 个小时的车程"——他在北京，马云在杭州。

徐小平投资第一只基金的 6000 万美元基本上都打了水漂，但其中有38 万美元投给了聚美优品，赚了 3.4 亿美元，投资回报率约为 895 倍。

还有腾讯的案例。当时，腾讯经营状况不好，官司缠身，异常艰难，马化腾就想以 150 万元人民币卖掉公司。他找过丁磊，找过马云，也找过柳传志，但是，谁都不想买，认为没有前景。后来，马化腾找到了李泽楷，得到了他 260 万美元的投资。2 年后，MIH 公司花 1260 万美元，从李泽

楷手上买走了他全部的腾讯股份，此后，又追加投资，累计获得了 34%
的股份。如果李泽楷不卖，他现在持有的财富就可想而知了（有人说，在
腾讯上市时，李泽楷卖掉的那部分股份价值 4000 亿港元）！

　　迈克·马库拉 1976 年投资 9.1 万美元和乔布斯一起创办苹果。到
1980 年时，因为见不到曙光，感觉企业没有什么前景，加之自身经济困难，
便将其持有的全部股份卖掉了。如果他能持有到现在，将会有 170 万倍的
回报。所以，他被称为"世界上最后悔的人"。当记者问他时，他心态良
好地说："虽然我是'世界上最后悔的人'，但是，世界上'最富有的人'
已经在另外一个世界了，而我还能活在世上哩！"

我的投资／并购案例

　　坦率来讲，我这辈子所做的工作，主要就是两个字——投资。我参与
和亲身经历过的投资与并购案例很多，包括：北京飞机维修工程有限公司
（中德合资）、央企中国航空油料总公司、上市公司中国航油（新加坡）
公司、华南蓝天航油有限公司（与 BP 合资）、天津国际石油储运有限公司
（与壳牌合资）、津京石油运输管线、香港机场供油公司 AFSC（与埃克
森美孚等合资）、西班牙 CLH、上海浦东航油公司、茂名水东油库有限公司、
香港富地石油、新加坡 Global Energy、阿联酋 NOC、新加坡 SPC、约瑟投资、
湖北远东（中国信达跟投）、武汉孚安特（被上市公司亿纬锂能并购）、
意大利必图、以色列数字货币公司 BitMint（以色列 Carmel Ventures 基金
跟投，该基金的股东有百度、中国平安等，该基金所投资的企业包括微软、
苹果、惠普等 35 家）、泰康人寿、居然之家（与阿里巴巴共同投资）、
小米集团等。

　　接下来，我来讲几个案例，和大家分享一下我的经验与教训。

投资案例一：北京约瑟投资有限公司

约瑟投资是我回国后创办的。2009年，我回国后的某一天，一个大老板请我到湖北的一个炼油厂去当董事长。炼油厂的规模很大，因为他本人在海外，无暇顾及，特邀请我去管理。我很感动，接受了他前往考察的邀请，就和我太太一起乘飞机去武汉。

一下飞机，迎面走来一位手捧鲜花的陌生女士，问我是不是陈九霖陈总，在简单的介绍后，她问能否跟我同行。她在跟我同去工厂考察完后，问我想不想去宜昌看看我的妹妹（看来，她对我的情况很了解）。到达宜昌后，我被带到了一个很大的餐厅，有很多她请来的朋友和客人。她介绍说，她的亲戚、朋友十分仰慕我，都想见见我，有些问题想请教我。第二天，她还请我们去神农架游玩。

其实，这个过程，她是想考察我。在我通过了她的"考察"后，她终于找机会对我说："陈总，我有一笔钱想投给您，想用您的特长去做家投资公司。因为您的英文名叫 Joseph，咱们就给公司取名叫"约瑟投资"吧！公司设立在北京，您看可否？如果您同意，我立刻把钱转过去。"

因为之前组织上承诺我，回国后会给我安排工作，所以，当时听到她的提议时，我还很犹豫。是等组织安排工作，还是接受这个女士的邀请呢？于是，我就打电话咨询我的弟妹，她是留学归来的金融学硕士。她说："哥，《伊索寓言》说，二鸟在林，不如一鸟在手。您就先抓住这只鸟吧！"她建议我接受那位女企业家的邀请。于是，我就抓住了这个送来的"鸟儿"，开始了我的第二次创业——第一次创业指的是设立并经营中国航油（新加坡）公司。

坦率地说，约瑟投资的发展走了很多弯路，比如创业之初，人员过多，管理成本过高等。

约瑟投资的盈利模式是个创新的模式。所谓创新，主要是以服务和少量的现金来换取目标企业的股权，即：对一些发展较为成熟的企业，我们主要通过服务来换取股权，再投入一点现金来领投，带动其他投资跟投。这种创新体现在武汉孚安特有限公司等诸多项目之中。

投资案例二：武汉孚安特科技有限公司

武汉孚安特科技有限公司是一家做锂电池的公司。我们以 210 万元加上服务换股的方式取得了 21% 的股权，后期再进行一系列的孵化。2016 年年底，我们促成上市公司亿纬锂能并购孚安特，约瑟获利 2900 万元，投资回报率约为 13.8 倍。

投资成功经验：

（1）提供了一系列的资源对接和服务。对于我们投资的企业，我们都会为其贡献我们的资源，为其拓展市场，引入投资人，实现多赢；

（2）用服务来换股权，与目标企业共成长；

（3）不过于贪恋，不追求利益最大化，而是以促进目标企业发展为主，及时将企业并购到上市公司中。

投资案例三：北京居然设计家家居连锁集团有限公司

约瑟投资于 2018 年投资的居然设计家，是和阿里巴巴、泰康人寿一起投资的一个项目，投资第二年，即 2019 年公司就上市了。

在 2015 年，我应邀到居然之家总部居然大厦吃晚餐。当时，我问公司的董事长汪林朋，居然之家公司经营状况这么好，为什么不选择上市？如果上市，约瑟希望给他投资。他说，他自己还没有准备好。他对我说："陈大哥，我这里还没有准备好上市，一旦确定上市，一定邀请您投资。这样吧，我先投点给您吧！"就这样，居然之家投资控股集团有限公司给约瑟投资了 5000 万元。后来，因为汪林朋在湖畔大学学习，在跟马云分享他的新零售模式和业务时，马云表示要投资他 100 亿元。随后又加入了泰康人寿和约瑟等十多个投资人，居然之家一次性共计吸收了 130 亿元的投资。我有幸成为投资人之一，分享居然之家成功的快乐。

投资成功经验：

（1）与公司的实际控制人保持良好的关系，是获得投资机会的重要渠道；

（2）把握机会，果断决策。

投资案例四：上市公司中国航油（新加坡）公司

1993 年，我陪同中国航空油料总公司的胡有清副总经理和邵永超处长在新加坡设立了这个公司。成立之初，我们还在当年的"汪辜会谈"所在地，举行过一个隆重的签约仪式和招待会。但是，因为时间比较紧，就连合同都是在飞机上修改与翻译的。下飞机后，我就到处找打印机打印。1993 年的时候，电脑还不普及，大晚上找了很久，才找到一个老式的打印机打印。签完合同之后，我们把公司交给合作伙伴——新加坡海皇轮船有限公司驻马尼拉办事处主任来打理。然而，公司成立了 2 年，也亏损了 2 年。后来，总公司收购了另外两个合资伙伴的股权，将合资公司变成了自己的全资子公司，收购后等待审批，公司就休眠了 2 年。1997 年，国内的母公司派我去恢复运营与管理。自此，公司做得风生水起，从亏损的状态变成了在新加坡主板上市的公司，成为海外最大的中资企业。按照收入计算，2004 年，在新加坡所有上市公司中，中国航油（新加坡）公司排名第四。

在我看来，中国航油（新加坡）公司的成功，主要源于我们制定的三足鼎立的发展战略：

（1）石油实业投资。我们之所以要做石油实业投资，是想把公司打造成根深叶茂的石油企业，而不是只有水上浮萍似的贸易业务。2002 年开始，我们前前后后收购了西班牙皇家石油公司、新加坡国家石油公司、上海浦东航油公司等石油公司，还收购了中国最大的油库区，建立了完备的石油产业链。

因为一系列的成功并购，我上过 4 次《中国企业家》的杂志封面。迄今为止，国内登上《中国企业家》杂志封面 3 次及以上的总共有 3 人，一个是马云，一个是柳传志，另一个就是我。而我因为一篇《买来个石油帝国》，共 4 次登上封面。

我原来的梦想是，通过收购的方式建立一个石油帝国——中国航油（新加坡）股份有限公司——成为继中国石油、中国石化、中国海油之后的中国第四大石油公司。然而，天不遂人愿，就在目标已基本实现时，石油期权亏损事件给了我一棒重击，让我没有机会去实现我的"中国梦"。

（2）国际石油贸易。当年，中国航油（新加坡）公司的国际石油贸易做得很大，从中东的科威特、沙特阿拉伯、阿联酋到东非等地区，用30 万吨级的油船把原油运到新加坡炼油厂进行炼制，再用 3 万～4 万吨级的油船把产品分卸到中国、韩国、日本等地，一路卸油一路装新货，一直拉到美国的西海岸。

我们还把炼制的塑料原料拉到中国台湾，与台湾地区"经营之神"王永庆的台塑集团进行易货贸易，以塑料原料获得航空煤油，把航空煤油运到中国大陆销售。这样，既缩短了运程，又减少了运费。

其间，还有石油的期货交易。公司在英国、美国和新加坡的交易所，都开设了交易账户。此外，我们还做场外交易，做石油期货、期权。然而，就是因为一个最不起眼的期权业务出现了巨大的亏损，让我的人生折戟沉沙。所以，魔鬼往往隐藏在细节之中。就是因为细节出现了问题，才让我的人生遭受了重大的挫折。其实，不只是我本人，很多人都是闯过了大风大浪，结果却在阴沟里翻了船。所以，我们要警惕看不到的来自细微之处的危机。

（3）中国石油进口。石油进口业务，主要是航空煤油。我们从零做起，靠着我们的努力拼搏，一直做到垄断了亚太地区的航空煤油。那时，谁要卖航油得找我们，谁要买航油也得找我们。因此，业界称我们为"航油大王"。

中国航油（新加坡）公司的发展轨迹以及上述三足鼎立的发展战略，给了我们创业者一些启示。在做创业的过程中，要注意风险的防范，防止出现危机，产品不要太过单一。此外，还要及时抓住上市等资本运作的机会。

我的第一次创业始于 1997 年下半年，1998 年公司赚到了第一桶金，经过 2 年多的奋斗，公司于 2001 年上市。作为创业者，不能等到鸟儿长大了再去抓，否则，鸟儿早就飞走了。当时，公司在只有 2000 万新加坡元净资产的情况下，我就准备上市。在上市准备过程中，公司股本是 1.44 亿新加坡元，而这个数字对于新加坡人来说不吉利。在上市的过程中，又发生了"9·11 事件"。于是，投行和律师事务所的人建议我延期上市。这怎么行呢？为了上市，我们做了大量的准备工作，历尽了千辛万苦，稍一耽搁，就前功尽弃啊！于是，我就果断拍板："吉人自有天相，赌它一把吧！"果不其然，上市后的效果非常好，获得了 8.18 倍的认购率。上市不是终点，而是起步。上市后，我们立即采取各种筹资手段，开展一系列的并购。其中，包括中国航油（新加坡）公司第一个并购案例——上海浦东机场航空油料有限责任公司。

投资案例五：上海浦东国际机场航空油料公司

千禧年的中国，一个城市基本上只有一个机场。上海是第一个拥有两个机场的城市。当上海市政府找中国航油集团去浦东机场投资建设航油公司时，航油集团一口回绝了，因为集团公司测算，一个城市有两个机场，要等 20 年才能赚钱。后来，经过协商，上海市政府自己投资 40%，中国石化投资 27%，中国航油集团投资 6000 万元，取得 33% 的股权。虽然投资了上海浦东机场，但是，中国航油集团内部还是觉得它不赚钱，一些人想卖掉它的股份。而我觉得这是个机会，就决定买下它。

当我表示乐意收购时，集团内部出现了分歧，有些人不肯出售。当时的集团总经理在新加坡答应出售股份，回国后听取了一些人的不同意见，改变了主意。在我的坚持之下，集团内部形成了出售的基本共识。但开始在价格上进行刁难，集团负责人以拍脑袋的方式定价 1.3 亿元卖给我，还说，要买就买，不买就算了。因为我有在海外的经历，知道当时 2.7 亿人口的美国，一年的航油消耗量是 8000 万吨；而那时 12.5 亿人口的中国，航油消耗量仅有 1000 万吨。人口越多，经济越发达，坐飞机的人越多，消耗航空煤油的量就会越大。所以，我预测中国经济会发展，而且，很看好浦东航油公司。于是，我就咬紧牙关决定以 1.3 亿元这个较高的价格购买。但是，等到签协议时，航油集团又故意把价格变成了 3.7 亿元。我一问，他们还是说："你要买就买，不买就算了。"最后，我又只好咬紧牙关答应买下来。

可是，新加坡的独立董事不同意，对我说："陈总，你是不是疯了？人家第一年花 6000 万元投资的公司，第二年就以 3.7 亿元卖给你，溢价约 6.2 倍。如果人家卖你 6 个亿，你也买？"

我说："这个 3.7 亿元我是核算过的，除了计算原始投资外，还必须考虑独占性，我认为是合算的。"

当然，最后我说服了他们。

也算走运。我们是 2002 年 7 月 22 日签约并购的。2003 年 10 月，上海市政府突然决定关闭整个虹桥机场进行整修。因此，上海浦东机场的航班量一下子就起来了。等到虹桥机场修好后，浦东机场则成为国际航班的运作机场，而国际航班的加油量很大。我们投资的第二年，浦东航油公司有了 6 亿元人民币的利润。

我们不能忽视运气的成分，却不能依赖运气。现在，中国航油（新加坡）公司持有的 33% 的股权，市值 10 亿美元。而且，浦东航油公司每年净利 7 亿元人民币。所以，有的时候，投资成功了，一个项目就能坐享其成，一辈子得益。

投资成功经验：

（1）把握中国经济发展的脉搏。很多人都是只见树木不见森林，而我当年是在看到了一片森林后，再去找一棵又一棵的树木。

（2）掌握行业的趋势，并在实践中加以运用。

（3）善于运用资本的优势。如果有钱，该投资的时候就得投，该出重拳时千万不能手软。

投资案例六：西班牙 CLH 公司

因为 CLH 公司是做石油的，中国航油集团代表团出访西班牙时，我就组织并陪同他们一起考察了西班牙的 CLH 公司。在考察时，西班牙 CLH 公司的 CEO（曾经担任西班牙副首相）讲得眉飞色舞，说他们公司想搞股权多元化，想吸引新的股东，问代表团有没有兴趣。代表团团长、时任航油集团（那时为航油总公司）总经理不置可否，因为 2000 年时到国外投资很难，国内各方面的审批流程非常复杂。我当场就表示很有兴趣参与并购，因为我可以以中国航油（新加坡）公司的名义进行并购，程序相对简单一点。而且，并购项目，从表达意向到落实并购，还有很长一段的路程要走，表达意向之后再去论证有何不可呢？后来，经过论证，我们发现，这个公司确实不错，就报到了公司董事会和航油集团总部，希望收购 CLH 公司。最后，经过谈判、竞标，历经两年左右的时间，我们以 6000 万欧元成功获得了西班牙最大的石油设施公司——CLH 公司（陆地、海上、空中加油设施和服务）5% 的股权和 5% 的选购权。

2007 年，中国航油以 1.71 亿欧元的较高价格，出售 CLH 公司 350 多万股有表决权股份，脱售了占 CLH 全部股权 5% 的股权。在 4 年零 6 个月的时间里，按照投资时和退出时的汇率计算，共计赚取了约 20 亿元人民币的净利润（包括红利和股权退出收益），投资回报率高达 835%。

投资成功经验：

（1）做对赌协议。我们当时签订了对赌协议，规定如果 CLH 的经营业绩增长率能够超过过去三年平均业绩，即年均增长 5%，我就用分得的利润来补足我方收购价 17.1 欧元 / 股和对方希望的出售价 21.6 欧元 / 股之间的差价；如果没有达到，就维持 17.1 欧元 / 股的并购价格。

（2）利用财务杠杆。当时的投资额为 6000 万欧元，公司账上也有充足的资金。但是，我们最终只用了 1500 万欧元的自有资金，剩下的并购资金 4500 万欧元是从时任国际奥委会主席萨马兰奇的银行——西班牙拉凯沙银行借来的。这样，我们既可以减少投资风险，还可以用节省下来的自有资金投资更多的项目。而且，欧洲的利率很低。

（3）利用外汇汇率。本来我们可以将美元换成欧元进行并购。不过，因为我们预测欧元会走强，汇率会超过美元，所以，经过谈判，我们选用美元买入欧元进行投资，以欧元分红。很多公司都不喜欢分红，但是，CLH 公司每个月都分红，100% 地分红。因为欧洲的利率比较低，CLH 公司选择用低利率贷款维持公司的发展，将利润全部分给股东，以便股东用红利创造更高的回报。

投资案例七：新加坡石油公司（SPC）

2004 年 8 月 18 日，中国航油（新加坡）公司完成了一次艰难的收购——以现金 2.27 亿新加坡元以及发售的 2.08 亿股中国航油股票凭单（凭单执行价格为每股 1.52 新加坡元）的总值，从三个印度尼西亚木材商人手中，辗转收购了 8800 万股 SPC 的股权，平均价格为每股 4.12 新加坡元（按当时汇率，总对价为 21.8 亿元人民币）。我们于 2002 年开始并购 SPC。当时，其股价为每股 0.8 新加坡元，净利 2000 多万新加坡元；到了 2006 年前后，其股价为每股 9.25 新加坡元，净利 7.5 亿新加坡元。

这个投资，真的是一波三折。它起源于一个机缘巧合。2002 年，SPC 的一个董事约我一起吃早饭。他说有个企业，看看我有没有投资意愿。我一看，该公司由新加坡国家持股 77%，剩下的 23% 是公众股东。据了解，SPC 在印尼有 2 个大油田，在越南有个海上钻井平台、一个炼油厂、2 条 365 公里的石油运输管线——从印尼一直穿到缅甸。还有机场加油，地面汽车加油，海上加油。而其业务区域则从新加坡延伸至日本、韩国、中国等。如此广泛和广阔的业务，非常符合我的"野心"，因为我想做个大的石油帝国，搞一个全产业链的石油公司。所以，我对此项并购很感兴趣。

然而，这个公司当时的利润只有2000万新加坡元，市价为每股0.8新加坡元，净资产为每股1.1新加坡元。因此，很多人不看好SPC。经调查，我们发现SPC公司经营不善的原因，是石油产业链中游部分的炼油环节出现了问题。平时炼油，每一桶的毛利是4美元，而SPC却只有1美元。SPC方面对此解释说，这种现象具有周期性，12年为一个周期，而现在已经到了低峰周期的第10年。

我们经过大量的分析后，认为SPC值得投资，尤其是它符合我们的发展战略，便决定投资，并聘请了美林证券作为财务顾问。基于当时SPC的股价是每股0.8新加坡元，净资产是每股1.1新加坡元，我们投资部主任建议报价0.9新加坡元，以便为后来的谈判留有余地。

没有想到的是，SPC一看报价就很不高兴，认为我们看不起人。SPC的人说，我们是那么有价值的公司，你们居然报这么低的价格，这不是作贱我们吗？为此，我做了很多工作——请新加坡"国父"李光耀为我收购SPC的事帮忙；我也亲自找到了李光耀的儿媳妇——淡马锡控股的CEO何晶女士（淡马锡控制着吉宝，而吉宝控制着SPC），请她支持我；我也在陪同时任新加坡总理吴作栋访华期间，请吉宝集团董事长林子安共进早餐，与其共商并购价格等。后来，几经交涉，双方基本达成意向，把定价确定为每股1新加坡元。中国航油并购SPC已经露出了成功的曙光……

然而，就在我们即将摘到胜利的果实之时，却半路上杀出来个"程咬金"。我国一家国有企业，私下向出售方吉宝集团报价，对SPC报价每股1.5新加坡元，还要注入4个油库，这一下子就把吉宝集团的胃口吊起来了。我立刻飞回北京，通过国家发改委阻止了那家企业的报价。在那种情况下，吉宝集团找了印度尼西亚的一个商人，以1.57新加坡元的价格买入了SPC的大部分股份，我们煮熟的鸭子就这样飞走了！

看到这个结果，尤其是自己请了那么多人帮忙，还是被别人抢走了"奶酪"，我很不甘心。于是，我就跑到印度尼西亚，几经辗转找到了背后的买主。我从雅加达飞到巴厘岛，在高尔夫球场上逮住他，跟他谈判。买主说要等价格涨涨再卖。2年后，石油价格猛涨。他坐地起价，而我依然决定以每股 4.12 新加坡元的价格从他手中购买 SPC 的 20.6% 的股份。

然而，天不遂人愿。因为中国航油（新加坡）公司自身出了重大的亏损事件，中国航油集团犹豫再三，觉得价格太高，借此机会投了反对票，放弃了投资，还倒赔卖方 3000 万美元。到 2009 年 9 月 4 日，中国石油 100% 地并购 SPC，买入价格为每股 6.25 新加坡元。那时，SPC 的利润从 2000 万新加坡元升到 7.5 亿新加坡元。而我只能遗憾终身了。

投资成功经验：

（1）预判未来机会和成长性：投资就是投未来，不能只看眼下，计较眼下，而要目光长远。

（2）善于运用国际低成本融资：这个项目，可以不用花一分钱的自有资金就能买到 20.6% 的股份。利用了国际市场的融资环境，利用了国际市场的低利率贷款，还没有抵押、没有担保。

（3）了解到对方的核心资产（印度尼西亚油田储量大，升值潜力大）。很多人只看到现象，没有看到本质，只看到树木，没有看到森林。他们只看到了公司表面的价值，却没有看到优良的核心资产。

这些就是投资的秘诀。

投资名人明训

平常时间，最好静坐，愈少买卖愈好，永远耐心地等候投资机会的来临。

——［美］吉姆·罗杰斯

解读

做投资人，不要有焦虑症。机会总会有的，只要抓住一个好项目，一年投资一个，足矣！巴菲特25岁创业，在45岁之前基本上默默无闻，没什么大的收获。他的黄金收割期是45～68岁，年平均投资回报率达39%。而68岁后，投资回报率则是年均9%，降低了很多。商业是有逻辑和规律的。无论是投资还是创业，都不能急于求成。有时，我们需要放慢脚步，等一等灵魂跟上来。

（1）一个生意机会被我遇上了，80%的人都说可以做，那我绝对不会去做！

（2）我深信世界上的二八定律：为什么世界上80%是穷人，20%是富人？因为20%的人做了别人看不懂的事，坚持了80%的人不会坚持的正确选择！

（3）当每个人都能看懂时，普通人就没机会了。看见的叫视线，看不见的叫远见！

（4）机会是留给有准备的人的！

——李嘉诚

解读

做投资（包括并购），要有先见之明，要有预见性。我在新加坡国立大学就读企业管理硕士时，曾在《中国民航报》上发表过一个长篇文章，题目叫《法人直觉》。所谓直觉，其实就是第六感。这个概念也可以引入投资之中。投资和并购，也需要直觉。而企业管理做久了，项目接触多了，阅人、阅项目无数，就会慢慢地有了感觉。但是，一个人的感觉可能会出错；整个团队有了感觉，出错的可能性便很低。所以，要借助自己和团队对于企业、项目乃至创业者的直觉，进行预见性投资。

（1）我是个好投资家，因为我是个企业家。我是个好企业家，因为我是投资家。

（2）"因为他是一个商人，所以，他是个更成功的投资者；又因为他是一个投资者，因而他成为了一个更优秀的商人。"（在评价自己时，巴菲特引用他的良师益友本杰明·格雷厄姆的话）

—— ［美］沃伦·巴菲特

解读

想做一个成功的投资人，要先做一个成功的企业家。有了企业家的感觉，在做投资时就会很清晰，把握也就更准确。

（1）要得到你想要的某样东西，最好的办法是让你自己配得上它。

（2）有一个相关的道理非常重要，那就是你们必须坚持终身学习。如果不终身学习，你们将不会取得很高的成就。我不断地看到有些人在生活中越过越好，他们不是最聪明的，甚至不是最勤奋的，但他们是学习机器，他们每天夜里睡觉时总比那天早晨聪明一点点。

（3）我想进一步地解释为什么人们必须拥有跨科学的心态，才能高效而成熟地生活。你们必须掌握许多知识，让它们在你们的头脑中形成一个思维框架，在随后的日子里就能够自动地运用它们。

—— ［美］查理·芒格

解读

查理·芒格很爱学习，他的家里也有着浓厚的学习氛围。他的孩子在评价他时说：我的爸爸——查理·芒格——就是一部长了双腿的书。

个人简历

陈九霖，1961 年 10 月 20 日出生于湖北省黄冈市浠水县。本科毕业于北京大学，后又先后取得中国政法大学国际私法硕士学历、新加坡国立大学企业管理硕士学位和清华大学民商法学博士学位。曾任中央企业中国航油集团（世界 500 强）副总经理、上市公司中国航油（新加坡）股份有限公司执行董事兼总裁、中资企业（新加坡）协会会长、中央企业中国葛洲坝集团国际工程有限公司副总经理。现任民营企业北京约瑟投资有限公司董事长兼总裁，是国内外多所知名大学和中国社会科学院研究生院的特聘教授及荷兰商学院（BSN）博士生导师。

先后出版了《依托中国 走向世界》《神州大地商机无限》《走近陈九霖》《地狱归来》《石油衍生品合约监管法律问题研究》《商业的逻辑》等著作。

主要工作经历

1996—2006 年，担任上市公司中国航油（新加坡）股份有限公司执行董事兼总裁；

2002—2007 年，担任中央企业中国航油集团副总经理；

2010—2012 年，担任中央企业中国葛洲坝集团国际工程有限公司副总经理。

2012 年至今，担任民营企业北京约瑟投资有限公司（以下简称"约瑟投资"）董事长兼总裁。约瑟投资由陈九霖联手美国兰德能源集团公司和知名品牌企业居然之家、武汉卓尔集团组建而成。约瑟投资目前主要从事以消费与科技领域为主的股权投资，所投资的企业包括：武汉天颖环境工程股份有限公司、泰康人寿、居然之家和小米集团。

在中央企业所做的项目摘录

（1）与名列《福布斯》世界 500 强企业榜首的荷兰皇家壳牌石油公司合资组建天津国际石油储运有限公司，担任中方谈判代表。

（2）主导重组中南地区 5 省（区）15 个机场航油设施与供应公司，并吸引英国石油公司和英国上市公司富地石油控股公司投资，共同组建华南蓝天航空油料有限公司，担任项目组组长。

（3）与埃克森美孚公司等 10 家国际石油公司共同组建香港机场航煤供应财团，并担任中国航空油料总公司首席谈判代表。

（4）借助国际奥委会主席萨马兰奇的支持，主导收购西班牙最大的皇家石油设施与供应企业——CLH。

（5）主导并购新加坡政府控股 77% 的新加坡石油公司。

（6）主导收购上海浦东航油公司。

（7）主导并购茂名水东油库。

（8）发起中国航空油料总公司华北公司与英国石油合资项目。

（9)发起中国航空油料总公司华东公司与法国埃尔夫石油合资项目。

（10）参与中国国际航空公司与德国汉莎航空公司合资组建北京飞机维修工程有限公司。

（11）参与中国航空油料总公司与英国石油和深圳机场合资组建深圳承远航油有限公司。

（12）参与中国航空油料总公司建设天津至北京的 185 公里输油管线。

在私有企业所做的项目摘录

（1）2009 年在山东亚太中慧有限公司担任执行董事长。

（2）在约瑟投资主导的项目：

①组建约瑟投资，通过投资、并购和挂牌上市等资本运作方式，为原始投资者带来了超常回报；

②运作湖北远东卓越科技有限公司上市，吸引到央企中国信达资产管理公司、中瑞基金等企业成为战略投资人；

③投资武汉孚安特科技有限公司并促成国内上市公司并购；

④投资新能源公司武汉天颖环境工程股份有限公司，2013 年 7 月 22 日迎来了国家主席习近平对其所属的湖北蓝焰生态能源有限公司的莅临视察；

⑤投资以色列 BitMint 数字货币公司，受到中国人民银行的高度重视，在中国人民银行的指导下，正在为上海银行提供技术服务；

⑥帮助海默科技（国内上市公司）成功并购美国 Carrizo 页岩油区块；

⑦约瑟投资有限公司自身投资海外在产页岩油油田；

⑧成功投资入股泰康人寿、居然之家、小米集团等。

关于石油等能源的战略主张

（1）关于石油安全战略的主张

2004 年，应邀在《求是》杂志发表《关于我国的石油安全战略》，文章对中国的石油安全战略进行了深入的分析。文章写道，"所谓石油安全，就是在数量和价格上能满足经济社会持续发展需要的石油供应保障能力。在中国经济社会快速发展的今天，石油安全已成为保障国家经济安全的重大战略课题"。面对国际石油市场变幻莫测的形势，按照科学发展观的要求来探讨中国的石油安全战略，应当主要思考和把握以下几个问题：

首先，应实施可持续发展的能源战略，贯彻"开发与节约并重、把节约放在首位"的方针。其次，应努力使用多种能源，有效开发替代能源。中国还应大力推动海洋能、氢能、燃料电池、生物液体燃料等替代能源的开发。再次，尽快建立石油安全储备战略体系，增加安全系数。中国在起步阶段宜采用国家战略储备和企业商业储备相结合的方式，发挥国家、相关部门和企业三方面作用，实施以国家为主、企业共同参与，以国内石油储备为主、以国外石油储备为辅的石油储备战略。最后，充分利用国际石油市场，建立多元化海外石油供应体系。中国应积极实行"走出去"战略，利用我们的技术、资金到非洲、南美等国家去开发石油，赚取外汇，然后拿这些外汇去购买运输风险比较小的产地的石油。

《关于我国的石油安全战略》一文，获得 2004 年《求是》特等奖。

2009 年回国后，还通过《人民日报内参》（发至省部级）表达了六个方面的观点：第一，开展石油能源外交，倡议与牵头组建"石油输入国组织（OPIC）"，制衡"石油输出国组织（OPEC)"，并得到韩国等石油资源贫瘠国的充分肯定与积极回应；第二，建立和完善我国石油金融体系；第三，军民合力开发新能源；第四，加快建立我国的国际石油集散基地。第五，加强对国际石油价格波动的观察和预见，广泛收集信息，进行周密分析，做出正确的判断和选择，压低进口石油价格，增加战略石油储备；第六，应适时建立自己的石油期货市场，努力谋求国际油价的定价权，从目前的防御型体系向主动出击型体系转变。

（2）关于打造石油集散基地和开通克拉地峡的主张

通过《人民日报内参》（发至省部级）和公开媒体，建议打造石油集散地，主要内容是：在对秦皇岛、天津港、大连港、青岛、上海、宁波、惠州、湛江、北海和海南岛等 13 个港口和码头情况进行深入考察，并参照国外鹿特丹、纽约和新加坡三大国际石油集散基地的经验，以及深入思考国际航运线、季节因素、成本因素等方面条件后，极力主张将珠海万山岛打造成世界石油集散基地，取代新加坡作为世界第三大石油集散基地的地位，以强化我国的石油安全战略，提升我国的国际石油话语权。

打造珠海国际石油集散基地的战略性意义，甚至远远强于三峡工程。

同时，从区域性意义上讲，它也是拉动珠海市乃至广东省经济增长的重要杠杆和未来 10 ~ 20 年经济持续发展的催化剂与硬动力。

　　还建议适时运作开通泰国克拉地峡，便利石油运输，提高石油运输通道的安全性和经济性。

　　（3）关于石油衍生品方面的主张

　　2013 年，出版了《石油衍生品合约监管法律问题研究》一书，对我国石油金融市场的建立与石油交易监管提出了自己的思路与建议，填补了这方面的空白。

"中国航油事件"大事记

2002年，中国航油（新加坡）公司交易员纪瑞德开始为中国国航等进行"背对背"航油期权交易，赚取了可观的佣金。

2003年下半年，在纪瑞德的提议下，经董事会批准，中国航油（新加坡）公司交易员纪瑞德，开始参与200万桶原油期权买卖，初期获利。

2004年第一季度国际油价飙升，中国航油（新加坡）公司所持仓位，出现账面亏损580万美元，在美国高盛的建议之下，经董事会批准，实施挪盘，即卖出近期期权盘位，购进更大规模的远期期权盘位。

2004年第二季度，油价续升，中国航油（新加坡）公司账面亏损增至3000万美元。在美国高盛的再次建议下，经董事会批准，公司决定将交割日期延后至2005年和2006年，进行了第二次挪盘；为了避免损失，在美国高盛和日本三井能源的建议下，经中国航油董事会批准，中国航油（新加坡）公司在2004年1月、6月、9月先后进行了三次挪盘，即买回期权以关闭原先盘位，同时出售期限更长、交易量更大的新期权。

2004年10月10日，中国航油（新加坡）公司的原油期货合约已增至5200万桶，油价到达历史高位，中国航油（新加坡）公司面临巨额账面亏损。

2004年10月10日，中国航油（新加坡）公司向中国航油集团呈交报告，说明交易情况及面对1.8亿美元的账面损失，并已缴付了期货交易的8000万美元期权仓位保证金，公司同时面对现货贸易等方面严重的现金流问题，已接近用罄2600万美元的营运资金、1.2亿美元的银团贷款和6800万美元的贸易款。

2004年10月16日，中国航油集团召开党政联席会议，决定对中国航油（新加坡）公司实施拯救方案，包括考虑接管全部期权盘位，决定暂时持守仓位。

2004 年 10 月 20 日，中国航油集团为了筹集资金支付期权仓位保证金，透过德意志银行新加坡分行配售其所持 15% 的中国航油（新加坡）公司股份，令集团持股比例由 75% 减至 60%，集资 1.11 亿美元，用于补充保证金。

2004 年 10 月 21 日，中国航油集团总经理飞往新加坡，在德意志银行新加坡分行签署售股协议，即日起售股资金陆续到账。

2004 年 10 月 26—28 日，中国航油（新加坡）公司无力补充保证金，日本三井能源逼仓，航油集团决定斩掉日本三井能源的期权仓位，形成实际损失 1.32 亿美元，斩仓不到一个小时，高盛逼仓，之后不久市场传出中国航油期权仓位被逼斩仓的消息。

2004 年 10 月 29 日，巴克莱资本开始追债行动，要求中国航油（新加坡）公司偿还 2646 万美元。

2004 年 11 月 8 日，中国航油（新加坡）公司再有期权合约被逼平仓，亏损增加 1 亿美元。

2004 年 11 月 9 日，日本三井能源加入追债行列，追讨 7033 万美元。

2004 年 11 月 16 日，另一批合约被逼平仓，再亏 7000 万美元。

2004 年 11 月 17 日，Standard Bank London Ltd. 追讨 1443 万美元，并称如果未能在 12 月 9 日支付欠款，将会申请告中国航油破产。

2004 年 11 月 25 日，最后一批合约被逼平仓，总亏损合计达 3.81 亿美元，债权银行陆续追债，合计追讨 2.48 亿美元。

2004 年 11 月 28 日，中国航油集团放弃原来进行了近 50 天的拯救方案，决定实施重组。

2004 年 11 月 29 日，中国航油集团为中国航油（新加坡）公司聘请的新加坡腾福律师事务所（李显扬的太太林学芬担任管理合伙人）准备的破产保护申请，交由陈九霖签署提交给新加坡法院。

2004 年 11 月 30 日，经中国航油集团决定，中国航油（新加坡）公司终止所有原油期货交易，以及所购买的 2005 年和 2006 年航空煤油期货仓位。

2004 年 12 月 1 日，国际油价整体下跌，WTI 原油价格跌至 41 美元 / 桶，中国航油（新加坡）公司所持 WTI 原油期权盘位卖出价约为 46 美元 / 桶。

2004 年 12 月期间，WTI 原油 2005 年期权价格一度跌至 42 美元 / 桶，2006 年期权跌至 40 美元 / 桶。而中国航油（新加坡）公司所持 WTI 原油期权盘位的卖出价格远远高于市价，分别为：2005 年 48 美元 / 桶，2006 年 43 美元 / 桶。

及至 2005—2006 年，国际石油价格持续上涨，最高时，航空煤油价格触及 148 美元 / 桶，而中国航油（新加坡）公司所购买的航空煤油期货仓位的平均买入价格为 36 美元 / 桶。

後　記

长风破浪

2005 年，我还在新加坡接受调查之时，有一天，闲得无聊，去参观新加坡艺术馆，被一个人认了出来。她随手拿出一张报纸，请我签名。那时，我心情特别压抑，便拿起艺术馆桌子上的毛笔在那张报纸上写了一首打油诗：

既已人下人，何惧被非人。

励志再做人，来日人上人。

我的人生轨迹在新加坡拐了大弯。而且，一个男人最成熟的 4 年多时光，白白被消耗在诉讼和牢狱之中。

出狱时，我已经近乎"知天命"的时段。

今后的路该怎么走？

我被判入狱后，有不少人同情地私下议论说："陈九霖真是可惜呀，这辈子算是完了。"但也有人借用海明威《老人与海》中的一句话勉励我：

"人不是为失败而生的。一个人可以被毁灭，但不能被打败。"还有更多的人引用巴顿将军的名言来鼓励我："衡量成功的标准，不在于站立顶峰的高度，而在于跌入低谷的反弹力。"是的！一个人最终的成败，不应该只看他巅峰时的风光无限，更要看他跌倒后能不能爬起来。

爬起来！

司马迁对古之成大事者慨叹："西伯拘而演《周易》；仲尼厄而作《春秋》；屈原放逐，乃赋《离骚》；左丘失明，厥有《国语》；孙子膑脚，《兵法》修列；不韦迁蜀，世传《吕览》；韩非囚秦，《说难》《孤愤》；《诗》三百篇，大底圣贤发愤之所为作也。"企业家也一样，在其前行的道路上，注定千难万险，困难重重，就像《人民的名义》里说的那样："中国企业家不是在监狱里，就是在通往监狱的路上。"我曾多次摔得头破血流，也实实在在地蹲过1035天的监狱。但是，我没有被打败，最终挺过来了。我虽遭遇重大挫折，但在辉煌褪去后依然能从谷底一步步爬起。我虽有过失败的教训，但也在教训中擦亮了双眼、磨砺了心智，到了"知天命"的年龄而东山再起。

知天命！

孔子50岁开始研究《周易》，为后人了解《周易》起到了承前启后的重要作用；赵国老将廉颇80岁请战出征为国效劳；姜子牙80岁辅佐周文王成就一世霸业，周王朝成为中国历史上最长的朝代；佘太君百岁挂帅，披挂上阵，拯救南宋江山；李嘉诚90岁才退休；查理·芒格96岁高龄还在工作；沃伦·巴菲特已经90岁了，依旧工作热情不减……

老骥伏枥，志在千里。更何况，比起他们，我依然年轻……

2009年1月20日，我出狱回国，之后不久就去山东一家很有实力的民营企业担任了一年执行董事长。2010年1月22日，我被国务院国资委安排在另一家央企——中国葛洲坝集团国际工程有限公司担任副总经理，重回"国家队"工作。这让我十分感动——朋友看重我，国家没有忘记我！

尤其是重回"国家队",在不少人眼里,被看成是国家对我的"平反昭雪"。

2015年11月27日,我被中国新闻社和《中国新闻周刊》评选为"2015年度责任人物"。入选理由便是我在中国航油事件中"不逃避,敢担责,因公受过"。

我在央企工作了26年。作为一个寒门子弟,我从大学毕业后进入央企,一路成长为中国航油(新加坡)公司总裁,于2002年被中共中央企业工作委员会任命为中国航油集团副总经理。中国航油集团是世界500强企业,我是中国航油集团第一届领导班子中的三个副总经理之一。

我把自己最好的年华都奉献给了国企,我的激情、我的创意、我的智慧、我的力量、我的喜悦、我的泪水、我的情怀、我的执着……我深深地眷恋着国企的经理人工作,也深深地感谢上级机关的信任与关怀,感谢领导和同事们的帮助与批评。

不过,我觉得我还有人生的梦想没有实现。

我生在农村,长在农村,曾长期置身于农村宿命论意识较强的环境里,但我从小就不相信命运,不愿被命运扼住自己的咽喉。我希望在有生之年有所作为,多做一些有利于社会的事情,做个更有价值的人。我和一般商人不一样。一般商人的梦想就是赚钱,其中一些人的努力方向是在中国的财富榜上排名靠前。我的人生梦想,如果从企业家这个角度来讲,就是要做一个"传承的企业家"。我觉得,创造财富是一个方面,但是,更重要的是创造价值,要给后人乃至后世留下精神财富,这个财富比物质财富更加宝贵。《圣经》有言,物质财富总是要腐朽的,总是要被虫子咬掉的。但是,精神财富却是在天的,是虫子咬不到,风雨也不会让其生锈的,因此,是一种持久的财富。

很显然,这个人生梦想在国企里是实现不了的。

于是,在我51岁的时候,也就是2012年5月7日,我主动地离开了国企,全职经营约瑟投资有限公司。公司名采用了在新加坡樟宜监狱里,颜牧师赠与我的名字——约瑟，算是我历经苦难之后收获的财富之一吧！

约瑟投资是一家民营企业，与我当年在资本主义市场去经营国有企业一样，又是一个全新的天地，依然欠缺经验，长年累月都在犯错。但是，吃一堑长一智。现在，公司可谓是小错不断，大错不犯。更重要的是，无论是我本人还是公司，每天都在进步，就像巴菲特的黄金搭档查理·芒格所言："每天夜里睡觉时，都比当天早上醒来时更加优秀。"经年累月，成果可期！

风轻云淡，看庭前花开花落；荣辱不惊，望天上云卷云舒。经历过中国航油事件，我激情犹在，看淡利益得失，也更能看清何为短暂、何为持久。因此，我决定一边做企业，一边写作，逐步积累一些可供传承的精神财富。这就是我近年来陆续出版一些作品的背景。坦率地说，我原本希望沉淀数年再出版这部作品，但在出版社的催促下，我最终同意早日付梓，以掀开中国航油事件的面纱。

虽说"早日"，其实，本书出版离中国航油事件已有 16 年了，算是十年磨一剑、"十年一品温如言"吧！

我写本书的出发点是什么？不是自辩，更不是卸责，而是阐述事实，目的是警醒来者，避免重蹈覆辙！我丝毫没有隐瞒我的过错，具体来说，对于 2004 年 10 月 10 日之前的所有商务决策，包括批准了 3 次挪盘，我要承担主要的领导和管理责任，而且，我为我所犯的过错，痛心疾首，觉得对不起所有人！但对于 2004 年 10 月 10 日之后的一系列决策，则不应该由我个人来承担，更不应该承担主要责任。对于整个中国航油事件，我的结论性意见是，我犯有重大商业判断与决策过失，用人不当、管理粗放。我愿为此承担领导与管理责任，但是——也特别强调的是，罪不至狱。

一千个人眼里会有一千个哈姆雷特，同样，不同读者因为立场、情感、经历、学识、境界、视角等的不同，对这本书也一定会有不一样的看法、认识和感悟，在你们的眼中，也一定会有一千个陈九霖！

我的心态？知我罪我，其惟春秋。

感谢我的父亲、母亲在天之灵的护佑与指引，感谢我的岳父岳母、妻子、儿子和妹妹、弟弟等家人的默默奉献与支持！感谢我的恩师马俊驹教授和厉以宁教授及卢祥福老师等多次在公共场合发表针对中国航油事件的客观公正的评价，尤其是厉以宁教授为本书作序！感谢高连奎教授作序！感谢王志峰先生对中国航油事件做出客观理性的分析（遗憾的是，出版时未能列入）！感谢支持我的所有亲朋好友，感谢本书的编辑和出版社，尤其感谢本书的读者和评论家，希望大家能从这本并不完美的书中，找到各自想要的答案！

陈九霖

2019 年 2 月 23 日星期六完稿于北京

2020 年 2 月 1 日星期六修改于北京

图书在版编目（CIP）数据

陈九霖自述：新加坡陷阱的回望与反思 / 陈九霖著.
— 杭州：浙江大学出版社，2020.8
ISBN 978-7-308-20136-0

Ⅰ.①陈… Ⅱ.①陈… Ⅲ.①陈九霖—自传 Ⅳ.①K825.38

中国版本图书馆CIP数据核字（2020）第055487号

陈九霖自述：新加坡陷阱的回望与反思

陈九霖　著

策　　划	杭州蓝狮子文化创意股份有限公司
责任编辑	杨　茜
责任校对	程曼漫
封面设计	水玉银文化
出版发行	浙江大学出版社
	（杭州天目山路148号　邮政编码：310007）
	（网址：http://www.zjupress.com）
排　　版	浙江时代出版服务有限公司
印　　刷	杭州钱江彩色印务有限公司
开　　本	710mm×1000mm　1/16
印　　张	17.75
插　　页	2
字　　数	236千
版 印 次	2020年8月第1版　2020年8月第1次印刷
书　　号	ISBN 978-7-308-20136-0
定　　价	52.00元